日本大学付属高等学校等

基礎学力到達度テスト 問題と詳解

〈2021 年度版〉

英 語

収録問題　平成 29〜令和 2 年度
3 年生 4 月／9 月
ヒアリング試験付き（CD 収録）

清水書院

目　　次

令和 2 年度は，4 月のテストが実施されませんでした。

デジタルドリル「ノウン」のご利用方法は巻末の綴じ込みをご覧ください。

平成29年度

基礎学力到達度テスト
問題と詳解

I リスニング・テスト

ただ今から放送によるリスニング・テストを行います。

● テストは Part 1, Part 2に分かれています。それぞれの Part の初めに放送される日本語の説明にしたがって，解答してください。

● 答えは，放送による英語の質問をそれぞれ聞いたあと，この問題用紙に印刷されている①〜④の中から最も適切なものを1つ選び，番号で答えてください。

Part 1

これから，4組の短い対話を放送します。それぞれの対話のあとに，その対話について英語の質問を1つします。質問の答えとして最も適切なものを，下に印刷されている答えの中から1つ選び，番号で答えなさい。対話と質問は2回読まれます。

(1)

① He left home late.

② He was caught in an accident on the way.

③ His car stopped in front of the road.

④ His phone was out of power.

(2)

— 4 —

(3)

①   The flight was nice and nothing was wrong.

②   He had never had a beef bowl before.

③   The meal was not as good as he had expected.

④   He mistook the dessert for a soft-boiled egg.

(4)

Part 2

　これから，短い英文を2つ放送します。それぞれの英文のあとに，その英文について英語の質問を1つします。質問の答えとして最も適切なものを，下に印刷されている答えの中から1つ選び，番号で答えなさい。英文と質問は2回読まれます。

(5)

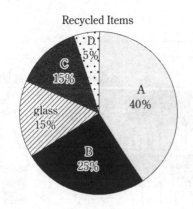

Recycled Items

① aluminum

② paper

③ plastic

④ steel

(6)

2 次の(A), (B)の問いに答えなさい。

(A) 次のそれぞれの英文が説明する語として最も適切なものを①〜④から１つ選び、番号で答えなさい。

(7) This word is usually used in the plural form because a pair is used to cover your hands to keep them warm or dry, or protect them. It has parts for each finger of the hand.

   ① cap   ② glove   ③ hat   ④ stocking

(8) This word is used when you are allowed to take and use something for nothing. It is not usually used for something that cannot be moved, such as a house or a room.

   ① lend   ② bring   ③ use   ④ borrow

(9) This word means "in a short time" or "within a short time." It is often used to talk about something happening in the near future or in the past. It is not used to talk about the speed of some movement.

   ① early   ② fast   ③ quickly   ④ soon

(10) This is a word that is used to describe something amusing or something that will make you smile or laugh. It is also used to describe something strange, so sometimes it can be hard to get its real meaning.

   ① funny   ② happy   ③ pleasant   ④ welcome

(B)　次の各英文の ☐ に入れるのに最も適切な連語を ① ～ ④ から 1 つ選び，番号で
答えなさい。

(11)　He was kind enough to ☐ that there was a big mistake in my report.
　　① make sure　　② point out　　③ show up　　④ talk over

(12)　I am impressed that all the students of this school ☐ to Mr. Goodman.
　　① get down　　② go up　　③ look up　　④ take in

(13)　We are very glad you've come to our party. Please come and sit here and
make yourself ☐ .
　　① at first　　② at home　　③ at most　　④ at once

(14)　Can you believe it ? She says she's done this hard work all ☐ !
　　① by herself　　② in herself　　③ to herself　　④ with herself

3 次の各英文の □ に入れるのに最も適切な語(句)を①〜④から1つ選び，番号で答えなさい。

(15) The train □ into the station even though we arrived there on time.
① didn't come   ② wouldn't come
③ was being come   ④ hadn't come

(16) If you □ my advice, you wouldn't have succeeded in this business.
① followed   ② didn't follow   ③ have followed   ④ hadn't followed

(17) The problem seemed very hard. I thought □ impossible to solve it.
① it   ② that   ③ what   ④ how

(18) Did Mr. Gray accept the excuse □ Sue gave to him for her absence ?
① why   ② how   ③ which   ④ for which

(19) Let's ask Ms. Young □ she will join our volunteer work.
① that   ② what   ③ if   ④ while

4 次の各英文中の空所には，それぞれ下の①〜⑤の語(句)が入ります。意味が通るように並べかえて空所を補い，文を完成しなさい。解答は２番目と４番目に入れるものの番号のみを答えなさい。

(20) I've finished cleaning. Look ! All your ____ ☐ ____ ☐ ____ away !

    ① have   ② unnecessary   ③ things   ④ been   ⑤ thrown

(21) We will always ____ ☐ ____ ☐ ____ we were in difficulty.

    ① when   ② us   ③ helping   ④ remember   ⑤ your

(22) Ask John for support. He makes ____ ☐ ____ ☐ ____ as I do.

    ① money   ② as   ③ times   ④ much   ⑤ three

(23) Ken stood up quickly but, ____ ☐ ____ ☐ ____ , he sat down.

    ① boy   ② no other   ③ up   ④ standing   ⑤ seeing

次の対話の空欄(24)〜(27)に入れるのに最も適切なものを ①〜⑥ から１つずつ選び，番号で答えなさい。ただし，同じ選択肢を２度以上使ってはいけません。

Kenta : Hi, Ben. What book are you reading? Is it in Japanese?

Ben : Hi, Kenta. Yes, it is a collection of short stories. My host family gave it to me.

Kenta : You can already read kanji? You said it's less than 4 months since you came to Japan, but your Japanese is very good already. ⌷(24)⌷

5 *Ben* : Thank you, Kenta. But actually, I'm not much of a fast learner. I've been studying Japanese for over 7 years now, to tell you the truth.

Kenta : Really? In Australia? That's cool. What made you start studying Japanese?

Ben : As you know, I'm a big fan of Japanese anime. At some point, I got curious about the language and the culture, too. That was the beginning.

10 *Kenta* : I see. How did you study Japanese? Was there any class at your school?

Ben : Yes, there was. In Australia, it is popular to study Japanese, as well as Chinese and *Hindi.

Kenta : I didn't know that. That's rather international.

Ben : Yes, well, people came from all around the world to Australia. ⌷(25)⌷

15 *Kenta* : Yes, it is. Tell me more about your Japanese studies. Did you get to use Japanese out of the classroom?

Ben : ⌷(26)⌷ Though there are about 90,000 Japanese living in Australia, there were only a few I could talk to in my town.

Kenta : Are there that many Japanese in Australia? It's news to me.

20 *Ben* : Well, then, you might be more surprised about this : there were about 297,000 people studying Japanese in Australia in 2012.

Kenta : Wow. You are right, that's a lot!

Ben : There is a long history of studying Japanese in Australia. I researched it once.

Kenta : ⌷(27)⌷

— 11 —

25 *Ben* : Well, it seems that studying Japanese language started in Melbourne in 1906. It became more popular between the 1980s and 1990s. Now, you can start taking Japanese classes in elementary schools.

Kenta : It's like children who start learning English in elementary school here. I hope many people will like Japan and Japanese.

(Data source : Ministry of Foreign Affairs of Japan)

〔注〕 Hindi（ヒンディー語：北部インドの標準語）

① And what did you find ?

② It's important to learn about each other.

③ Why did you do such a research ?

④ You really are a fast learner, aren't you ?

⑤ Sadly, not much.

⑥ I was surprised to find so many Japanese in my town.

6 次の(A), (B)の問いに答えなさい。

(A) 次のグラフと英文を読んで, あとの各問いに対する答えとして最も適切なものを
①〜④から１つ選び, 番号で答えなさい。

　　*Deforestation is one of the biggest problems of the world. Rainforests are
disappearing at a surprising rate around the world. Loss of rainforests causes many
serious problems not only for the people living there but for all of us in the world.

　　The first cause of deforestation is cutting down trees to get wood. The wood is
5　used for building as well as for making paper. It is 14% of the total. People also cut
down trees for fuel, and this is about 5%.

　　The biggest cause, however, is clearing forests for farming. People living around
rainforests clear them to do farming. What they do is small-scale farming, but more
people need more farmland. This style, called farming for living, is 48% of the total
10　deforestation. Commercial farming is bigger-scale farming, often supported by
governments. This, together with farming for living, causes 80% of the deforestation.

　　Because of deforestation,
lots of animals lose their
homes and are disappearing.
15　The climate often changes
greatly, and some people are
worrying about its effect on
global warming.

〔注〕 deforestation（森林破壊）

The Percentage of the Causes of Deforestation

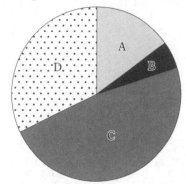

— 13 —

(28) What is B in the graph ?

    ① Wood   ② Fuel

    ③ Farming for living   ④ Commercial farming

(29) What is the percentage of commercial farming in the graph ?

    ① 32%   ② 48%   ③ 50%   ④ 80%

(30) How are the cut-down trees used besides for building wood and fuel ?

    ① farming   ② farmland   ③ paper   ④ forests

(31) Which of the following sentences is NOT true ?

    ① Deforestation is one of the world-wide problems.

    ② Through deforestation, lots of animals lose their homes.

    ③ Deforestation may be one of the causes of global warming.

    ④ People farming for a living are prohibited from clearing rainforests to stop deforestation.

(B) 次の各問いのパラグラフ（段落）には，まとまりをよくするために取り除いた方が
よい文がそれぞれ1つあります。取り除く文として最も適切なものを，下線部①〜
④から1つ選び，番号で答えなさい。

(32)

Why do humans need to sleep? If we think of the human body as a machine and compare it with other machines, it has one big weak point. ①The machines can work very long without stopping. ②The human body has to rest at regular intervals. ③It has to rest its tired parts to become strong again. ④Other machines sometimes need 5 some *repairs. This is done while humans sleep.

〔注〕 repair（修理）

(33)

Music can *affect people's behavior. When the London police played quiet
music in parks and train stations, the number of *crimes there decreased greatly.
①Businesses use the power of music, too. ②Supermarkets use music to make their
customers relax and spend more. ③Most programs on the radio or television include
5 music. ④Restaurants also use music. Some choose soft, slow music. Others choose
faster, strong music to make people finish food more quickly.

〔注〕 affect（…に影響を与える）   crime（犯罪）

(34)

It's hard to know when chocolate was born. ①In early days cacao beans were
thought valuable enough to be used as money. ②By the 17th century, chocolate was
a popular drink throughout Europe. ③In Latin America one cacao bean could buy
one meal, while 100 beans could buy a good turkey. ④People there believed that
5 cacao beans had a magical power as well as a *monetary value. They used them for
the important *ceremonies such as birth and marriage.

〔注〕 monetary（通貨の）   ceremony（儀式）

7 次の英文を読んで，あとの各問いに対する答えや，空欄に入るものとして最も適切な
ものを①〜④から1つ選び，番号で答えなさい。

Many people believe that facial expressions are universal. They think that a smile, for example, means the same thing everywhere in the world. Are facial expressions really universal? The answer is both yes and no. Scientists have found that facial expressions fall into two categories. Some facial expressions have *physical functions.
5 These expressions are the body's natural reaction to a situation in the environment such as a smell or a surprising noise. Other facial expressions have social functions. Their function is to communicate what a person is thinking or feeling. As it turns out, expressions used for physical functions are universal, but expressions used for social functions are not.

10 Facial expressions that have a physical function are universal because we all share the same *biology. Two such expressions in this category are *disgust and fear. Imagine finding a very old sandwich in your refrigerator. The sandwich smells disgusting! No matter whether you're from China or Chile, you have a similar reaction to this. Eyes close, noses wrinkle, and mouths tighten. Now, imagine hearing a
15 frightening noise in the night. Again, frightened people react in a similar way all over the world. Mouths, eyes, and *nostrils are wide open. Both of these sets of reactions are biological. Disgust causes people to try to 　(A)　 their senses. Eyes, noses, and mouths close up to help stop us from seeing, smelling, or even tasting the disgusting object. Fear causes the senses to work in the opposite way. It causes the senses to
20 　(B)　. Eyes and nostrils open wide so they are ready to catch any important information.

Facial expressions that intentionally communicate feelings such as happiness, anger, or confusion are different. These expressions have a social function and are not physical reactions to something in the environment. For this reason, facial expressions that have

— 17 —

25 a social function can express different things in different cultures. For example, people

in different cultures may use smiles for different reasons. Research has found that the

reason many Americans smile is (C)the mirror image of why many Japanese people smile.

According to one study, many Americans smile because they are happy. Many Japanese

people, on the other hand, don't just smile when *they* are happy, but when they want other

30 people to be happy.

　　People in different cultures may also focus on different parts of the face when

reading facial expressions. Studies have shown that Japanese and Chinese people usually

focus more on the eyes. People from Western countries, on the other hand, usually focus

more on the mouth. You can observe this cultural difference by looking at *emoticons.

35 A recent study compared emoticons across cultures. It showed that Japanese emoticons

often use different symbols for the eyes to show happiness and sadness. The symbol for

the mouth doesn't change. It is usually a straight line. In contrast, in Western emoticons,

the symbols for the mouth change to show happiness and sadness. The eyes in Western

emoticons rarely change.

（出典は，Deborah Gordon and Laurie Blass, *Reading and Vocabulary Focus* 2
（National Geographic Learning / Cengage Learning））

〔注〕　physical（身体的な）　　biology（（ここでは）人類の機能的・生理的特徴）　　disgust（嫌悪）
　　　　nostril（鼻孔）　　emoticon（顔文字）

　　(35)　What can we say about facial expressions ?

　　　①　Not all facial expressions mean the same thing everywhere in the world.

　　　②　There are two kinds of facial expressions, happy ones and sad ones.

　　　③　Every facial expression has physical functions.

　　　④　Social functions can be seen when you hear fearful noise.

(36) How are facial expressions with physical functions explained in this story ?

   ① They are explained as the reactions to something funny.

   ② They are explained as a cause of something biological.

   ③ They are explained as the result of sharing the same feelings.

   ④ They are explained as a natural response to an environmental situation.

(37) Choose the right combination of words to fill in blanks (A) and (B).

   ① (A) : sharpen   (B) : work

   ② (A) : work   (B) : sharpen

   ③ (A) : shut off   (B) : open up

   ④ (A) : open up   (B) : shut off

(38) Which of the following is NOT described in the story as a feeling that causes a physical or social function ?

   ① smile

   ② disgust

   ③ fear

   ④ anger

(39) Choose the most proper explanation of underlined part (C).

   ① the image that is exactly the same like that in a mirror

   ② the image that is completely different from that in a mirror

   ③ the image that is quite different as that in a mirror

   ④ the image that looks the same, but is reversed, like that in a mirror

(40)　About facial expressions with social functions, which one of the following sentences is true ?

   ① People in certain countries use these expressions to show feelings like happiness, anger, or confusion.

   ② These expressions can be seen all over the world when people react to something fearful.

   ③ The American smile and the Japanese smile tell us the same meaning.

   ④ Japanese people try to make other people happy by showing various facial expressions.

(41)　When people try to read others' facial expression, ☐.

   ① they look at the same part on the face everywhere in the world

   ② Western people turn their attention to others' mouths the most

   ③ Japanese and Chinese look at others' eyes and mouths more closely

   ④ they turn their attention to others' voice as well as their facial expression

(42)　According to the story, which is the most likely set of Japanese emoticons ?

① Happy	Sad	② Happy	Sad	③ Happy	Sad	④ Happy	Sad
(^_^)	(;∧;)	(^∨^)	(×∧×)	(^_^)	(;_;)	(•∨•)	(×_×)

Ⅰ リスニング・テスト

ただ今から放送によるリスニング・テストを行います。

● テストは Part (A), Part (B), Part (C) に分かれています。それぞれの Part の初めに放送される日本語の説明に従って，解答してください。

● 答えは，放送による英語の質問をそれぞれ聞いたあと，①～④の中から最も適切なものを1つ選び，番号で答えてください。

Part (A)

問題用紙に印刷されているそれぞれの写真を見ながら，放送される英文を聞いて答えてください。解答は4つの選択肢の中から，正しいものの番号を1つ選んでください。放送を聞きながら，メモをとってもかまいません。英文は2回読まれます。では，第1問から始めます。

問 1

問2

問3

Part (B)

これから，5組の短い対話を放送します。それぞれの対話のあとに，その対話について英語の質問を1つずつします。質問の答えとして最も適切なものを，下に印刷されている答えの中から1つ選び，番号で答えなさい。対話と質問は2回読まれます。

問4

① How to play fun card games.

② How to study *hiragana* characters.

③ The introduction to a game called *karuta*.

④ The difference between *karuta* and western card games.

問5

① The student will listen to an exchange student's speech.

② The student will talk to an exchange student on the phone.

③ The student will be taught English by an exchange student.

④ The student will sit with an exchange student and have a conversation.

問6

① The train is likely to be late.

② The meeting will start early.

③ The alarm clock will ring at 5:30 AM.

④ The man will wake up before 5:00 AM.

問7

①

②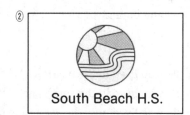

③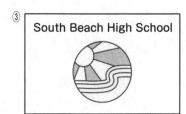

④

問8

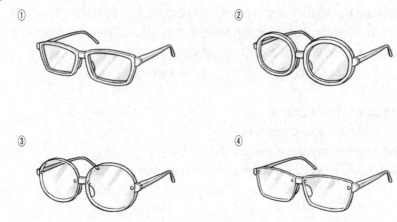

①   ②

③   ④

Part (C)

  これから，やや長い英文を 1 つ放送します。英文のあとに，その英文について英語の質問を
2 つします。質問の答えとして最も適切なものを，下に印刷されている答えの中から 1 つ選び，
番号で答えなさい。英文と質問は 2 回読まれます。

問9

  ① Wheat and vegetables.
  ② Bones of some animals.
  ③ Fishing nets and hooks.
  ④ Yogurt and butter.

問10

  ① People who lived in the north part did.
  ② People who lived in the south part did.
  ③ People who lived near the waterside did.
  ④ No one did.

これで，リスニング・テストを終わります。
では，引き続き，次のページにとりかかってください。

次の(A), (B), (C)の問いに答えなさい。

(A) 次の英文の [　　] に入れるのに最も適切な語(句)を①～④から１つ選び，番号で答えなさい。

問11 I don't trust him. What he said just now [　　] be true.
　　①　should　　　　②　needn't　　　　③　may　　　　④　can't

問12 How long [　　] for your turn when you finally heard your name called ?
　　①　did you wait　　　　　　　②　were you waiting
　　③　have you been waiting　　④　had you been waiting

問13 The only place [　　] they looked for their missing dog was the nearby park.
　　①　which　　　②　where　　　③　what　　　④　when

問14 She has [　　] friends that she has never felt lonely.
　　①　so many　　　　②　so lots of
　　③　such many　　　④　so many of

(B) 次の対話の ☐ に入れるのに最も適切なものを①〜④から１つ選び，番号で答えなさい。

問15　*A :* I like sweets very much.　I can't eat enough of them.

　　　B : I love sweets, too, but I'm careful not to eat them too much for my health.

　　　A : I envy you for your self-control.　Maybe it's about time I watched my weight.
　　　　 ☐

　　　B : No. You are still slim.

　　①　I'd better lose weight.
　　②　Do you think I'm gaining weight ?
　　③　What exercise do you recommend ?
　　④　Do you mean that I don't have to be nervous ?

問16　*A :* You are coughing.　You seem to have caught a cold.

　　　B : I might have.　This room feels cold.　I wonder if that is the cause of my slight cold.

　　　A : In any case, I will switch off the air conditioning.　I should have noticed sooner how you were feeling.

　　　B : Oh, ☐ I thank you for your kindness.

　　①　you are tough enough not to catch a cold.
　　②　how careless both of us are !
　　③　you are not to blame at all.
　　④　you have a good reason for saying so.

問17　*A* : What are you going to do this afternoon ?

　　　B : I have nothing special.　What about you ?

　　　A : I don't, either.　So if you had something to do, I would want you to let me
　　　　　help you with it.

　　　B : ☐　To kill time, why don't we play video games ?

　　　A : Good idea.

　　① 　After all, I had no intention of helping you.

　　② 　It is unlucky that you can't get the chance.

　　③ 　You may well be disappointed to find me out.

　　④ 　I'm sorry I can't meet your expectation.

問18　*A* : Nice to meet you, Mr. Johnson.

　　　B : I'm glad to see you again, Mr. Smith.

　　　A . Oh my, ☐

　　　B : No, it is not.　We met at a meeting of the Medical Society last year.

　　① 　it is just like you to have a good memory.

　　② 　it is doubtful that we've never met before, isn't it ?

　　③ 　it is important for you to explain why you don't know me.

　　④ 　this isn't the first time we've met, is it ?

(C) 次の各英文中の空所には，それぞれ下の①～⑤の語(句)が入ります。意味が通るように並べかえて空所を補い，文を完成しなさい。解答は ┃ 19 ┃ ～ ┃ 28 ┃ に入れるものの番号のみを答えなさい。ただし，文頭にくるべき語も小文字で示してあります。

問19・20 _____ ┃ 19 ┃ _____ ┃ 20 ┃ _____, she stopped cleaning the room.

　　① to　　　② her baby　　③ wanting　　④ wake　　⑤ not

問21・22 She is proud of _____ ┃ 21 ┃ _____ ┃ 22 ┃ _____ for school.

　　① been　　② late　　③ never　　④ her children　　⑤ having

問23・24 My sister painted some pictures in Paris, one of _____ ┃ 23 ┃ _____

┃ 24 ┃ _____ me.

　　① show　　② had　　③ I　　④ her　　⑤ which

問25・26 It doesn't _____ ┃ 25 ┃ _____ ┃ 26 ┃ _____ is.

　　① failure　　② fault　　③ matter　　④ the　　⑤ whose

問27・28 The population of Tokyo is much larger _____ ┃ 27 ┃ _____ ┃ 28 ┃

_____ in Japan.

　　① any　　② than　　③ of　　④ other city　　⑤ that

3 次のグラフと英文を読んで，あとの各問いに対する答えとして最も適切なものを①〜④から１つ選び，番号で答えなさい。

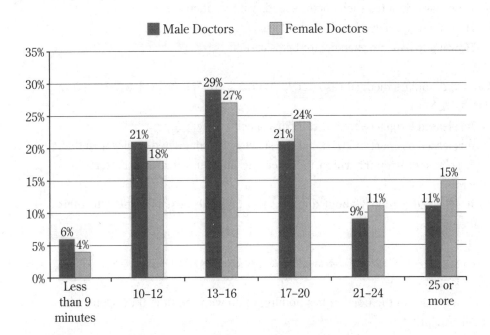

Have you ever talked with your doctors during treatment? Some doctors talk a lot during treatment. On the other hand, there are some doctors who don't talk much when they are on duty. Have you ever wondered how much time doctors generally spend with their patients?

5　An online medical resource recently released its 2016 *Physician Compensation Report, which includes information on how many minutes doctors say they spend with each patient. The report features data from more than 19,200 doctors in 26 specialties.

The survey found that for the question of how much time doctors spend with a patient, nearly 30% answered 13-16 minutes, with this response making up 29% and 27% for male 10　and female doctors respectively. The second most common answer was 17-20 minutes, answered by just over 20% of both male and female doctors.

Let's break down the data by gender to see the details. The survey shows that female doctors spend more time per patient than their male counterparts. Half of the female doctors reported that they spend 17 or more minutes with each patient, while more than 15　half of the male doctors spend 16 or less minutes.

Now what do you think about these survey results? Do you think male doctors are cold-hearted? Do you hesitate to see male doctors when you need to stay in the hospital? Please do not jump to a conclusion. You will notice the fact that the specialties themselves have gender differences. Very few female doctors work in the fields of critical and 20　emergency care, which tends to make male doctors' visits shorter than those of female doctors.

〔注〕Physician Compensation Report（医者の報酬に関する調査）

問29 次の各文で，本文中のグラフが表しているものを1つ選び，番号で答えなさい。

① How many hours each doctor works in a week.
② How many minutes each doctor spends with a patient.
③ How many specialties each doctor has.
④ How many patients each doctor takes care of.

問30 次の各文で，online medical resource について本文の内容と合致するものを1つ選び，番号で答えなさい。

① It released a report about doctors in a specific specialty.
② It released a report in 2016, but the survey was conducted earlier than that.
③ It released a report which includes the answers of more than 19,200 doctors.
④ It released a report about doctors who give the best treatment to their patients.

問31 次の各文で，グラフに表れている結果に関して本文で述べられているものを1つ選び，番号で答えなさい。

① The gender of the doctors has nothing to do with the time they spend with their patients.
② The number of male doctors is almost equal to that of female doctors.
③ Female doctors tend to spend more time with their patients than male doctors.
④ Most of the doctors want to reduce the time with their patients.

問32 次の各文で，グラフまたは本文の内容に合致するものを1つ選び，番号で答えなさい。

① A survey shows a number of people think that the time they spend with their doctors is quite long.
② The percentage of female doctors who spend less than 9 minutes with a patient is higher than that of male doctors.
③ Nearly thirty percent of male doctors answered that they spend 13-16 minutes with each patient.
④ In the fields of critical and emergency care, there are as many female doctors working as male doctors.

4 次の【A】，【B】の各英文を読んで，文意が通じるように， 33 ～ 41 に入れるのに最も
適切な語（句）を①～④から1つ選び，番号で答えなさい。

【A】

　　Have you ever been in a long line? If you have, how many hours were you in it? Some
people 　33　 a line when they feel there is no option but to stand for long hours to get
something they really want, while others say that it is ridiculous to be in a line and that they
would never be in 　34　 .

5　　However, do you know that thanks to smartphones, the number of people who don't
mind being in a long line has been 　35　 ? With these devices, you don't have to just stand
doing nothing in particular. You can enjoy talking to your friends, twittering something, or
playing phone games while waiting. Some games are even available for free. Also, you can
watch TV programs and movies. The more involved you are in doing something with your
10 smartphone, the 　36　 you feel bored. You might even forget the pain in your feet and legs.

　　問33
　　　　① like　　　　② join　　　　③ leave　　　　④ control

　　問34
　　　　① it　　　　② that　　　　③ this　　　　④ one

　　問35
　　　　① increases　　② increasing　　③ increased　　④ to increase

　　問36
　　　　① much　　　② more　　　③ little　　　④ less

【B】

The history of the Internet is said to have begun in the 1960's. Since then it has been evolving rapidly, and nowadays not only adults but also children enjoy the Internet on a daily basis. The Internet is fun, but ⌐37⌐, too. Adults have to pay careful attention to how kids are using the Internet service so that they don't get involved in any crime.

5   Children must ask a person they trust before starting anything on the Internet. They should not give out any ⌐38⌐ information online such as their address, phone number and school name. Adults should tell kids that not only their information but also that of others' must not be given out online. ⌐39⌐, posting pictures and videos should be prohibited. Tell them that if they want to do such things, they should get ⌐40⌐ from their parents or a 10 person they trust.

Children must be kept safe. They should not meet with anyone they have met online by themselves. If they really want to meet, it is ⌐41⌐ for them to go with their parent or a person they trust. In any case, adults need to take special care not to put kids in danger.

問37
 ① boring ② convenient ③ dangerous ④ special

問38
 ① personal ② national ③ technical ④ general

問39
 ① Again ② However ③ Then ④ Also

問40
 ① invitation ② insurance ③ warning ④ permission

問41
 ① more foolish   ② rarer
 ③ safer   ④ more dangerous

次の英文を読んで，あとの各問いに対する答えや，空欄に入るものとして最も適切なものを①
　　　〜④から１つ選び，番号で答えなさい。

(1)　　　We have an amazing capacity to see the best in each other. So, as often as you can
see, try to see the best in the person right in front of you. See the best in family
members, friends, work colleagues, people you come into contact with throughout the
day, people at meetings, clients, children, even people you regard as enemies and people
who have hurt you in the past.

(2)　　　When you make an effort to see the best in others, you help to bring it out in them.
I used to be an athletic coach and could only bring out the best in the athletes when I
made an effort to recognize their uniqueness. When I saw it, I could point it out to
them. So it became more obvious and they were able to develop it. And they felt great
because I had complimented them. It works the same way with qualities of character.

(3)　　　If someone told you that you were a generous person, for instance, after some
thought, and maybe some mental replaying of the past, you would probably think to
yourself, "Hey, I am a generous person," and with that thought foremost in your mind
you would probably go through your day being even more generous than normal and
touching many lives along the way. Pointing out great qualities in people can change
the world.

(4)　　　To start with, you could notice, for example, that someone occasionally showed
kindness. Then you could try to let that be how you defined them in the future. You
might say, "Oh, there goes that kind person" instead of "There goes so and so. Have
you heard the gossip ?" My friend Stuart Wilkie used to say, "If you have nothing nice to
say, then don't say anything at all." "It's nice to be nice," as they say.

(5)　　　How you label others is not who they are, of course. It is just your label, based upon
your limited connection with them. You might not know them very well. But you can
always make time to see something positive in others that might help them to feel better
about themselves. You might notice that they are great parents, or good
communicators, or that they have nice smiles or nice hair, or are wearing nice clothes
today. Be creative. Sometimes it might be difficult to see something positive in a
person's behavior because circumstances have influenced some people so much that
the positive part of them is buried. You can look for it. Help them to find it.

(6)　　　Sometimes behavior can cloud the truth. But no matter how many clouds are there,
the human spirit never ceases to shine from behind them. The actress Elizabeth
Caproni, my partner, reminded me once that an airplane might take off on a cloudy day,
but as it rises above the clouds it reaches a place where the sun always shines. She
pointed out that everyone is beautiful on the inside. This natural love always shines
within. It's just that we don't always notice it. It is up to you to rise above the clouds
that might be facing you and see it.

(出典は，David R. Hamilton, *It's the thought that counts*, (Hay House, Inc.))

〔注〕　colleague（同僚）　　compliment（…を褒める）　　foremost（最も重要な）
　　　circumstance（境遇）

— 33 —

問42 According to the first paragraph, what you should do for others is ☐ .
  ① telling them what the best means
  ② finding the best in them
  ③ trying to do the best for them
  ④ helping them to do their best

問43 According to the second paragraph, when the author was an athletic coach, ☐ .
  ① he helped the athletes to avoid their unique ability
  ② he pointed out his good points to the athletes
  ③ he told the athletes to change their qualities of character
  ④ he made an effort to see the best in the athletes and let them develop it

問44 According to the third paragraph, what would people do if they were told that they were generous ?
  ① They would remember what they had done in their early days.
  ② They would recognize themselves as generous people, and behave as such.
  ③ They would probably say to themselves, "How can I be so generous ?"
  ④ They would be quite sure that they can change the world.

問45 According to the fourth paragraph, when you have no idea of nice things you should say about others, ☐ .
  ① you should not say anything but just be kind
  ② you should make them recognize your kindness
  ③ you should ask them if they know the latest gossip
  ④ you should tell them that you are a very nice person

問46 According to the fifth paragraph, when you don't know a person very well, ☐ .
  ① make a limited connection with the person
  ② tell the person to be a good communicator
  ③ help the person to be positive and creative
  ④ try to find the positive part of the person

〔問題は次ページへ続く〕

問47 According to the sixth paragraph, which one of the sentences is true ?
  ① Clouds can sometimes cover the truth completely.
  ② The author and his partner took a trip by airplane.
  ③ The author's partner mentioned that we are beautiful inside.
  ④ Few of us can see the natural love that shines within.

問48 Which one of the sentences is false ?
  ① You can see the best in your parents, brothers, and sisters.
  ② Some athletes can never be made to develop their best ability.
  ③ Labelling others does not always mean knowing them very well.
  ④ How you act sometimes makes the truth unclear and difficult to see.

問49 It can be said that [   ].
  ① you cannot see the best in those who have hurt you before
  ② it takes much time to let others know that they are very generous
  ③ your good behavior is sometimes put behind the truth
  ④ finding the best in others may make them confident in themselves

平成29年度　4月実施　解答と解説

① リスニング・テスト

Part 1

(1) 放送文

M：I'm sorry I'm late, but there was an accident.

W：Really? What happened?

M：The car in front of me stopped in the middle of the road and caused a traffic jam for more than an hour.

W：Hmmm … but you could have called me.

M：Well, my phone was out of power.

Question：Why was the man late for the appointment?

放送文の訳

男性：遅れてごめん。事故があったんだ。

女性：本当？何があったの？

男性：僕の前の車が道路の真ん中で止まっちゃって，1時間以上の渋滞になっちゃったんだ。

女性：ふーん，でも電話してくれることはできたよね。

男性：いやその，携帯電話が電池切れだったんだ。

質問：男性はなぜ約束に遅れたのか。

選択肢の訳

①家を出るのが遅れた。

②途中で事故に巻き込まれた。

③道路の目の前で彼の車が止まってしまった。

④彼の電話が電池切れだった。

［解説］

(1) ［答］②

　男性はまず始めに事故があったと言っているが，彼が事故を起こしたわけではないし，彼の車にも問題はなかったが，事故に巻き込まれたことが男性の2番目の台詞でわかる。

(2) 放送文

M：Now let's order … I'll have a cup of coffee, two burgers, a large French fries and cake with ice-cream.

W：Are you going to eat all of it? Didn't you say that you decided to eat healthier?

M：Yes, I did. Well, I'll have the small French fries instead of large.

W：That's not enough. You should order salad instead of dessert and just one hamburger!

M：I will still be hungry!

W：Then, how about soup? They serve very good vegetable soup.

M：OK. You're right!

Question：Which picture shows what the man will order?

放送文の訳

男性：さあ，注文しよう。僕はコーヒー1杯と，ハンバーガー2つ，フライドポテトのLを1つとアイスクリーム付きのケーキを1つ。

女性：それ全部食べるつもりなの？もっと健康的な食生活をすることに決めたって言ってなかった？

男性：いや，言ったよ。じゃあ，フライドポテトのLをSに変えよう。

女性：まだ十分じゃないわね。デザートの代わりにサラダにして，ハンバーガーは1つだけよ！

男性：それじゃお腹いっぱいにならないよ。

女性：じゃあスープはどう？とても美味しい野菜スープがあるわよ。

男性：そうだな。君の言うとおりだよ！

質問：この男性が注文すると思われるものを示している絵はどれか。

［解説］

(2) ［答］③

　最後の台詞で女性のアドバイスに従うことがわかるので，男性の当初の注文に女性の意見を反映

させる。コーヒー1杯と，ハンバーガーは2つではなく1つ，フライドポテトはLではなくSを1つ，アイス付きケーキをやめてサラダ，加えてスープを注文する。

否定の疑問文 "Didn't you say that you decided to eat healthier?" に対して "Yes, I did (=said that I decided to eat healthier)." となっているが，後半の "I did" に合わせて Yes/No がつくことに注意。

You're right. 「君の言うとおりだ。もっともだ。」相手の意見を肯定する表現。

(3) 放送文

W：Did you enjoy the flight back home?

M：Yes, I did. Except the meal.

W：Was something wrong?

M：No, I was wrong. They served a beef bowl, *gyudon*, you know?

W：Yes, I've had one. Was it bad?

M：Well, I thought they served it with a soft-boiled egg, and I poured it on top of the bowl.

W：And?

M：The thing I thought was a boiled egg was actually Chinese sweet dessert!

Question：What problem did the man have on the flight back home?

放送文の訳

女性：帰りの飛行機は楽しめた？

男性：うん，食事を除けばね。

女性：何か悪いことでもあったの？

男性：いや，僕が悪かったんだよ。牛肉のどんぶりが出たんだけどね。牛丼さ，ほら。

女性：うん，私も食べたことあるわよ。美味しくなかったの？

男性：いや，牛丼と一緒に半熟卵が出されたんだと思ったんだよ。で，それをどんぶりの上にかけたんだ。

女性：それで？

男性：半熟卵だと思ったのは中華料理のデザートだったんだ。

質問：男性は帰りの飛行機でどのような問題があったのか。

選択肢の訳

①快適な空の旅で，何も問題はなかった。

②彼はそれまで牛丼を食べたことがなかった。

③食事が期待していたほど美味しくなかった。

④デザートを半熟卵と勘違いしてしまった。

[解説]

(3) [答] ④

　男性の最後の台詞からデザートと半熟卵を間違えたことがわかる。

The thing I thought was a boiled egg was actually Chinese sweet dessert!「半熟卵だと僕が思ったものは中華料理のデザートだったんだよ。」

the thing が先行詞で the thing which was a boiled egg に I thought が挿入されていると考える。

mistake A for B「A を B と間違える」

(4) 放送文

W：John, Dad needs to get his book picked up from the bookstore. Would you pick it up?

M：OK.

W：Also, would you buy some flowers for me?

M：All right. I'm taking Fluffy out for a walk. I can go to the flower shop on the way home.

W：Oh, if you are taking the dog, I think I'll buy the flowers myself.

M：OK. Do you want me to give Fluffy food in the evening?

W：Yes, please.

Question：Which is the picture of the thing John will not do?

放送文の訳

女性：ジョン，本屋でお父さんの頼んだ本を受け取ってこなければいけないんだけど，あなたが取ってきてくれる？

男性：いいよ。

女性：それと，花を買ってきてくれるかしら。

男性：いいよ。フラッフィーを散歩に連れて行く
　　　から，帰りに花屋に寄るよ。
女性：あら，犬を連れて行くなら花は私が自分で
　　　買いに行くわ。
男性：わかった。夕方フラッフィーに餌をあげて
　　　おこうか？
女性：うん，お願いね。
質問：ジョンがしないと思われることはどれか。

[解説]

(4)　[答]　②
　ジョンが母に頼まれたこと，自分でやると言っ
たことに加え，取り消したことがあるのでそれを
整理する。頼まれたことは「本を受け取ること」「花
を買うこと」だが，「犬の散歩の帰りに犬と一緒
に行く」なら花屋には母親が行くと言っているの
でこれはやらない。

Dad needs to get his book picked up from the
bookstore.「本屋でお父さんの頼んだ本を受け
取ってこなければいけないんだけど，あなたが
取ってきてくれる？」

need の目的語の不定詞 to get 以下の部分で，get
(V) his book (O) picked up ~ (C) が [get +
O + 過去分詞]「O を～してもらう」→「本を受
け取ってきてもらう」となる。

Part 2

(5)　[放送文]

Here is a graph showing an overview of the five
recycled items in our town. The items are
aluminum, glass, paper, plastic, and steel. Paper
is the most recycled product. It accounts for
40% of the total amount. Plastic is the second
most recycled, making up a quarter of the total.
Glass and aluminum are both at 15% of the total.
The least recycled item is steel, at only 5%.
Question：What is B in the graph?

[放送文の訳]

　ここに私たちの町でリサイクルされている5つ
の品目の概要を示すグラフがあります。その品目
とはアルミニウム，ガラス，紙，プラスチック，
スチールです。紙は一番リサイクルされている製

品で，全体の40%を占めています。プラスチック
は2番目に多くリサイクルされていて，全体の4
分の1です。ガラスとアルミニウムはともに全体
の15%です。最もリサイクルされていない品目が
スチールで，わずかに5%となっています。
質問：グラフのBは何か。

[解説]

(5)　[答]　③
　リサイクルされている5つの品目名が始めにあ
げられるが，それとグラフの順番は違う。グラフ
はリサイクル率が高い順となっている。まず一番
多いのが紙で，次に来るのがプラスチックとなる。
account for ~「（割合など）を占める」
make up ~「～を構成する」

(6)　[放送文]

M：A message on an answering machine.

W：Hi, Lucy! I'm just back from a picnic under
　　the cherry blossoms! We were afraid that
　　it might rain, so we had taken umbrellas
　　with us. But the weather was nice and the
　　blossoms were in full bloom and looked so
　　beautiful! What's surprising was that there
　　weren't many people. It was so quiet in the
　　park. I'm sorry you had to stay home, but I
　　took photos. I'll show them to you at school
　　tomorrow! See you, bye!

Question：Which is the picture the girl will
　　show to Lucy?

[放送文の訳]

男性：留守電の録音メッセージ
少女：こんにちは，ルーシー！桜の花の下でピク
　　　ニックして帰ってきたところなの。雨にな
　　　るんじゃないかと傘を持って行ったんだけ
　　　ど，良いお天気で花も満開でとても綺麗
　　　だったわ。驚いたんだけど，そんなに人が
　　　いなくて公園はとても静かだったの。あな
　　　たが家にいなくちゃならなかったのが残念
　　　だけど，写真を撮ったから明日学校で見せ
　　　るわね。じゃあね。
質問：少女がルーシーに見せる写真はどれか。

— 38 —

[解説]

(6)　[答] ①

　「桜の下でピクニックをした」「良い天気だった」「花が満開だった」「人は少なかった」ということから正解は①。

What's surprising was that there weren't many people.「驚いたことはそんない人がいなかったこと」

関係代名詞 what が主語で was が動詞，that 節が補語（C）。

2

(A)

(7)　[答] ②

[訳] この言葉はたいてい複数形で使われる。なぜなら両手を温かくしたり乾いた状態にしたり保護したりするのに，手を覆うようにその一組は使われるからだ。それには，手の指一本一本を覆うための部分がある。

①つば帽子　②手袋　③帽子　④ストッキング

(8)　[答] ④

[訳] この言葉は，無料で手に入れたり使ったりすることを許される時に使われる。家や部屋のように動かせないものには通常使われない。

①貸す　②持ってくる　③使う　④借りる

(9)　[答] ④

[訳] この言葉は「短時間たって」や「短時間以内に」を意味する。近い将来に起こることや過去に起こったについて述べるのにしばしば使われる。何かの動きの速度に関して述べる時には使われない。

① 早く　②速く　③速く　④すぐに

(10)　[答] ①

[訳] この言葉は何か愉快なことや，人を微笑ませたり笑わせたりすることを述べるのに使われる。この言葉は何か変わったものを述べるのにも使われるので，時としてその本当の意味を捉える

のが難しくこともありうる。

①滑稽な　②幸せな　③喜ばしい　④うれしい

(B)

(11)　[答] ②

[訳] 彼は親切にも私のレポートの大きな間違いを指摘してくれた。

①確認する　②指摘する　③現れる　④相談する

[解説] 親切と言えるのは選択肢の中では間違いを指摘するしかない。

(12)　[答] ③

[訳] この学校の全生徒がグッドマン氏を尊敬しているのに私は感銘を受けた。

①（get down to）本腰を入れて取り組む　②（go up to）〜に近寄る　③（look up to）〜を尊敬する　④中に入れる

[解説] 感銘を受ける内容として合うのは誰もがグッドマン氏を尊敬するというのがふさわしい。

(13)　[答] ②

[訳] あなたが私達のパーティーに来てくれて私達は大変うれしい。こちらに来て座ってくつろいでください。

①最初に　②（make oneself at home）くつろぐ　③せいぜい　④すぐに・同時に

[解説]「くつろぐ」しか文意に合わない。

(14)　[答] ①

[訳] 信じられる？この大変な仕事を全部一人でやったと彼女は言うんだよ。

①一人で　②それ自体で　③独占して　④with oneself という熟語は存在しない

[解説] 直前に「信じられる？」とあるので，信じられないような内容にするには，「大変な仕事を一人ですべてやりきった」以外は文意が通らない。

3

(15)　[答] ④又は①

[訳] 私達は時間通りに駅に着いたにも関わらず，列車は駅に来ていなかった。

[解説] 過去完了形をつかうことで，私達が駅に着いた時点でまだ列車が到着していない，という未完了の状態を表している。①のように過去形を使うと，駅に着いたのと同時という意味に捉えられるが，「didn't come」と用いることも可能であることから追加正答とされた。到着していないことを表すには，②のように未来を表したり，③のように進行形を用いたりするのは不適切。

(16) [答] ④

[訳] もし私の忠告に従っていなかったら，この商売で君が成功することはなかっただろう。

[解説] you wouldn't have succeeded のように「助動詞の過去形 +have+ 過去分詞」が使われているので仮定法過去完了と判断し，if 節の中も，[if+ 主語 +had+ 過去分詞] の形にする。仮定法過去完了は過去の事実とは違うことを仮定する時に使われる。

(17) [答] ①

[訳] その問題はとても大変そうだった。私はその問題を解決するのは不可能だと思った。

[解説] think [SVOC]「O が C だと思う」O に仮目的語の it を置き，後ろにある to 不定詞 [to solve it] の内容を指すことができる。②that③what④how にはそのような働きはない。文末の it は the problem を指す。

(18) [答] ③

[訳] グレイ氏はスーが欠席の理由として言った言い訳を受け入れたのですか。

[解説] give は [SVO₁O₂] か [SVO₂toO₁] の形で「O1 に O2 を与える」のように使われる。この形の応用で[give Ⓐ an excuse for 言い訳の内容]ないしは[give an excuse to Ⓐ for 言い訳の内容]で「Ⓐに対し，～に関して言い訳する」という表現がある。本問では，Did Mr. Gray accept the excuse [18] Sue gave ___ to him for her absence? のように，上記の形に照らし合わせる

と下線の部分に excuse がない。このように後ろにあるはずの名詞がないこと，空所の前に先行詞 excuse があることから空所に関係代名詞が入ることが分かる。①why や②how ではその後ろで何か名詞が抜け落ちることはない。④ の for which は Sue gave to him for her absence. の文中に [for the excuse] を入れる箇所がないため不可。

(19) [答] ③

[訳] ヤングさんに私達のボランティア活動に参加するかどうか尋ねてみよう。

[解説] ask [SVO₁O₂] は「O₁ に O₂ を尋ねる」の意で，O₂ に wh 節や if 節を入れることはできるが that 節は不可。よって①は不正解。②の what は関係代名詞であれ間接疑問文であれ，what 以降，主語や目的語など，何かしら名詞が抜けていなくてはいけないが，本問では she will join our volunteer work. のように何も抜けている要素がないため，不可。④の while は名詞節を導くことができないため不可。③の if は本問のように名詞節を導く場合，「～かどうか」という意味になる。副詞節の場合は「もし～なら」という意味になることに注意。

[例]

(副詞節) If it is fine tomorrow, let's go fishing.
　　　　「もし明日晴れなら，釣りに行こう」

4

(20)

[答] ③,④ [unnecessary things have been thrown]

[訳] もう掃除は終ったよ。見てごらん！あなたの不要なものは全部捨てちゃったよ！

[解説] 現在完了形の受動態は [have been 過去分詞] の形を取る。

(21)

[答] ⑤, ② [remember your helping us when]

[訳] 私達が困っていた時に，私達をあなたが助

— 40 —

けてくれたことをいつも覚えておくつもりだ。

[解説] [remember+ 動名詞] は「(昔) 〜したことを覚えている」という意味で，[remember+to 不定詞] の「(これから) 〜することを覚えている」と区別が必要。動名詞の前に所有格，ないしは目的格を入れて動名詞の意味上の主語にすることができる。本問では helping の前に所有格の your を入れて，誰が私達を助けてくれたのかを明らかにしている。

㉒

[答] ③，④ [three times as much money]

[訳] ジョンに助けてもらうよう頼んだら。彼なら私の3倍お金を稼ぐよ。

[解説] [… times as much 付加算名詞 as 〜] で「〜に比べて…倍 (付加算名詞)」という意味。

[例] This bottle has four times as much water as that one.「このボトルには，あのボトルと比べて4倍の水が入っている。」

㉓

[答] ②，④ [seeing no other boy standing up]

[訳] ケンはすぐに立ち上がったが，他の少年が誰も立ち上がらなかったのを見て，座った。

[解説] [知覚動詞 +O+ 現在分詞] で「O が〜しているのを…する」本問では no other boy が O，standing up が現在分詞に当たる。

(例) I saw Ken swimming in the river.「私は，ケンが川で泳いでいるのを見た。」

現在分詞 seeing は分詞構文を導き，理由を表す。本文は (as Ken saw no other boy standing up)「ケンは他の少年が誰も立ち上がらなかったのを見たので」とほぼ同じ意味。

5

[訳]

ケンタ：やあ，ベン。何の本を読んでいるの？日本語の本？

ベン　：やあ，ケンタ。そうだよ。短編小説集だよ。ホストファミリーが僕にくれたんだ。

ケンタ：もう漢字が読めるの？日本に来てから4ヶ月にもならないと言っていたのに，君の日本語はすでにとても上手だよ。㉔④君は本当に飲み込みが速いんだね。

ベン　：ありがとう，ケンタ。でも実際はそれほど飲み込みが速いわけではないんだ。今では7年以上も日本語の勉強をしているんだ。本当のところはね。

ケンタ：本当に？オーストラリアで？それは素敵だね。どうして日本語の勉強を始めたの？

ベン　：君も知っているように，僕は日本のアニメの大ファンなんだ。ある時点で，(アニメだけでなく) その言語と文化にも興味を持ったんだよ。それが始まりだね。

ケンタ：なるほどね。どうやって日本語を勉強したの？学校に日本語のクラスがあったの？

ベン　：うん，あったね。オーストラリアでは中国語やヒンディー語同様，日本語を学ぶことは人気があるよ。

ケンタ：それは知らなかった。それはかなり国際的だね。

ベン　：そうだね。まあ世界中からオーストラリアにいろんな人がくるからね。㉕②お互いのことを知り合うのは大切なことだよ。

ケンタ：そうだね。君の日本語学習についてもっと聞かせてよ。教室の外で日本語を使えるようにはなったの？

ベン　：㉖⑤残念ながらそうでもないね。オーストラリアには約90000人日本人が住んでいるけれど，僕の町で話すことが出来たのは本当にわずかだったよ。

ケンタ：オーストラリアにはそんなにたくさんの日本人がいるの？初耳だよ。

ベン　：ああ，それなら，これを聞いたらもっとびっくりするかもね。2012年にはオーストラリアで約297,000人が日本語を学んでいたんだよ。

ケンタ：へぇ。本当だ。それは多いね！

ベン　：オーストラリアでは日本語学習の長い歴史があるんだ。かつて調べたよ。

ケンタ：㉗①それでどんなことが分かったの？

ベン　：日本語学習は1906年にメルボルンで始まったみたいだ。1980年代から1990年代の間に一層人気が高くなった。今では，小学校で日本語の授業を取り始めることができるよ。

ケンタ：日本で，小学校で英語を勉強し始める子供達みたいだね。多くの人たちが日本と日本語を好きになることを願ってるよ。

① それでどんなことが分かりましたか。
② お互いのことを知り合うのは大切なことだ。
③ どうしてそんな調査をしたのですか。
④ あなたは本当に飲み込みが速いですね。
⑤ 残念ながらそうでもありません。
⑥ 私の町で本当に多くの日本人がいることに気づいて私は驚きました。

[答]
㉔④　㉕②　㉖⑤　㉗①

[解説]
2行目 collection「作品集」
3行目 It is 時間 since ～「～から…が経つ」よって，it is less than 4 months since ～は「～してから４ヶ月と経っていない」という意味になる。
5行目 not ～ much「それほど…ではない」
6行目 to tell the truth「本当のところは」
7行目 What made you start studying Japanese? は「make ＋ 目的語 ＋ 動詞の原形」で「～に…させる」という意味があることから，「何があなたに日本語の勉強を始めさせたのか」→「どうしてあなたは日本語の勉強を始めたのか」となる。
8行目 As you know の as は接続詞で「～のように」
8行目 at some point「ある時点で」get curious about ～「～に興味を持つ」
11行目 it is popular to study ～の it は形式主語で to study 以下を指す。A as well as B「B と同様 A も，B だけでなく A も」
13行目 rather「かなり」

15行目 get to do「～するようになる」
16行目 out of ～「～の外で」
17行目 Though S ＋ V ～「～だが」逆接を表す接続詞。only a few「ほんの少しだけ」only a few（that）I could talk to in my town. のように関係代名詞が省略されている。only few と I のように名詞が連続で出てきていること，talk to の後ろに，前置詞 to があるにもかかわらず，名詞がないことから関係代名詞の省略を見破りたい。
19行目 Are there that many Japanese ～の that は「そんなに」という意味で，many を修飾している。
19行目 It's news to me.「初耳だ」
25行目 it seems that ～「～のようだ」
26行目 1980s「1980年代」このように最後に s を付けることで「～年代」という意味になる。
27行目 elementary school「小学校」
28行目 It's like children who start ～ . の下線部 It's ～ who …「…なのは～だ」という強調構文。過去のことを述べる時は It was ～ who …。
[例] It was Tom who broke the window.「その窓を壊したのは他でもない Tom です。」like children の like は「～みたいな，～のような」

[選択肢解説]
② It is 形容詞 to do「～するのは…だ」each other「お互い」
④ a fast learner「飲み込みの速い人」
⑤ not much「あまりない」
⑥ be 感情を表す形容詞 to do ～「～して…な気持ちになる」

6

(A)
[訳]
　森林破壊は世界の最も大きな問題の一つだ。熱帯雨林は世界中で驚くような速さで消滅していっている。熱帯雨林を失うことで，現地に住む人たちだけでなく，世界中の全ての人にとって多くの深刻な問題が出てくる。
　森林破壊の一つ目の原因は材木を手に入れるた

めに木を伐採したことだ。こうした材木は紙を作るためだけでなく，家を建てるために使われた。それは（森林破壊の原因の）全体の14％である。私達は燃料のためにも木を伐採しており，それは約5％である。

しかしながら，最も大きな原因は，農業のために森林を伐採し開墾することである。熱帯雨林のあたりに住む人たちは農業をするために森林を伐採し開墾する。彼らがしていることは，小規模農業だが，より多くの人がより多くの農地を必要としている。生活のための農業と呼ばれるこのスタイルは森林破壊の計48％を占める。商業的農業は大規模農業であり，しばしば政府の支援を受けている。これは生活用の農業と合わせると，森林破壊の原因の80％を占める。

森林破壊のために多くの動物が住処を失い，絶滅していっている。気候はしばしば大きく変化し，地球温暖化への影響を憂う人もいる。

[解説]
図表の問題は図表を正確に読み取り，本文に出てくる具体的な数字と照らし合わせること。また，その数字の根拠が明らかにされている個所を押さえておくことが大切である。

⑵⑻ ［答］②
グラフ中のBは何か。
①材木
②燃料
③生活のための農業
④商業的農業
[ヒント]
森林破壊の原因として4～6行目で材木が14％，燃料が約5％と述べている。9行目に生活のための農業が48％，10～11行目に生活のための農業と商業的農業を合わせると80％と述べているので，商業的農業単独では32％と分かる。Bは一番少ない割合のものなので，②の燃料が正解。

⑵⑼ ［答］①
グラフ中の商業的農業の割合はいくらか。
[ヒント]

商業的農業が32％である理由は，⑵⑻の［ヒント］を参照。

⑶⑽ ［答］③
伐採された木は建物を建てるための木材用と燃料用以外にどのように使われるか。
①農業
②農地
③紙
④森林
[ヒント]
4行目で「こうした材木は紙を作るためだけでなく，家を建てるために使われた。」と述べているので，③の紙が正解。

⑶⑴ ［答］④
以下の文で正しくないものはどれか。
①森林破壊は世界規模の問題の一つだ。
②森林破壊を通じて，多くの動物が住処を失う。
③森林破壊は地球温暖化の原因の一つだ。
④生活のための農業をしている人たちは地球温暖化を止めるために，森林伐採をするのを禁じられている。
[ヒント]
①は1行目で「森林破壊は世界の最も大きな問題の一つだ。」と述べている。②は12行目で「森林破壊のために多くの動物が住処を失い，絶滅していっている。」と述べている。③は15行目で「気候はしばしば大きく変化し，地球温暖化への影響を憂う人もいる。」と述べている。④は本文で触れられていないため，④が正解。

[語句と構文]
2行目 at a surprising rate「驚くような速さで」
3行目 not only for the people living there but (also) for all of us in the world.
not only A but (also) B「AだけでなくBも」の形が入っているので，「現地に住む人たちだけでなく，世界中の全ての人にとって」という意味になる。
4行目 to get wood の to 不定詞は目的を表す副詞的用法。

6行目 fuel「燃料」

7行目 clear「(樹木を伐採して)〈土地〉を開墾(こん)する」

7行目 People [living around rainforests] clear them to do farming. living は現在分詞で [living around rainforests] が People を修飾している。to do farming は目的を表す不定詞の副詞的用法。

8行目 [What they do] is small-case farming 関係代名詞 what を含む [What they do] の節は主語の働きをしている。

9行目 This style, [called farming for living] is ～ called は過去分詞で [called farming for living]「生活のための農業と呼ばれている」が This style を修飾している。This style が主語で is が動詞の文。

10行目 Commercial farming is bigger-scale farming, often supported by governments. 下線部は分詞構文で and it is often supported by governments と同意。

12行目 because of ～「～のせいで」原因を表す。

(B)

(32) [答] ④

[訳]

　なぜ人間は睡眠が必要なのだろうか。もし人間の体を機械とみなし，他の機械と比べたら，人間の体には大きな弱点がある。①機械は休むことなく極めて長期間働くことができる。②人間の体は定期的な間隔で休まなくてはならない。③再び健康的になるには疲れた箇所を休めなくてはならない。④他の機械は時々修理が必要になる。人間が寝ている間にこうしたことが行われているのである。

[ヒント]

　①と②は機械と人間の対比を述べており，①の前の文と論理的に繋がっているため必要。本文の最後で，「人間が寝ている間にこうしたことが行われているのである。」と述べているので，その前では寝ている間に起こっていることが述べられていなければならない。よって③はその趣旨に沿

うが，④はその論点とはずれて機械の話をしているため，④が不要。

[語句と構文]

1行目

If we { think of the human body as a machine / and / compare it with other machinese }

think of A as B「A を B とみなす」
compare A with B「A と B を比べる」

2行目 weak point「弱点」

3行目 without stopping「休むことなく」without ～ ing で「～することなく」という意味。

3行目 regular「規則的な」interval「間隔」

3行目 It has to rest its tired parts to become strong again. 下線部は目的を表す to 不定詞の副詞的用法。

(33) [答] ③

[訳]

　音楽は人の行動に影響を与える可能性がある。ロンドン警察が公園や駅で静かな音楽を流したところ，現地での犯罪の数が大幅に減った。①ビジネスでも音楽の力を使っている。②スーパーマーケットではお客さんをリラックスさせ，より多くのお金を使うように音楽が使われている。③ラジオやテレビの多くの番組には音楽が含まれている。④レストランでも音楽が使われている。優しくゆったりとした音楽を選んでいることもあれば，より速く食事を終えてもらうために，速くて力強い音楽を選ぶこともある。

[ヒント]

　②と④は，①で述べている音楽をビジネスで使う具体例になっており，①，②，④はつながりを持った文と言えるのに対し，③は①の内容とつながりがないため，③が正解。

[語句と構文]

2行目 the number of 複数名詞「～の数」

3行目

to make customers { relax / and / spend more }

は目的を表す to 不定詞の副詞的用法。

make+A+動詞の原形「Aに～させる」から，上記の文は「お客さんにリラックスさせ，より多くのお金を使わせる」という意味になる。

5行目 Some ～. Others …. 「～なものもあれば，…なものもある」

6行目 to make people finish food more quickly は目的を表す to 不定詞の副詞的用法。make 以降は make+A+動詞の原形「Aに～させる」から「（レストランにいる）人たちにより速く食事を終わらせるようにする」という意味になる。

㉞ [答] ②
[訳]
　チョコレートがいつ生まれたのか知ることは難しい。①昔は，カカオ豆はお金として使われるくらい価値があると考えられていた。②17世紀までには，チョコレートはヨーロッパ中で人気のある飲み物になった。③ラテンアメリカでは，カカオ豆一粒で一回分の食事が買え，100粒で美味しい七面鳥が買えた。④ラテンアメリカの人たちはカカオ豆には通貨としての価値だけでなく，神秘的な力があると信じていた。彼らは，誕生や結婚と言った重要な儀式にカカオ豆を使っていた。

[ヒント]
　①はカカオ豆が極めて価値が高いことを述べており，③はカカオ豆の価値の高さを示す具体例なので，①と③にはつながりがあり，どちらも消去できない。④は，カカオ豆に神秘的な力があると考えられていたこと，④の次の文では，カカオ豆に神秘的な力があるからこそ，カカオ豆が様々な儀式で使われたことが述べられているため，④は最後の文章とつながりがあることが分かる。よって④も消去できない。②は①の話とは無関係であり，②が正解となる。

[語句と構文]
1行目 It 's hard to know (when chocolate ～). It は to know ～ を受ける形式主語。when chocolate was born は間接疑問文になっていて，動詞 know に対して，知っている中身を述べているので，「いつチョコレートが生まれたのか知る」という意味になる。

1行目 in early days「昔は」
1行目 cacao beans were thought valuable [enough to be used as money].
valuable「価値がある」
Cacao beans were thought valuable「カカオ豆は価値があると考えられていた」enough to do「～するのに十分…」enough to be used as money「お金として使われるのに十分，お金として使われるほど」が直前の valuable を修飾している。
3行目 throughout「～の至る所に」
5行目 magical「神秘的な」A as well as B「Bだけでなく A も」
[例] I like math as well as world history.「私は世界史だけでなく数学も好きだ。」

7

[訳]
　表情は普遍的だと多くの人が信じている。多くの人たちは，例えば，微笑みが意味するのは世界のどこでも同じであると考えている。表情（が意味しているもの）は本当に普遍的なのだろうか。その答えはそうだとも違うとも言える。科学者達は，表情は2種類に分類されることを発見した。表情には身体的な機能を持つものがある。このタイプの表情は，においや驚くような音といった周囲の状況のある場面に対する体の自然な反応である。一方で社会的な機能を持つ表情もある。この機能は，人が考えたり感じたりしていることを伝えることだ。結論から言えば，身体的な機能として使われる表情は普遍的で，社会的な機能として使われる表情はそうではないのである。

　身体的な機能を持つ表情は普遍的である。なぜなら私達はみんな，同じ人類の機能的・生理的特徴を持っているからだ。この分類に入る2つの表情は嫌悪と恐怖だ。冷蔵庫の中のとても古くなったサンドイッチを見つけたところを想像してみよう。そのサンドイッチは悪臭を放っている！中国出身であれチリ出身であれ，これには似たような反応をする。目は閉じていて，鼻にはしわが寄り，口は固く結ばれている。今度は夜にぞっとする音

を聞いたと想像してみよう。同じことだが，怖く
なった人は世界中で同じように反応する。口や目
や鼻腔は大きく開いている。こうした一連の反応
は両方とも，生物上のものである。嫌悪を感じる
と，人はこうした感覚を締め出そうとする。目，鼻，
口は，私達が不愉快なものを見たり匂いをかいだ
り，場合によっては味わったりしなくても済むよ
うに，閉じるのである。恐怖を感じると，全く反
対に感覚は働く。恐怖を感じれば，感覚は開く。
目や鼻腔はあらゆる大切な情報を捕らえられるよ
うに，大きく開く。

　幸せ，怒り，困惑といった感情を意図的に伝え
る表情は異なっている。こうした表情には社会的
な機能があり，周囲の状況の何かしらに対する身
体的な反応ではない。こうした理由から，社会的
な機能を持った表情は，文化が異なれば，違った
ことを表現しうる。例えば，異なる文化を持つ人
たちは，異なる理由で微笑むかもしれない。研究
によると，多くのアメリカ人が微笑む理由は多く
の日本人が微笑む理由とは同じように見えて全く
逆であることが分かっている。ある研究によると，
多くのアメリカ人は幸せだから微笑む。その一方
で多くの日本人が微笑むのは自分が幸せな時だけ
ではなく，他の人に幸せになって欲しい時に微笑
むのである。

　異文化を持つ人たちは表情を読み取る時に，顔
の異なる部分に注目しているかもしれない。研究
によると，日本人や中国人はたいてい（他の文化
圏の人たちに比べて）より目を注視する。その一
方で西洋の人たちはたいてい口を注視する。顔文
字を見ることで，この文化的な違いを見て取れる
だろう。ある最近の研究で様々な文化圏の顔文字
を比較した。そこから分かったことは，幸せや悲
しみを表現するのに，日本の顔文字では，しばし
ば目を意味するシンボルがいろいろと使われる。
口を意味するシンボルは変わらない。そのシンボ
ルはたいてい直線である。対照的に，西洋の顔文
字では，幸せや悲しみを表すのに，口を意味する
シンボルは変化する。西洋の顔文字の目はめった
に変化しない。

[解説]

⑶⑤　[答]　①

表情に関して何が言えますか。

①世界のどこでも，全ての表情が同じ意味を持つ
　とは限らない。

②表情には2種類あり，幸せを表す表情と悲しみ
　を表す表情がある。

③どの表情も身体的な機能がある。

④驚くような音を聞いた時，社会的な機能が見ら
　れる。

[ヒント]

①2～3行目で「表情（が意味しているもの）は
　本当に普遍的なのだろうか。その答えはそうだ
　とも違うとも言える。」とあるので正解。

②3行目で「科学者達は，表情は2種類に分類さ
　れることを発見した。表情には身体的な機能を
　持つものがある。」，6行目で「一方で社会的な
　機能を持つ表情もある。」とあり，下線で述べ
　てるものが2種類の表情ということになる。幸
　せや悲しみを表すのは社会的な機能を持つ表情
　であり，同じ範疇にあるので間違い。

③6行目で「社会的な機能を持つ表情もある」と
　述べているので間違い。

④4行目で「表情には身体的な機能を持つものが
　ある。このタイプの表情は，においや驚くよう
　な音といった周囲の状況のある場面に対する体
　の自然な反応である。」と述べており，驚くよ
　うな音に対して浮かべる表情は身体的な機能を
　持つと分かるため，間違い。

⑶⑹　[答]　④

　身体的な機能を伴った表情は本文ではどのよう
に説明されているか。

①26行目に「ある研究によると，多くのアメリカ
　人は幸せだから微笑む。その一方で多くの日本
　人が微笑むのは自分が幸せな時だけではなく，
　他の人に幸せになって欲しい時に微笑むのであ
　る。」と述べており，微笑むのは社会的な機能
　を持つことから，身体的な機能を伴った表情で
　はないことが分かるので間違い。

②生物学的な物の原因として説明されている。

— 46 —

③同じ感情を分かち合う結果として説明されている。

④周囲の状況に対する自然な反応として説明されている。

[ヒント]

①本文で面白いものに対する反応に関しては触れられていない。

②生物学的な反応としては説明されているが，原因としては述べられていないため間違い。

③本文で述べられていないため間違い。

④4行目に「表情には身体的な機能を持つものがある。このタイプの表情は，においや驚くような音といった周囲の状況のある場面に対する体の自然な反応である」と述べられているため正解。

⑷〔答〕③

空所（A），（B）を補うのに正しい組み合わせの語を選びなさい。

①（A）とがらせる　（B）働く

②（A）働く　　　　（B）とがらせる

③（A）締め出す　　（B）開く

④（A）開く　　　　（B）締め出す

[ヒント]

　17行目に「嫌悪を感じると，人はこうした感覚を（　A　）しようとする。目，鼻，口は，私達が不愉快なものを見たり匂いをかいだり，場合によっては味わったりしなくても済むように，閉じるのである。」とあるので，Aには「締め出す」が合う。また，19行目で「恐怖を感じれば，感覚は（　B　）。目や鼻腔はあらゆる大切な情報を捕らえられるように，大きく開く。」とあるので，Bには「開く」が合う。よって③が正解。

⑷〔答〕①

　身体的ないしは社会的機能を引き起こす感情として，本文で述べられていないのはどれか。

①微笑み

②嫌悪感

③恐怖

④怒り

[ヒント]

　②，③に関しては10行目に「身体的な機能を持つ表情は普遍的である。なぜなら私達はみんな，同じ人類の機能的・生理的特徴を持っているからだ。この分類に入る2つの表情は嫌悪と恐怖だ。」と述べられている。④に関しては22行目に「幸せ，怒り，困惑といった感情を意図的に伝える表情は異なっている。こうした表情には社会的な機能があり，周囲の状況の何かしらに対する身体的な反応ではない。」と述べられている。①の微笑みは表情であって感情ではないので，これが正解。

⑷〔答〕④

下線部（C）の最も適切な説明を選びなさい。

①鏡に映る像と全く同じ像

②鏡に映る像と完全に異なる像

③鏡に映る像として，極めて異なる像

④同じように見えるが，鏡に映る像のように逆転している像

[ヒント]

　26行目に「ある研究によると，多くのアメリカ人は幸せだから微笑む。その一方で多くの日本人が微笑むのは自分が幸せな時だけではなく，他の人に幸せになって欲しい時に微笑むのである。」とあるように，幸せだから微笑むのはアメリカ人も日本人も同じだが，人を幸せにするために微笑むのは日本人のみの特性なので，同じところもあれば，違うところもあるところから，正解は④となる。

⑷〔答〕①

　社会的な機能を持つ表情に関して，以下のどの文が正しいですか。

①ある国の人たちは幸せ，怒り，困惑といった感情を表すためにこうした表情を使う。

②こうした表情は，人が何か恐ろしいものに反応する時に世界中で見られる。

③アメリカ人の微笑みも日本人の微笑みも同じ意味を伝える。

④様々な表情をすることで，日本人は他の人たちを幸せにしようとする。

①は22行目に「幸せ，怒り，困惑といった感情を意図的に伝える表情は異なっている。こうした表情には社会的な機能があり，周囲の状況の何かしらに対する身体的な反応ではない。」とあるので正解。②は19行目に身体的機能を持つ表情の一例として「恐怖を感じると，全く反対に感覚は働く。恐怖を感じれば，感覚は開く。目や鼻腔はあらゆる大切な情報を捕らえられるように，大きく開く。」と述べられており，社会的な機能を持つわけではないので間違い。③は28行目で「ある研究によると，多くのアメリカ人は幸せだから微笑む。その一方で多くの日本人が微笑むのは自分が幸せな時だけではなく，他の人に幸せになって欲しい時に微笑むのである。」と述べているので間違い。④は同じく28行目にあるように，他の人に幸せになってほしい時に微笑むのであって，様々な表情を浮かべるわけではないから間違い。

⑷1 ［答］②

他人の表情を読み取ろうとする時，□□□□。
①世界中どこでも，顔の同じ部分を見る。
②西洋人は他人の口に最も注意を向ける。
③日本人と中国人は他人の目と口を念入りに見る。
④表情だけでなく，声にも注意を向ける。
［ヒント］

①は，31行目の「異文化を持つ人たちは表情を読み取る時に，顔の異なる部分に注目しているかもしれない。」に反するので間違い。②は33行目で「その一方で西洋の人たちはたいてい口を注視する。」と述べているので正解。③は32行目で「研究によると，日本人や中国人はたいてい（他の文化圏の人たちに比べて）より目を注視する。」と述べており，口には注目しないため間違い。④は声に関しては本文で述べられていないため間違い。

⑷2 ［答］③

本文によると，日本人の顔文字の組み合わせに最も近いのはどれか。

［ヒント］

35行目に「そこから分かったことは，幸せや悲しみを表現するのに，日本の顔文字では，しばしば目を意味するシンボルがいろいろと使われる。口を意味するシンボルは変わらない。そのシンボルはたいてい直線である。」と述べられているので，口は常に直線，目は変化しているものを選ぶので，正解は③。

［語句と構文］

1行目 facial expression「表情」universal「普遍的な」

3行目 fall into ～「～に分類される」category「分類」

4行目 Some ～. Other ….「～なものもあれば，… なものもある」4行目の Some facial expressions ～ は，6行目の Other facial expressions …と合わせて考えるべき文である。

5行目 reaction to ～「～に対する反応」situation「場面」environment「周囲の状況」such as ～「～のような」

6行目 social「社会的な」

7行目 Their function が主語，is が動詞，to communicate 以降は their function の中身を表す to 不定詞の名詞的用法。関係代名詞 what は「～すること，もの」の意で，what a person is thinking and feeling が固まりになっている。

7行目 As it turns out「結論から言えば」
expressions [used for physical functions]
　　主語　　　　　　　are universal
　　　　　　　　　　　動詞
but
expressions [used for social functions]
　　主語　　　　　　　are not (universal).
　　　　　　　　　　　動詞
used は過去分詞で used for physical functions も used for social functions も共に，直前の expressions を修飾している。Expressions used for social functions are not. の後には universal が省略されている。

10行目 Facial expressions [that have a physical function] are universal の，下線部の関係代名詞

that は facial expressions が先行詞。

13行目 no matter whether 〜 A or B「Aであれ B であれ」

14行目 wrinkle「しわを寄せる」tighten「しっかりと閉ざされた」

15行目 frightening「ぞっとするような」frightened「怖がっている」

16行目 sets of 〜「一連の〜」

17行目 disgust「嫌悪」cause A to do「A に〜させる」

19行目 to help 以下は目的を表す to 不定詞の副詞的用法。help do「〜するのに役立つ」stop A from Ving「A が〜するのを止める」

19行目 It は fear を指す。

20行目 Eyes and nostrils open wide so (that) they are 〜 は so の後ろに that が省略されていて，so that + SV 構文は目的を表す。

22行目 Facial expressions [that intentionally communicate feelings such as happiness, anger, or confusion] are different. の下線部の関係代名詞 that は facial expressions が先行詞。

23行目

These expressions { have a social function
and
are not physical 〜

主語の These expressions に対し 2 つの動詞 have と are が呼応している。

27行目 The reason [(why) many Americans smile] is the mirror image of (the reason) [why many Japanese people smile].
関係副詞 why は，the reason why 〜のように用いられることは少なく，the reason か why のどちらか一方のみを残して使われる。

28行目 Many Japanese people , on the other hand, don't just smile when they are happy but (also) when they want other 〜
not only A but also B「A だけではなく B も」の形は，only の代わりに just が使われることもある。よって本文では，「自分が幸せな時だけではなく，他の人に幸せになって欲しい時にも」という意味になる。

31行目 focus on 〜「〜に焦点を当てる」

34行目 by 〜 ing「〜することによって」

36行目 to show happiness and sadness の to 不定詞は目的を表す副詞的用法。

39行目 rarely「めったに〜ない」

— 49 —

英語　　　正解と配点

(60分，100点満点)

問題番号		正　　解	配　　点
1	1	②	2
	2	③	2
	3	④	2
	4	②	2
	5	③	2
	6	①	2
2	7	②	1
	8	④	1
	9	④	1
	10	①	1
	11	②	2
	12	③	2
	13	②	2
	14	①	2
3	15	④又は①	2
	16	④	2
	17	①	2
	18	③	2
	19	③	2
4	20	③④	2
	21	⑤②	2
	22	③④	2
	23	②④	2

問題番号		正　　解	配　　点
5	24	④	2
	25	②	2
	26	⑤	2
	27	①	2
6	28	②	3
	29	①	3
	30	③	3
	31	④	3
	32	④	4
	33	③	4
	34	②	4
7	35	①	4
	36	④	3
	37	③	4
	38	①	3
	39	④	3
	40	①	3
	41	②	3
	42	③	3

＊20～23の正答は2番目と4番目の順，2つ完答で2点

— 50 —

1 リスニング・テスト

Part (A)

問1　放送文

1. The man is folding his arms.
2. The man is wearing a big hat.
3. The two people are in a house.
4. The two people are taking pictures outside.

放送文の訳

① その男性は腕を組んでいます。
② その男性は大きな帽子をかぶっています。
③ その2人は家の中にいます。
④ その2人は外で写真を撮っています。

[解説]　[答]　①

　folding, wearing などの動作を表す動詞の聞き取りが大切。

問2　放送文

1. Two men are riding on the same car.
2. Two men are working on the same car.
3. A couple of workers are standing face to face.
4. A couple of workers are taking a break together.

放送文の訳

① 2人の男性が同じ車に乗っています。
② 2人の男性が同じ車の作業をしています。
③ 2人の労働者が向かい合わせで立っています。
④ 2人の労働者が一緒に休憩をとっています。

[解説]　[答]　②

　主語は全て2人をあらわすもの。動作を表す動詞の聞き取りに注意する。
work on ～「～に取り組む」
face to face「向かい合わせで，面と向かって」

問3　放送文

1. All three women are wearing hats.
2. All three women are wearing skirts.
3. One woman is sitting below the other two.
4. One woman is standing above the other two.

放送文の訳

① 3人の女性全員が帽子をかぶっています。
② 3人の女性全員がスカートを履いています。
③ 1人の女性が他の2人よりも下に座っています。
④ 1人の女性が他の2人よりも上に立っています。

[解説]　[答]　④

　動作を表す動詞の聞き取りと3人の女性に共通すること，しないことに注目する。wearing なので身につけているものに注目し，sitting, standing ではその後の below, above で位置に注目する。

Part (B)

問4　放送文

W：I'm studying Japanese, and I know the hiragana characters, but I've never seen these cards before.

M：It's a game called karuta. We play it during the New Year Holidays. Do you want to try to play the game with me?

W：I'm a beginner of the Japanese language. Maybe I won't be any good at the game.

M：If you know your hiragana, that's all that you really need to know to play the game. It'll be fun. Let's give it a go.

Question： What are they talking about?

放送文の訳

女性：日本語を勉強していてひらがなはわかるけど，こんなカードは見たことがないよ。

男性：これはかるたというゲームだよ。私たちはお正月のお休みの時にこれで遊ぶんだ。一緒にやってみたい？

女性：日本語はまだ始めたばかりなの。多分この

ゲームはうまくできないよ。

男性：ひらがながわかっているならこのゲームをするのには十分だよ。面白いよ。やってみよう。

質問：2人は何について話しているのか。

選択肢の訳

①面白いカードゲームの遊び方

②ひらがなの勉強の仕方

③かるたというゲームの紹介

④かるたと西洋のカードゲームの違い

[解説]　[答] ③

　"It's a game called *karuta*." 「これはかるたというゲームだよ。」という部分を聞き逃さないこと。万が一聞き逃したとしても，"We play it during the New Year Holidays." 「お正月のお休みの時にこれで遊ぶんだ。」や，game が何度も聞こえるのでわかるはず。

It's a game called *karuta*. 「それはかるたと呼ばれているゲームです。」called *karuta* は分詞で a game を修飾している。

If you know your *hiragana*, that's all that you really need to know to play the game. 「ひらがなを知っているなら，それがあなたがこのゲーム（＝かるた）をするために知っている必要があることの全てです」all を先行詞として関係詞の目的格となっている。to play the game は不定詞の副詞的用法。

問5　放送文

W：We have an exchange student at our school. He is from Asia, but he speaks English very well.

M：Have you spoken to him directly?

W：No, not yet. But maybe soon. I just listened to his speech in our class yesterday. He seems very nice.

M：You should sit next to him at lunchtime tomorrow. Food is a natural topic to start a conversation. Ask him if he likes Japanese food.

Question：What will one of the students do tomorrow?

放送文の訳

女性：私たちの学校に交換留学生がきているの。彼はアジア出身なんだけど英語がとても上手いのよ。

男性：直接彼とは話してみた？

女性：ううん，まだ。でも多分すぐに話すよ。昨日クラスで彼のスピーチを聞いたところだけど，とてもいい人そうなの。

男性：明日お昼に彼の隣に座ってみなよ。食べ物は会話のきっかけには自然な話題だよ。日本食が好きか聞いてみたらいいよ。

質問：生徒の一人は明日何をするだろうか。

選択肢の訳

①生徒は交換留学生のスピーチを聞くだろう。

②生徒は交換留学生と電話で話をするだろう。

③生徒は交換留学生に英語を習うだろう。

④生徒は交換留学生と一緒に座って話をするだろう。

[解説]　[答] ④

　男性のアドバイス，"You should sit next to him at lunchtime tomorrow. Food is a natural topic to start a conversation. Ask him if he likes Japanese food." 「明日お昼に彼の隣に座ってみなよ。食べ物は会話のきっかけには自然な話題だよ。日本食が好きか聞いてみたらいいよ。」という should を使った提案に注目する。女性の方は，"Have you spoken to him directly?" 「直接彼とは話してみた？」という質問に対して，"No, not yet. But maybe soon. I just listened to his speech in our class yesterday. He seems very nice." 「ううん，まだ。でも多分すぐに話すよ。昨日クラスで彼のスピーチを聞いたところだけど，とてもいい人そうなの。」とその留学生に対して好印象で，彼と話をすることに対しても前向きな姿勢がうかがえるので，男性の提案を受け入れると予測できる。他の選択肢を消去法で消していってもよい。

問6　放送文

W：Your train leaves the station at six o'clock.

Should I set the alarm clock to ring at five A.M. for you?

M：No, can you make it even earlier than that? I can't be late for an important meeting tomorrow morning.

W：Okay, I'll set it for four-thirty. That's pretty early.

M：Yes, do that. I don't mind it being that early at all. I don't want to take a chance of being late. I just can't miss my train.

Question：What will happen tomorrow morning?

放送文の訳

女性：あなたの電車は6時に出るのね。目覚まし時計を5時にセットしましょうか？

男性：いや，それより早くしてもらえるかな。明日の朝は大事な会議に遅れるわけにはいかないんだ。

女性：わかった。4時半にセットしておくわ。かなり早いわよ。

男性：うん，そうしてくれ。それくらい早くても全く問題ないよ。遅刻する危険は冒したくない。絶対に電車に乗り遅れるわけにはいかないんだ。

質問：明日の朝，何が起こるだろうか。

選択肢の訳

①電車が遅れるだろう。
②会議が早く始まるだろう。
③目覚まし時計が5時半に鳴るだろう。
④男性は5時前に起きるだろう。

[解説] [答] ④

女性のセリフで "I'll set it (= the alarm clock) for four-thirty." から④が正解。

No, can you make it even earlier than that? I can't be late for an important meeting tomorrow morning. 「いや，それより（＝5時より）早くしてもらえるかな。明日の朝は大事な会議に遅れるわけにはいかないんだ。」

Yes, do that (= set it for four-thirty). 「うん，そうして（4時半に目覚ましをセットして）くれ。」 take a chance 「危険を冒す，運に任せる」

問7 放送文

M：Hey, look! This is a design for our new school flag.

W：Oh, there is our school logo with the school's name on it.

M：Yes. What do you think?

W：Well, I think it's OK, but why did you put the name above the logo? In my opinion, the name should be under it. Also, you should use "High School", not "H.S."

M：All right. I will modify it.

Question：Which is the final design of the new flag?

放送文の訳

男性：ねえ，見て。僕らの新しい校旗のデザインだよ。

女性：へえ，学校のロゴとその上に学校名があるのね。

男性：うんそう。どう思う？

女性：そうね，いいとは思うけど，でもなんで学校名を上にしたの？私は学校名は下の方がいいと思う。それに H.S. でなく High School を使った方がいいわ。

男性：わかった。直すよ。

質問：新しい校旗の最終デザインはどれか。

[解説] [答] ④

校旗のデザインについて女性の意見を聞き，"I'll modify it." 「直すよ。」と言っていることから，女性のアドバイスを受け入れた形が最終デザインとなる。よって，"In my opinion, the name should be under it." からロゴの下に学校名を入れ，その後の台詞から，省略せずに "High School" と表記することがわかる。

問8 放送文

M：Have you seen my glasses? I've been looking for them since this morning.

W：No. Can you describe them? I can help you find them.

M：Thanks. The lenses look like eggs, and they are rimless.

W：Rimless? What does that mean?

M：That means there is no frame around the lenses.

W：OK, I see. Now let's look in this room first.

Question：Which picture shows the glasses the man is looking for?

放送文の訳

男性：僕の眼鏡を見た？今朝からずっと探しているんだ。

女性：ううん，見ていないよ。どんな眼鏡か説明して。探すのを手伝ってあげるわよ。

男性：ありがとう。レンズは卵の形でリムレスなんだ。

女性：リムレス？どういう意味？

男性：レンズの周りにフレームがないってこと。

女性：ああ，わかった。まずはこの部屋から探してみましょう。

質問：男性が探しているメガネの絵はどれですか。

[解説] [答] ③

"The lenses look like eggs" と "rimless" の意味を聞き取る。"That means there is no frame around the lenses." と言っているので，「フレームのない卵型の眼鏡」となる。

Part (C)

問9 放送文

Today, I'm going to tell you what kind of food the ancient Indians ate. They ate wheat, vegetables, fruits, and meat. Their diet was very similar to ours today. Some scholars have found fishing nets and hooks in the ruins of early Indian civilizations, which means they also liked to catch and eat fish. They grew rice, peas, sesame, and melons. And they domesticated cows, pigs, and sheep. They cooked using clay ovens. They also knew how to preserve food. If you visited someone in early India, you would most likely be served rice, vegetables, meat, and wheat bread. In the north part, they liked to eat food that was not spicy, with a lot of dairy products such as yogurt and butter. In the south part, you might find the food spicy, and served with rice and maybe coconut. Those who lived near the oceans, rivers, or lakes would serve fish and seafood.

Number 9. Question：What have some scholars found in the ruins of early Indian civilizations?

Number 10. Question：Who ate the spicy food in ancient India?

放送文の訳

今日は古代インドの人々がどのような食べ物を食べていたのかお話ししましょう。彼らは小麦，野菜，果物，肉を食べていました。彼らの食生活は現代の私たちの食生活ととても似ていたのです。学者の中には初期のインド文明の遺跡で魚獲りの網や釣り針を発見した人もいて，彼らは魚を獲って食べることも好きだったということなのです。彼らは米，豆，胡麻，メロンを栽培していました。そして牛，豚，羊を飼育していました。彼らは土のオーブンを使って調理をしていました。彼らはまた食べ物の保存方法も知っていました。もし初期のインドで誰かを訪ねるとしたら，おそらく米，野菜，肉，小麦のパンでもてなされたことでしょう。北部の人は辛くない食べ物を，ヨーグルトやバターといった沢山の乳製品と一緒に食べることを好んでいました。南部では，食べ物が辛くて，米やおそらくココナッツとともに食べられていたということがわかるでしょう。海，川，湖の近くに住んでいた人々は魚や魚介類といった食事を出したでしょう。

問9 質問文の訳

初期のインド文明で学者たちは何を見つけたか。

問9 選択肢の訳

①小麦と野菜

②動物の骨

③魚獲りの網と釣り針

④ヨーグルトとバター

問10 質問文の訳

古代インドで辛い食べ物を食べていたのは誰か。

[問10 選択肢の訳]
①北部に住んでいた人々
②南部に住んでいた人々
③水辺に住んでいた人々
④誰も食べていなかった

[解説] 問9 [答] ③ 問10 [答] ②

Some scholars have found <u>fishing nets and hooks</u> in the ruins of early Indian civilizations, which means they also liked to catch and eat fish. 「学者の中には初期のインド文明の遺跡で<u>魚獲りの網や釣り針</u>を発見した人もいて、彼らは魚を獲って食べることも好きだったということなのです。」従って正解は③。

<u>In the south part</u>, you might find the food spicy, and served with rice and maybe coconut. 「<u>南部では</u>、食べ物が辛くて、米やおそらくココナッツとともに食べられていたということがわかるでしょう。」従って正解は②。

the ancient Indians「古代インドの人々」wheat「小麦」diet「食生活」
similar to ours (=our diet)「私たちの食生活に似ている」

Some scholars have found fishing nets and hooks in the ruins of early Indian civilizations, which means they also liked to catch and eat fish.「学者の中には初期のインド文明の遺跡で魚獲りの網や釣り針を発見した人もいて、彼らは魚を獲って食べることも好きだったということなのです。」

関係代名詞whichの先行詞はカンマの前までの部分。「そのことが～ということを意味している。→つまり～ということだ。」となる。

If you visited someone in early India, you would most likely be served rice, vegetables, meat, and wheat bread.「もし初期のインドで誰かの家に行くとしたら、おそらく米、野菜、肉、小麦のパンでもてなされたことでしょう。」

仮定法過去形 [If＋主語＋過去形～，主語＋would＋動詞原形…]「もし～なら、…だろう」となる。

dairy products「乳製品」がわからなかったとしても、直後の such as yogurt and butter から予測をつけたい。
likely「おそらく、多分」

In the south part, you might find the food spicy, and served with rice and maybe coconut.「南部では、食べ物が辛くて、米やおそらくココナッツとともに食べられていたということがわかるでしょう。」

find O (=the food) C1 (=spicy) and C2 (=served with rice and maybe coconut)「O が C1で C2 だとわかる」となっている。

2

A 文法問題
問11 [答] ④
[訳] 私は彼のことを信用していない。彼がたった今言ったことは本当であるはずがない。
[解説] 助動詞の問題で、前文の「彼のことを信用していない」ことから、「彼のたった今言ったこと」も信じられないと考えられるので、それに合う④can't「本当であるはずがない」を選ぶ。①should は「本当であるはずだ」、③may は「本当かもしれない」と矛盾する。②needn't は「本当である必要がない」と意味不明。

問12 [答] ④
[訳] ようやく名前が呼ばれた時には自分の順番がくるまでどれくらい待っていたのですか。
[解説] 時間の長さを尋ねる質問で、①did you wait と③have you been waiting も成り立ちそうに思われるが、when you finally heard your name called と過去の起点を表す言葉があるので不可。この部分がなければ①と③も成り立つが、本問は過去の時を基点としてその前までにどれくらいの間待っていたのか「動作の継続」をあらわすため、④の過去完了進行形となる。①過去形、③過去進行形では「動作の継続」を表せないし、②現在完了進行形では基点が今となるので不適。

問13　[答] ②
[訳]　彼らが行方不明になってしまった犬を探しに行った唯一の場所は近所の公園だった。
[解説]　主語である the only place を先行詞とした関係詞の文。関係詞節が they looked for the missing dog in the only place となるので②の関係副詞 where が答えとなる。①関係代名詞 which の場合はその後ろの節で何かしら名詞が抜けていなくてはならないが，本問では主語（they）も for の目的語（the missing dog）もあり，何も抜けている部分がない。③what の場合は後ろの節で名詞が抜けていることに加え，先行詞も不要となる。④when は先行詞に time, day など時間をあらわす語をとる。

問14　[答] ①
[訳]　彼女にはとても多くの友人がいるので，寂しいと思ったことは一度もない。
[解説]　基本形は so ～ that …「とても～なので…」の構文だが，本問のように名詞が入るものとして，[such + a/an + 形容詞 + 名詞 + that…] と [so + 形容詞 + a/an + 名詞 + that…] がある。ただし，many, much, little, few などは注意が必要。so の後には many や much などが続くので①が正解。a lot of / lots of は so の後には置けないので②は不可。such の後には many /much は置けないので③は不可。such a lot of friends ならば可。④は of が不要。

B　会話問題
問15　[答] ②
[訳]
A：私，甘いものが大好きなの。甘いものならいくらだって食べられるわ。
B：私も甘いものは好きだけど，健康のために食べ過ぎないように気をつけているの。
A：その自制心が羨ましい。多分そろそろ体重を気にしなければいけない頃よね。②私太ってきたと思う？
B：ううん，スリムだわ。
①痩せなくちゃ。

②太ってきたと思う？
③どんな運動すればいいかしら。
④心配する必要ないってこと？
[解説]　Bの最後の台詞でNoとあり，直前のAの疑問を否定して「スリムだ」と言っていることから，逆の表現で，太っているのではないかという内容の質問をしたと考えられるので②が正解。①は I watched my weight と内容が重なり，繰り返しに聞こえてしまう。③は what の質問に no で答えることになってしまう。④は相手の言ったことに対しての発言にならねばならず，体重に関してはまだAしか述べていないので不自然であるし，no と打ち消すのもおかしい。

問16　[答] ③
[訳]
A：咳をしているね。風邪を引いたみたいだね。
B：そうかも。この部屋は寒いわ。そのせいで風邪っぽいのかな。
A：とにかくエアコンを消そう。君の気分にもっと早く気付くべきだったよ。
B：③あら，そんなの全然あなたのせいじゃないわ。親切にありがとう。
①あなたは丈夫だから風邪なんて引かないわよ。
②２人ともうっかりして！
③あなたは全然悪くないわ。
④あなたが言うのももっともね。
[解説]　Aが「もっと早く気付くべきだった」と反省するようなことを述べ，それに対して最後に「ありがとう」と応えているところから，BはAに非があるとは思っておらず，むしろその心遣いに感謝している様子が伝わるので③が正解。①はAが自分自身のためにエアコンを消そうとしているかのように聞こえるので不自然。②では２人ともに責任があるような言い方になり，Aにも非があると認めることになるので不可。④はAの非を完全に認めることになるので不可。
[語句]　I should + have + 過去分詞（完了形）「～するべきだったのに（実際はしなかった）」
tough enough not to catch a cold「風邪をひかないほど丈夫な」　形容詞 + enough + to do「～す

— 56 —

るほど…（形容詞）」の不定詞の部分に否定が入り not + to do「〜しないほど…」となる。
be to blame「責めを負うべきである」

問17　[答] ④
[訳]
A：今日の午後の予定は？
B：特に何も。君は？
A：僕もないんだ。だから君に何かするつもりのことがあるんだったら手伝わせてもらいたいなと思ってたんだけど。
B：④期待に添えず申し訳ない。暇潰しにゲームでもしないかい？
A：いいね。
①そもそも僕は君を手伝うつもりはなかったよ。
②君がそのチャンスを得られないのは残念だ。
③僕がいないと知ってがっかりするのは当然だ。
④君の期待に応えられずに申し訳ない。
[解説]　何か手伝わせてもらおうと思ったけどBにも予定がなかったのでAの思惑が外れたことに注意。手伝わせてもらおうと思っていたのはAだし，この流れで①は不自然。②は客観的な発言であまりに他人行儀に過ぎる。③は話の流れに全く合わない。答えは④となるが，前半の流れからすると彼らが行き着いた先には疑問が残る会話である。
[語句]　kill time「暇を潰す」may well 〜（動詞）「〜するのも当然だ」meet 〜「（期待など）に沿う」

問18　[答] ④
[訳]
A：お会いできて嬉しいです，ジョンソンさん。
B：私もまたお会いできて嬉しいです，スミスさん。
A：え？④お会いしたのは今回が初めてではないのですね。
B：ええ，違いますよ。昨年，医学会の会議でお会いしています。
①記憶がいいとは実にあなたらしい。
②私たちが以前にお会いしたことがないというのは疑わしいですね。

③あなたがなぜ私をご存じないのか，説明していただくことが重要ですよ。
④今回初めてお会いしたのではないのですね？
[解説]　Nice to meet you. は初めて会った時の挨拶で，それに対してBは again と付くことで再会の挨拶をしている。そのことにAは驚いて，以前会ったことがあったか尋ねる④が正解で，それに答えてBはその通りだと述べている。①は会った記憶のない相手に対して言う台詞として不自然であるし，No, it is not. にも合わない。②は「以前会ったことがないのは疑わしい→以前あったことがある」ことを次にBが否定することになり，「以前会ったことがない」と逆になってしまう。会ったことを覚えていないのはAなので③は不可。

C　整序問題
[答]　問19　③　問20　④／①
[Not wanting to wake her baby] / [Not wanting her baby to wake]
[訳]　赤ちゃんを起こしたくなかったので，彼女は掃除をするのをやめた。
[解説]　she stopped cleaning the room と後ろに完全文があり，前の部分は分詞構文で理由を説明している。分詞の wanting から始まり，[want to do] もしくは [want + 人 + to do] がすぐに思いつく。後半の cleaning との関連を考えると，掃除で赤ちゃんを「起こしてしまう」のを避けるためと考える方が自然なため，wake her baby が最もふさわしい答えであるが，[want + 人 + to do] で「赤ちゃんが（自発的に）起きる」としても文は成り立つ。この問いは意味が通る文が数通り考えられるため全員正答の扱いとなった。

[答]　問21　③／⑤　問22　①
[her children never having been late] / [her children having never been late]
[訳]　彼女は子供達が一度も学校に遅刻したことがないことを誇りに思っている。
[解説]　proud of の目的語に動名詞句がくる形。her children は動名詞の意味上の主語になるため

— 57 —

直前にくる。動名詞部分は経験をあらわす現在完了のため，having been late となる。動名詞を打ち消す否定語 never は基本的には動名詞の直前に置くので never having been late の方がいいが，having never been late も使われる。ただし会話においては特に動名詞句を用いず，She is proud of her children because they have never been late for school. とするのが一番自然だろう。この問いは2通りの組み合わせが正答となった。

[答] 問23 ③ 問24 ④
[which I had her show]
[訳] 私の姉はパリで何枚か絵を描いてきて，そのうちの一枚を見せてもらった。
[解説] My sister painted some pictures in Paris と前に完全文があり，選択肢に接続詞がないために関係詞 which で文を繋ぐ。関係詞節は使役動詞 have を用いて［have + O + do］「Oに～してもらう」となり，I had her show one of them となる。one of them が one of which となっている。

[答] 問25 ⑤ 問26 ④
[matter whose fault the failure is]
[訳] その失敗が誰のせいなのかは問題ではない。
[解説] doesn't の後には動詞の原形 matter がきて，その後に主語の it の内容をあらわす名詞節である間接疑問文がくる。形の上では whose fault the failure is と whose failure the fault is が考えられるが，意味的に前者。Whose fault?「誰のせい？」や It's my fault.「それは私のせいなの。」がすぐ頭に浮かぶとわかりやすい。

[答] 問27 ⑤ 問28 ①
[than that of any other city]
[訳] 東京の人口は，日本の他のどの都市の人口よりもはるかに多い。
[解説] 比較表現で than ～とその後に比較対象を置く。the population of Tokyo の比較の対象は the population of any other city in Japan なの

で，the population をあらわす代名詞 that を置く。比較での代名詞 that は頻出なのでしっかり押さえておきたい。比較級を用いた最上級表現。

3

[訳]
　治療中に医師と話をしたことはあるだろうか。なかには治療中によく話す医師もいるが，勤務中にはほとんど話をしない医師もいる。医師が患者とおよそどれくらいの時間を過ごしているか考えたことはあるだろうか。
　ある医療情報サイトが「2016年の医師の報酬に関する調査」を最近公表したが，そこに医師が患者1人に対して何分費やしているかという情報が含まれている。この報告書には26の専門分野にわたる19,200人以上の医師から得たデータが掲載されている。
　この調査によると，患者1人に対する時間について，およそ30%の医師が13～16分と答えている。それぞれ男性医師が29%で，女性医師が27%であった。次に多かった回答は17～20分で，男性医師，女性医師ともに20%以上がそう回答した。
　データを性別で分類して詳細を見ていこう。調査によると，女性医師は男性医師よりも患者1人に対してより多くの時間を費やしている。女性医師の半数が患者1人に17分かそれ以上費やしており，男性医師の半数以上が16分かそれ以下の時間を費やしていると報告している。
　それではこの調査結果をどのように考えるだろうか。男性医師を冷たいと思うだろうか。入院する必要があるときに，男性医師に診てもらうのをためらうだろうか。結論を急いではいけない。専門分野自体に性別によって違いがある事実に気づくだろう。救命救急診察や，緊急時対応の分野で働く女性医師は非常に少なく，そのことによって男性医師が患者に費やす時間が女性医師よりも短くなる傾向があるのである。

問29 [答] ②
①それぞれの医師が週に何時間働いているか。

— 58 —

②それぞれの医師が患者1人に対して何分費やしているか。

③それぞれの医師がいくつの専門分野を持っているのか。

④それぞれの医師が何人の患者を受け持っているのか。

[ヒント]

　本文中のグラフが示しているのは，6行目にある通り，"how many minutes doctors say they spend with each patient"「医師が患者1人に費やす時間」である。

問30　[答] ③

①ある特定の専門分野の医師についての報告書を公表した。

②2016年にある報告書を公表したが，調査はそれ以前に行われた。

③19,200人以上の医師からの回答を含む報告書を公表した。

④患者に対して最高の治療を行った医師についての報告書を公表した。

[ヒント]

　Online medical resource の公表した報告書の内容については第2段落に，26の専門分野における19,200人以上の医師を対象としたものとある。

問31　[答] ③

①医師の性別と彼らが患者と過ごす時間には何の関係もない。

②男性医師の数は女性医師の数とほとんど同じくらいである。

③女性医師は男性医師に比べて患者とより多くの時間を過ごす傾向がある。

④ほとんどの医師が患者と過ごす時間を減らしたいと考えている。

[ヒント]

グラフ結果については第3段落と第4段落で述べられていて，特に性別に関して述べられているのは第4段落である。

問32　[答] ③

①ある調査結果によると，多くの人が医師と過ごす時間がかなり長いと考えている。

②患者にかける時間が9分以下の女性医師の割合は，男性医師の割合よりも高い。

③およそ30％以上の男性医師が，1人の患者に13～16分の時間をかけていると回答した。

④救命救急診察や，緊急時対応の分野では，男性医師と同じ数の女性医師が働いている。

[ヒント]

　②と③はグラフより読み取れる。①については調査の対象は医師であって，一般の人が医師と過ごす時間をどう感じているかを問う質問についての記述はない。④については最終段落に述べられている内容と一致しない。

[解説]

3行目 on duty「勤務中」

6行目 how many minutes ～以下の節は間接疑問文で，その直前の on の目的語で information を修飾しており，「～についての情報」。how many minutes they spend with each patient に doctors say が挿入されていると考えよう。

information

　on

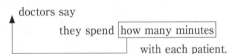

「医師は言う，患者1人に対いて何分時間を費やしているかということ」

8行目 how much time doctors spend with a patient はその直前の of の目的語の部分で，question の内容をあらわす。

9行目 with this response(O) making up ～(C) で「この回答は～を構成している」と付帯状況をあらわす。

10行目 respectively「それぞれ」

11行目 answered by ～ は分詞構文で付帯状況をあらわす

12行目 break down ～ by gender「性別で分析する」

12行目 The survey shows that ….「その調査で…ということが示されている。」

13行目 per patient「患者1人につき」per＋無冠詞の単数名詞

13行目 counterpart「対応する2つのものの一方，ここでは男性医師のこと」

17行目 cold-hearted「冷淡な，不親切な」

17行目 hesitate to do「〜するのをためらう」

17行目 stay in the hospital「入院する」

18行目 jump to a conclusion「早合点する」

18行目 the specialties themselves have gender difference「専門分野自体に性別によって違いがある」themselves は the specialties を強調している。

19行目 critical and emergency care「救命救急診察や緊急時対応」

20行目 関係代名詞 which の先行詞はカンマまでの節。関係詞節内で, tend の目的語の to make（V'）male doctors' visits（O'）shorter（C'）「男性医師の往診をより短くする」となり, those of female doctors の those は the visits（of female doctors）である。

tend to do「〜しがちである」

4

【A】

[訳]

　あなたは長い列に並んだことはあるだろうか。もし並んだことがあるなら，何時間並んでいただろうか。本当にほしいものを購入するために，数時間立っている以外選択肢がないと思ったら列に加わる人もいれば，列に並ぶのはばかげていると思い，絶対に列に並ばないという人もいる。

　しかしながら，スマートフォンのおかげで，長い列に並ぶのを気にしない人の数が増えているのをご存じだろうか。このデバイスを使えば，特に何もせずにただ立っている必要がないのである。待っている間，友人に話したり，何かツイッターでつぶやいたり，ゲームしたりすることを楽しむことができる。ゲームの中には無料で利用できるものもある。また，テレビ番組や映画も見ることもできる。スマートフォンで何かすることに熱中

すればするほど，退屈を感じることは少なくなる。足や脚の痛みすら忘れるかもしれない。

[解説]　文中に語句を補う問題で大切なことは①前後の文脈をよく把握すること②品詞や時制など文法や語法に注意を向けることである。

問33　[答] ②

①好む

②加わる

③離れる，去る

④制御する，支配する

[ヒント]

　3行目の while「その一方で」を境に，1行目の Some people 〜と others say…が対比関係にある内容であることに着目する。3行目で，「列に並ぶのは愚かであるという人もいる」と書いてあることから，その対比内容を表すものを選ぶ。さらに2行目「本当にほしいものを購入するとき，長い時間立っている以外選択肢がないとき」と書いてあることから，②が選択肢として選べる。

問34　[答] ④

[ヒント]

　選択肢はすべて指示語だが，3行目の a line を指していること，ある特定の列ではなく，どんな列であれ並ばないことを言っていることから，不特定のものを選択肢中唯一指せる one と考えられる。

問35　[答] ②

[ヒント]

　選択肢は全て「増える」という意味になるので，文法的に考える。①の現在形と④の to 不定詞は have been の後に入れられる形ではないため不可。③の過去分詞は have been increased と受動態の形になり「増やされる」という意味になり文意が通らないため不可。②の現在分詞は have been increasing と現在完了進行形になり「増え続けている」という意味になって文脈が通るため正解。

問36　[答]　④

①多い

②より多く

③少ない

④より少なく

[ヒント]

<u>The more</u> involved you are in doing something with your smartphone, the 36 you feel bored. と文頭の the more から「the 比較級，the 比較級」の「～であればあるほど，より…だ」の構文であると気づく。そのため空所には比較級が入ることになり，5行目で「しかしながら，スマートフォンのおかげで，長い列に並ぶのを気にしない人の数が増えているのをご存じだろうか。」とあるので，スマートフォンで何かをすることに熱中すればするほど，退屈を感じることは<u>少なくなる</u>はずだから，④の less が正解。

[語句と構文]

1行目 be in a long line「長い列の中にいる」→「長い列に並ぶ」。

If you have (been in a long line), ～.

it = a long line のこと。

1～2行目 Some people ～ , while others …「～する人もいれば，一方で…する人もいる」

they feel (that) there is no option ～

option「選択肢」

but「～以外に」

to stand の to は不定詞の名詞的用法「立っていること」

to get ～の to 不定詞は副詞的用法「～を手に入れるために」

something [that] they really want, Something の後ろに関係代名詞が省略されている。

others say {and} [hat it is ridiculous ～ / that they would never be ～

it is ridiculous to be in a line 形式主語構文。

5～6行目 that 以下は文末までが節になっており，that 以下は know の目的語となる。that 節内の主語は the number ～ a long line。

thanks to ～「～のおかげで，～のために」

the number of ～「～の数」c.f. a number of ～「たくさんの～」

who ～ line は関係代名詞節。前の people を修飾する。

mind –ing「～することを嫌がる，気にする」

[例] Do you mind opening the window?「あなたは窓を開けることを嫌がりますか。」→「窓を開けていただけますか。」

6行目 With ～「～があれば」

these devices = smartphones

don't have to ～「～する必要がない」just ～「～だけ」

stand – ing「～しながら立っている」

7行目 in particular「特に」

You can enjoy {or} [talking to ～ , / twittering something, / playing ～ .

twitter「ツイッターでつぶやく」

8行目 phone game (s)「スマートフォンゲーム」

while (you are) waiting「待っている間」。副詞節中の「主語 + be 動詞」省略されることがある。

[例] While (we were) in Otaru, we ate sushi a lot.「小樽にいたとき，たくさん寿司を食べた。」

available「利用できる」

for free「無料で」

9行目 The 比較級 S + V ～ , the 比較級 S + V ….「～すればするほど…」

be involved in ～「～に没頭する」

with「～を使って」

10行目 feel bored「退屈に感じる」

might「かもしれない」

pain「痛み」

【B】

[訳]

　インターネットの歴史は1960年代に始まったと言われている。それ以来，インターネットは急速に進化し，そして現在では大人だけでなく子どもたちも日常的にインターネットを楽しんでいる。インターネットは楽しいが，危険でもある。大人たちは，子どもたちが犯罪に巻き込まれないよう

に，彼らがどのようにインターネットを使っているのか注意を払わなければならない。

子どもたちはインターネット上で何かを始める前には，自分たちが信頼する人に相談しなければならない。たとえば，住所や電話番号，学校名のような個人情報はオンライン上で出さないほうがいい。自分たちの情報だけでなく，他人の情報もオンライン上では公表してはならないことを大人たちは子どもたちに言ったほうがいい。さらに，画像や動画を投稿することも禁止すべきである。そのようなことをしたいときは，保護者や自分たちが信頼する人から許可をもらったほうがいいと，子どもたちに言いなさい。

子どもたちは，安全に保たれなければならない。オンライン上で出会ったいかなる人にも，子どもたちだけで実際に会うべきではない。本当に子どもたちが会いたいのであれば，保護者や自分たちが信頼する人の同伴がより安全である。いずれにせよ，大人は子どもたちに危険な目に遭わせないよう特別な配慮をする必要がある。

問37　[答]　③

①退屈な
②便利な
③危険な
④特別な
[ヒント]
空所の直後に「大人たちは，子どもたちが犯罪に巻き込まれないように，彼らがどのようにインターネットを使っているのか注意を払わなければならない。」とあるので，インターネットは危険だと述べていることになる。よって③が正解。

問38　[答]　①

①個人的な
②国家の
③技術的な
④全体的な
[ヒント]
空所の直後に「住所や電話番号，学校名のような」とあるので，個人的な情報と分かり，①が正

解。

問39　[答]　④

①再び
②しかし
③それから
④その上
[ヒント]
空所の前後を見ると，「自分たちの情報だけでなく，他人の情報もオンライン上では公表してはならないことを大人たちは子どもたちに言ったほうがいい。(39)，画像や動画を投稿することも禁止すべきである。」のように公表してはならないことを列挙しているので，空所には④のその上が入る。

問40　[答]　④

①招待
②保険
③警告
④許可
[ヒント]
「そのようなことをしたいときは，保護者や自分たちが信頼する人から(40)をもらったほうがいいと，子どもたちに言いなさい。」の「そのようなこと」が公に通常してならないことをネット上に出すを指しているので，出来ないことをするには許可が必要と分かるため，④が正解。

問41　[答]　③

①より愚かな
②よりまれな
③より安全な
④より危険な
[ヒント]
空所の直前を見ると「子どもたちは，安全に保たれなければならない。オンライン上で出会ったいかなる人にも，子どもたちだけで実際に会うべきではない。本当に子どもたちが会いたいのであれば，保護者や自分たちが信頼する人の同伴が(41)である。」のように，子どもの安全確保がテー

マになっていることから，空所には「より安全な」を入れるのがふさわしく③が正解。

[語句と構文]

1行目 is said to ～「～と言われている」
then「そのとき」つまり，1960年代のこと。

2行目 evolve「進化する」
rapidly「急速に」
not only A but (also) B「AだけでなくBも」この文では，adults がA，children がBに当たる。
on a daily basis「毎日」

3行目 pay attention to A「Aに注意を払う」この文では，how kids are using the Internet service がAに当たる。
so that ～「～するために」ここでは，not があるため「～しないように」の意。[例] We ran to the station so that we wouldn't miss the express train.「我々はその急行電車に乗り遅れないよう，駅に走って行った。」
get involved in ～「～に巻き込まれる」
crime「犯罪」

5行目 a person の後ろに関係代名詞が省略されている。a person [that] they trust「彼らが信頼する人」
on the Internet「インターネット上で」

6行目 give out「公表する」
online「インターネット上に」
such as ～「（例えば）～のような」

7行目 Adults ～．は第4文型（S+V+O$_1$+O$_2$）。
that 以下は O$_2$のかたまりである。
that of の that は information。

8行目 post「投稿する」
video「動画」
prohibit「禁止する」
Tell them（=kids）that ～も第4文型。命令文のため，主語はなく，that 以下が O$_2$のかたまりである。

9行目 such things「そのようなこと」。前述の内容を指す。
～ a person [that] they trust.「自分たちが信頼する人」person の後ろに関係代名詞 that が省略されている。

11行目 meet with ～「（約束をして）～と会う」
anyone [that] they have met ～. anyone の後ろには関係代名詞 that が省略されている。
by themselves「自分たちだけで」

12行目 it is safer for them to go with ～. it は形式主語，to 以下が真主語であり，for them は to 不定詞の意味上の主語である。「彼らが～と一緒に行くことがより安全である。」

13行目 in any case「いずれにせよ」
take special care「特に配慮する」
not to ～「～しないように」
put ～ in danger「～を危険にさらす」

5

[訳]

(1)私たちはお互いのもっともいいところに気づく驚くべき能力がある。だから，できるだけ多く，自分の目の前の人のもっともいいところを見抜こうとしようとするがいい。家族や友だち，職場の同僚，一日を通して出会った人たち，会議のときの人たち，顧客，子どもたち，さらにはあなたが敵と思っている人や，これまであなたを傷つけてきた人のもっともいいところを見つけてごらんなさい。

(2)他人のもっともいいところを見つけようと努力するとき，その人たちの中のもっともいいところを引き出す手助けをしていることになる。私は以前スポーツ選手のコーチをしており，彼らの独自性を認めようと努力したとき，もっともいいところを引き出すことができた。そのもっともいいところを見つけたとき，彼らにそれを指摘することができた。それで，彼らのよさがもっとはっきりし，彼らはそれをもっと伸ばすことができた。そして，彼らを褒めていたために，彼らは最高の気分になった。それは人の品位にも同様に機能するのである。

(3)例えば，あなたは寛大な人物であると言われたとしよう。すこし考え，おそらく過去を思い起こし，心の中でひそかに「おい，私は寛大な人間だ。」と思うだろう。そしてそうまず心の中で思い，い

つもよりさらに寛大に，そしてそのような態度で多くの人たちと触れ合って一日を過ごすだろう。人のすばらしいところを指摘することは，世界を変えることもできるのだ。

(4)例えば，まず，誰かが時折親切さを示したということに気がついたとする。それ（人があなたに親切さを示してくれたこと）を，あなたが彼らを定義づけた方法（彼らが親切であると思ったこと）をこれから先そのままにしようとするだろう。「誰々がいる。あの人のうわさ話をきいたことがある？」ではなく，「あっ，あの親切な人がいる。」とあなたは言うかもしれない。友人のステュワート・ウィルキーは以前「何か優しいことを言えないのであれば，何も言うのではない。」とよく言っていた。「優しくあることはすばらしいことである。」と言われている。

(5)他人のレッテルの貼り方は，もちろんその人が誰であるかではない。その人との限られた関係に基づいたレッテルに過ぎないのだ。その人のことをよく知らないかもしれない。彼らが，自分たち自身が優れていると感じるのに一役買うかもしれない何か前向きなことを見出す時間はいつも作ることができるだろう。その人が，すばらしい親だったり，すばらしい伝達者だったり，あるいは，笑顔や髪の毛が素敵だったり，今日すばらしい服を着ていると気づくかもしれない。創造力を働かせなさい。ときに，人の行動の中に前向きな面を見出すことが難しいことがあるかもしれない。というのは，環境が人に大きく影響しており，その人の前向きな面が隠されてしまうからだ。それを探ることはできる。彼らがそれを探す手助けをせよ。

(6)ときに，行動が真実を隠すことがある。だが，たとえどんなに多くの雲があろうとも，人間の精神はその後ろで輝くことをやめることはない。私のパートナーである女優のエリザベス・カプローニはかつてこう気づかせてくれた。飛行機は曇天の日に飛ぶかもしれない。だが，雲の上まで上昇すると，太陽が常に輝いている場所にたどり着くことになると。彼女は人は誰でも内面は美しいと指摘した。この自然な愛はいつも内面で輝いているのだ。それに私たちはいつも気づいているわけ

ではない。あなたの目の前にある雲の上にまで行って，それを見えるかどうかはあなた次第なのだ。

[解説]
問42　[答] ②
　第1段落によると，他人のためにすべきことは [42]
①彼らに最も優れたところとは何を意味するか教えること
②彼らの最も優れたところを見つけること
③彼らのために最善を尽くそうとすること
④彼らが最善を尽くす手伝いをすること
[ヒント] 1行目に「だから，できるだけ多く，自分の目の前の人のもっともいいところを見抜こうとしようとするがいい。」とあるので，②が正解。

問43　[答] ④
　第2段落によると，筆者がスポーツ選手のコーチをしている時，[43]
①スポーツ選手が彼ら特有の能力を避ける手伝いをした
②スポーツ選手に筆者の良いところを指摘した
③スポーツ選手に自分の特性を変えるよう言った
④スポーツ選手の最も優れたところを見出す努力をし，それを伸ばすようにさせた。
[ヒント]
　第2段落の2行目に「私は以前スポーツ選手のコーチをしており，彼らの独自性を認めようと努力したとき，もっともいいところを引き出すことができた。そのもっともいいところを見つけたとき，彼らにそれを指摘することができた。」とあるので④が正解。

問44　[答] ②
　第3段落によると，寛大だと言われたら人はどうするのか。
①昔何をしたのか思い出そうとする
②自らを寛大な人間だと認識し，そのように行動する
③おそらく「どのようにしてそんなに寛大になれ

るのだろう」と自らに問いかける

④世界を変えられると大変自信を持つようになる

[ヒント]

　第3段落の3行目に「そしてそう（自分が寛大である）とまず心の中で思い，いつもよりさらに寛大に，そしてそのような態度で多くの人たちと触れ合って一日を過ごすだろう。」とあるので②が正解。

問45　[答]　①

　第4段落によると，他の人に関して素晴らしい点を挙げようにも思いつかない時，　(45)

①何も言わずにただ親切にしているべきだ

②彼らにあなたの優しさを気づかせるべきだ

③最新の噂話を知っているかどうか彼らに尋ねるべきだ

④あなたが本当に素晴らしい人であることを彼らに言うべきだ

[ヒント]

　第4段落の4行目に『「何か優しいことを言えないのであれば，何も言うのではない。」「優しくあることはすばらしいことである。」と言われている。』とあるので，①が正解

問46　[答]　④

　第5段落によると，ある人のことをよく知らない時，　(46)

①その人とは限られた関係を築く

②その人に上手に話が出来るようにせよと言う

③その人が前向きで創造力のある人になる手伝いをする

④その人の前向きな部分を見つけようとする

[ヒント]

　第5段落の2行目に「その人のことをよく知らないかもしれない。彼らが，自分たち自身が優れていると感じるのに一役買うかもしれない何か前向きなことを見出す時間はいつも作ることができるだろう。」とあるので④が正解。

問47　[答]　③

　第6段落によると，どの文が正しいか

①疑念は時として完全に真実を覆い隠す

②筆者とその仲間は飛行機で旅行した

③筆者のパートナーは，我々は中身が美しいと述べた

④内に輝く自然な愛を見ることが出来るものは我々の中でわずかである。

[ヒント]

　第6段落の4行目に，「彼女は人は誰でも内面は美しいと指摘した。」とあるので③が正解。

問48　[答]　②

　どの文が誤っているか

①両親や兄弟姉妹の最も優れたところが皆さんには分かる

②スポーツ選手の中には最も優れた能力を全く伸ばしてもらえない者もいる

③他人を分類することはその人たちをよく知るということには必ずしもならない

④振る舞い方によって時には真実が不明瞭で見えにくくなることがある。

[ヒント]

　①は第1段落，③は第5段落での「他人のレッテルの貼り方は，もちろんその人が誰であるかではない。その人との限られた関係に基づいたレッテルに過ぎないのだ。」，④は第6段落での「ときに，行動が真実を隠すことがある。」という記述に一致する。②は本文で触れられていない。

問49　[答]　④

　(49)と言える

①以前あなたを傷つけた人の中には最も優れた点が見えない

②他の人に，自身が寛大だと分かってもらうのは時間がとてもかかる

③あなたの良い振る舞いが時として真実を遠ざけてしまう

④他者の最も優れた点を見つけることで，その人たちが自信を持つようになるかもしれない

[ヒント]

　第2段落の「そのもっともいいところを見つけたとき，彼らにそれを指摘することができた。そ

れで，彼らのよさがもっとはっきりし，彼らはそれをもっと伸ばすことができた。」や第6段落の「この自然な愛はいつも内面で輝いているのだ。それに私たちはいつも気づいているわけではない。あなたの目の前にある雲の上にまで行って，それを見えるかどうかはあなた次第なのだ。」といった記述から④が正解。

[語句と構文]

[1行目] an amazing capacity「驚くべき能力」
to see ～は直前の an amazing capacity を修飾している不定詞の形容詞用法。
as ～ as you can「できるだけ～」

[2行目] try to ～「～しようとする」
right in front of ～「～の直前に」
work colleagues「職場の同僚」
people [that] you come ～ the day の you から the day までは関係代名詞節。関係代名詞節は people を修飾する。

[3行目] come into contact with ～「～と出くわす」
throughout the day「1日をとおして」

[4行目] client（s）「顧客」
even people [that] you regard as enemies の you から enemies までは関係代名詞節。関係代名詞節は people を修飾する。
regard A as B「A を B とみなす，考える」
people who have hurt you ～の who から文末までは関係代名詞節。関係代名詞節は people を修飾する。

[5行目] in the past「これまで」

[6行目] make an effort to do ～「～しようと努力する」
see the best in others「他人のもっともいいところに気づく」
help（to）do ～「～する手助けをする，～するのに役立つ」
bring out ～「～を引き出す」
it は the best を指す。
them は others を指す。

[7行目] used to do「以前～だった」
athletic coach「スポーツ選手のコーチ」

athlete「スポーツ選手」

[8行目] recognize「認める」
uniqueness「独自性」
it は their uniqueness を指す。
point out「指摘する」

[9行目] them は the athletes を指す。
it は their uniqueness を指す。
obvious「はっきりとした，明白な」
develop「伸ばす」
feel great「最高の気分になる」

[10行目] it「人の独自性を認めること」
work「機能する」
the same way with ～「～にも同じように」
qualities of character「品位」

[11行目] If someone told you ～の1文は仮定法過去。
for instance「たとえば」
generous「寛大な」
after some thought「しばらく考えた後」

[12行目] some mental replaying of the past「過去のことを心の中で行う再現」→「過去のことを思い出すこと」
to yourself「心の中で」

[13行目] with は付帯状況。with + O（名詞）+ C「O が C である状態で」。that thought が O, foremost in your mind が C。「その考え（自分は寛大な人であるということ）が，自分の心の中で最も重要な状態で」→「そのことを心の中で強く思い」。
[例] Don't speak with your mouth full.「口に物を入れてほおばった状態で話してはいけません。」

[14行目] go through your day「1日を過ごす」
being 以下は分詞構文「～しながら」。

and { being even more generous than normal / touching many lives }

「いつもよりずっと寛大で，多くの人と触れ合いながら」
even は比較級の強調で，「ずっと，はるかに」の意。

[15行目] along the way「その日ずっと」
our great qualities in people「人のすばらしい性

— 66 —

質」

17行目 to start with「まず」

you could notice 〜は仮定法過去。「あなたが〜に気がついたとする」。

that 以下は notice の目的語。

18行目 let + O + C「O が C であることをそのままにするする」let（V）+ that（O）+ be［how you defined them］（C）〜．「それ（人があなたに親切さを示してくれたこと）を，あなたが彼らを定義づけた方法（彼らは親切であると考えたこと）をこれから先そのままにしようとするだろう。」

19行目 there goes that kind person「あの優しい人がいる」。

instead of 〜「〜ではなく，〜の代わりに」

so and so「誰々」

20行目 gossip「噂」

used to do「以前（は）〜した」

you have nothing nice to say「何もいいことを言えないなら」

21行目 don't say anything at all「何も言わない」

not 〜 at all「全然〜ない」

It's nice to be nice. 形式主語構文。

as they say「よく言われるように」they は一般の人々を指す。

22行目 label「レッテルを貼る」

who they are「その人たちが誰であるか」

just「〜にすぎない」

based upon 〜「〜に基づいた」

your limited connection with them「その人たちとの限られた関係」

24行目 to see 〜は time を修飾する不定詞の形容詞的用法。

see something positive in others「ほかの人たちの中の前向きなところを見出す」

that は関係代名詞。that 以下をカッコでくくり，something を修飾する。

help …（to）do「…が〜するのに役立つ，…が〜する手助けをする」[例] Can you help me（to）carry this heavy suitcase?「この重いスーツケースを運ぶのを手伝ってくれますか。」

feel better about themselves「自分たち自身に関してよりよく感じる」→「自分たちがより優れていると感じる」

25行目 You might notice ┌ that they are 〜,
　　　　　　　　　　or┤
　　　　　　　　　　　└ that they have 〜

26行目 communicator（s）「伝達者」

27行目 creative「創造力のある」

It might be difficult to see 〜 形式主語構文。

28行目 behavior「行動，ふるまい」

so 〜 that …「非常に〜なので…」

29行目 bury「埋める，隠す」

look for 〜「〜を探す」

it は前文の the positive part of them を指す。

30行目 cloud「覆い隠す」

no matter how many clouds are there「たとえどんなに多くの雲があろうとも」

31行目 spirit「心」

cease to do「〜することをやめる」

from behind them「それらの陰から」

them は clouds を指す。

actress「女優」

32行目 remind 〜 that …「〜に…ということを思いださせる」

33行目 as it rises above the clouds「それが雲の上まで上昇すると」

it は an airplane を指す。

where は関係副詞。where から文末までカッコでくくり，a place を修飾する。

34行目 on the inside「内面は」

35行目 within「心の中で」

it's just that 〜「単に〜だけだ」

notice it の it は this natural love を指す。

it's up to you to do「〜するかどうかはあなた次第だ」

It's up to you to ┌ rise above the clouds 〜
　　　　　　　　　and┤
　　　　　　　　　　 └ see it

36行目 that は関係代名詞。that 以下をカッコでくくり前の the clouds を修飾する。

it は this natural love を指す。

英語　　　正解と配点

問題番号	正　解	配　点
① 1	①	2
2	②	2
3	④	2
4	③	2
5	④	2
6	④	2
7	④	2
8	③	2
9	③	2
10	②	2
② 11	④	2
12	④	2
13	②	2
14	①	2
15	②	2
16	③	2
17	④	2
18	④	2
19	③	2
20	④・①	
21	③・⑤	2
22	①	
23	③	2
24	④	
25	⑤	2
26	④	
27	⑤	2
28	①	

問題番号	正　解	配　点
③ 29	②	3
30	③	3
31	③	3
32	③	3
④ 33	②	2
34	④	2
35	②	2
36	④	2
37	③	2
38	①	2
39	④	2
40	④	2
41	③	2
⑤ 42	②	3
43	④	3
44	②	3
45	①	3
46	④	3
47	③	3
48	②	3
49	④	3

＊問19・20は全員正答とする。問21・22は③①，⑤①が正答，
　問21～28は 2 つ完答で 2 点。

— 68 —

平成30年度

基礎学力到達度テスト
問題と詳解

Ⅰ　リスニング・テスト

ただ今から放送によるリスニング・テストを行います。

● テストは Part 1，Part 2に分かれています。それぞれの Part のはじめに放送される日本語の説明にしたがって，解答してください。

● 答えは，放送による英語の質問をそれぞれ聞いたあと，この問題用紙に印刷されている①〜④の中から最も適切なものを1つ選び，番号で答えてください。

Part 1

　これから，4組の短い対話を放送します。それぞれの対話のあとに，その対話について英語で質問を1つします。質問の答えとして最も適切なものを，下に印刷されている答えの中から1つ選び，番号で答えなさい。対話と質問は2回読まれます。

(1)

① Because he walked a lot on the weekend.

② Because he ran a half marathon on Sunday.

③ Because he gave up in the middle of the marathon.

④ Because he went hiking in the mountains.

(2)

(3)

① He enjoyed horseback riding most because he loves horses.

② He enjoyed snorkeling most because he saw a sea turtle.

③ He enjoyed kayaking most because it was a great experience.

④ He enjoyed skydiving most because it was his first time and very thrilling.

(4)

Part 2

これから，短い英文を2つ放送します。それぞれの英文のあとに，その英文について英語の質問を1つします。質問の答えとして適切なものを，下に印刷されている答えの中から1つ選び，番号で答えなさい。英文と質問は2回読まれます。

(5)

Pet Ownership

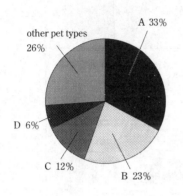

① Fish
② Cats
③ Birds
④ Dogs

(6)

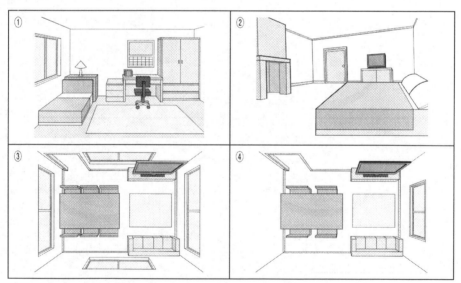

次の(A), (B)の問いに答えなさい。

(A)　次のそれぞれの英文が説明する語として最も適切なものを①～④から１つ選び，番号で答えなさい。

(7)　This word is used to describe someone who is paid to work for a person or company ; usually when they work for wages or a salary.

　　① passenger　　② foreigner　　③ employee　　④ student

(8)　This word means to hold or give off great heat.　It is also used to show anger or other strong emotion.

　　① hot　　② warm　　③ cool　　④ cold

(9)　This word means to agree with an idea, group, or person.　It is also used to show that something is true.

　　① refuse　　② support　　③ pay　　④ think

(10)　This word means the process by which different kinds of living things gradually change and develop over time.　It often means a gradual process of development from earlier forms during the history of the earth.

　　① future　　② nature　　③ past　　④ evolution

(B) 次の各英文の ☐ に入れるのに最も適切な連語を①〜④から１つ選び，番号で答えなさい。

(11) I ☐ my English teacher in the movie theater last night.
① asked for　　②　came across　　③　stayed up　　④　broke out

(12) I hope I can ☐ well with my new classmates.
① look like　　②　give up　　③　get along　　④　carry out

(13) They went to Berlin to ☐ the international music festival there.
① pay attention to　　②　make up for
③ take part in　　④　look forward to

(14) He ☐ an invitation from his friend because he had to work that day.
① turned down　　②　thought of
③ went through　　④　tried on

3 次の各英文の □ に入れるのに最も適切な語(句)を①〜④から 1 つ選び，番号で答えなさい。

(15) This is the town □ I was born.
① which
② what
③ when
④ where

(16) It □ too cold, we stayed at home all day.
① might be
② will be
③ being
④ be

(17) I wish I □ enough money to buy the guitar.
① have
② having
③ had
④ will have

(18) Don't you remember □ terrible things to her last night?
① to say
② saying
③ said
④ to have said

(19) I □ go to the beach with my friends every day when I was a student.
① should
② must
③ might
④ used to

4 次の各英文中の空所には，それぞれ下の①〜⑤の語(句)が入ります。意味が通るように並べかえて空所を補い，文を完成しなさい。解答は2番目と4番目に入れるものの番号のみを答えなさい。

(20) Finish your homework. That's ＿＿＿ □ ＿＿＿ □ ＿＿＿.

　　① have　　② do　　③ what　　④ to　　⑤ you

(21) A : Has she come here yet?
　　 B : No. She ＿＿＿ □ ＿＿＿ □ ＿＿＿.

　　① to　　② is　　③ six　　④ at　　⑤ come

(22) When I came home, my father was listening to ＿＿＿ □ ＿＿＿ □ ＿＿＿.

　　① his　　② closed　　③ eyes　　④ music　　⑤ with

(23) Natural resources on the earth are limited. I ＿＿＿ □ ＿＿＿ □ ＿＿＿ start recycling things after we finish them.

　　① that　　② think　　③ it　　④ we　　⑤ important

次の対話の空欄(24)~(27)に入れるのに最も適切なものを①~⑥から1つずつ選び，番号で答えなさい。ただし，同じ選択肢を2度以上使ってはいけません。

Satoshi : How's your life in Japan?

  Adam : It's really good. Everybody is very kind and helpful. I'm having such a great time here.

Satoshi : Great. I have a question for you. I heard you speaking Spanish with another
5   international student the other day. (24)

  Adam : Not very well, but yes, I do a little.

Satoshi : Wow, that's impressive. I know you speak perfect English on top of your native language Dutch. (25)

  Adam : Well, it's just because of my family background. I'm from *the Netherlands, but my
10   family is originally from *Suriname. My family moved from Suriname to the Netherlands when I was young.

Satoshi : Suriname? Is Suriname in Europe?

  Adam : No, it's in South America, next to Brazil.

Satoshi : Oh, I see. I heard Spanish is spoken in many of the South American countries.
15   (26)

  Adam : No. Actually, the official language of Suriname is Dutch, but there are many people who speak *Hindi, *Javanese, Spanish, and *Portuguese.

Satoshi : I can't imagine what it's like to hear so many different languages spoken in one country. It must be very interesting.

20 Adam : Yes, it is very different from a country like Japan. Suriname is *ethnically and culturally a very *diverse country. The largest ethnic group are the East Indians, which make up 27% of the population. Javanese make up 14% of the population. They are originally from Indonesia. My ethnic background is also Javanese. I grew up with Spanish speaking kids, so I learned some words from them and later studied
25   Spanish as my fourth language in the Netherlands.

Satoshi : Wow, what an interesting background.

  Adam : It's hard to explain who I am and where I'm from. It's a long story. So I just usually introduce myself as Dutch.

Satoshi : I understand. (27)

30 Adam : Yes. About 90% of Dutch people speak English and 70% of them speak German too. The Netherlands has a tradition of learning foreign languages.

(Data source : European Commission)

〔注〕 the Netherlands（オランダ）　　Suriname（スリナム）　　Hindi（ヒンディー語）
　　Javanese（ジャワ語・ジャワ人）　　Portuguese（ポルトガル語）　　ethnically（民族的に）
　　diverse（多様な）

① Do you know where he is from?
② Do many Dutch people speak English as well as you do?
③ What is your ethnic background if I may ask?
④ Tell me why you can speak so many languages.
⑤ Do you speak Spanish too?
⑥ Is Spanish the official language of Suriname too?

6

次の(A), (B)の問いに答えなさい。

(A) 次のグラフと英文を読んで，あとの各問いに対する答えとして最も適切なものを①〜④から1つ選び，番号で答えなさい。

Each year, one-third of all food produced for humans in the world is lost or wasted. The table shows food waste per person at consumption and pre-consumption stages in different parts of the world. Most of this waste occurs in developed countries. Food waste per person by consumers in Europe, North America and Oceania is around
5 95-115 kg per year, compared to just 6-11 kg in *Sub-Saharan Africa, South and South-East Asia. A large amount of food is still lost during the production process in the developing countries due to poor equipment. Food waste at the consumption stage in developing countries is less than developed nations.

What we need most for everyone of us on this planet, especially for those who in the
10 rich countries, is to review our food consumption habits and reduce amounts of food waste. Our everyday actions greatly matter in solving this problem.

〔注〕 Sub-Saharan Africa（サハラ砂漠より南のアフリカ）

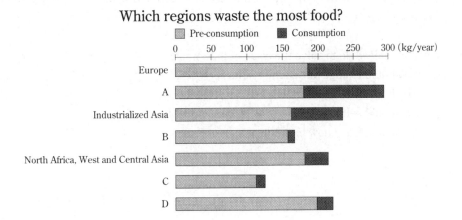

Which regions waste the most food?

(28) Which region is A in the graph?
  ① Latin America.
  ② Sub-Saharan Africa.
  ③ North America and Oceania.
  ④ South and Southeast Asia.

(29) What causes food waste in developing countries?
  ① Their food consumption habits.
  ② Severe weather and climate.
  ③ Rapidly growing population.
  ④ Lack of necessary equipment.

(30) Which of the following statements is NOT true?
  ① Most of food waste is occurred in developed countries.
  ② About 30% of the food produced in the world is lost or wasted every year.
  ③ Consumers in the rich nations waste as much food as those in the developing nations.
  ④ Food waste at the consumption stage in developed countries is more than developing countries.

(31) What should we do to solve the issue of food waste?
  ① We should change our eating habits.
  ② We should produce as much food as possible.
  ③ We should sell much more food to the people.
  ④ We should learn how to produce a lot of food.

(B) 次の各問いのパラグラフ（段落）には，まとまりをよくするために取り除いた方がよい文が
それぞれ１つあります。取り除く文として最も適切なものを，下線部①〜④から１つ選び，
番号で答えなさい。

(32)

History is the study of the past. ①Why is it important to study history? ②In the first place, history offers information about how people and societies behave. ③Without studying history, you have to find out the way that you know the facts for yourself. Studying history also provides us with *insight into our cultural origins as well as
5 cultures less familiar. ④It helps us increase cross-cultural awareness and understanding. For these *fundamental reasons, studying history is essential.
　〔注〕 insight（見識）　 fundamental（根本的な）

(33)

Good communication is more important than ever. ①However, we seem to give less and less time to really listening to one another. *Genuine listening has become a rare gift. ②It helps us build positive relationships. At work, effective listening helps people achieve shared goals in a shorter amount of time. ③At home, it helps family members
5 to connect and bond more deeply. ④Unfortunately, a lot of people have developed an *undesirable habit of judging or criticizing the other person.
　〔注〕 genuine（心から）　 undesirable（望ましくない）

(34)

Travelling is a great thing to do. What are the advantages of travelling? Firstly, travelling *broadens your horizons. ①It gives you a greater idea of what is really going on in the world. Secondly, you get to know different people and cultures. ②It helps you learn how to communicate with people with customs that are different from yours.
5 Lastly, you will enjoy the adventure. ③Wherever you go, you will make beautiful memories of your adventure that will last a lifetime. ④Learning another language opens up a whole new world. The experience you gain through travelling will enrich your life.
　〔注〕 broaden（広げる）

次の英文を読んで，あとの各問いに対する答えや，空欄に入るものとして最も適切なものを①
〜④から１つ選び，番号で答えなさい。

Without a map, road signs or GPS, more than 5,000 species of birds manage
*annual roundtrip *migrations. These journeys can be halfway around the world, but
many birds often return to the exact same location from year to year. How do birds
manage this *remarkable journey?

5   Migration is essential in the life of birds. Without this annual journey, many birds
would not be able to raise their young birds. Birds migrate to find the richest food
sources that will give them enough energy to *nurture young birds. Birds have
evolved with different migration patterns, times and routes to give themselves the
greatest chance of survival.

10   Birds can see the changing of the seasons based on the level of light from the
angle of the sun and the overall amount of daylight. When the timing is right, they
begin their journey. Fall and spring are peak migration periods when many birds are
on the move.

(A)One of the greatest mysteries of migration is exactly how birds find their way
15 from one place to another. Scientists found out that there are several different
navigation techniques birds use during migration. Many birds use their *magnetic
sensing. They have special *chemicals in their brains, eyes or *beaks that help them
sense the earth's *magnetic field. This helps the birds *orient themselves in the right
direction for long journeys, just like having a compass. Many birds also use
20 geographic mapping. They have *keen eyesight and map their journey. Different
*landshapes and geographic *features such as rivers, mountains, *coastlines can help
keep birds heading in the right direction. Another amazing technique birds use is
star *orientation. For birds that migrate at night, star positions and the orientation of
*constellations can provide necessary information for navigation. During the day,
25 birds can use the sun to navigate.

While migrating, many birds fly in a V formation. The reason birds prefer to fly in
a V shape has *puzzled researchers for many years. The most accepted theory is that
the formation makes it [(B)] for the birds to fly and helps them save vital energy.
As the birds *flap their wings, the air flowing off their *wingtips gives birds in the
30 back of the V an extra lift. This [(C)] the amount of energy birds need to fly by

10 to 14%. Over the course of migration, birds take turns leading at the front of the V, the most difficult position. When a bird is tired of leading, it falls to the back of the V, where there is the least wind *resistance. *Rotating through various positions in the V *maximizes the use of each bird's limited energy. It helps the whole *flock to fly for
35 long periods of time without having to stop.

Even with both physical and behavioral *adaptations to make migration easier, the journey is filled with dangers. It is estimated that more than 60% of some bird species never complete a full roundtrip migration. Migration is a dangerous journey for many birds.

〔注〕 annual（毎年の）　migration（渡り）　remarkable（驚くべき）　nurture（育て上げる）
magnetic sensing（磁気感受）　chemical（化学物質）　beak（くちばし）　magnetic field（磁場）
orient（…を適応させる）　keen（鋭い）　landshape（地形）　feature（特徴）　coastline（海岸線）
orientation（方位）　constellation（星座）　puzzle（悩ませる）　flap（羽ばたかせる）
wingtip（翼の先）　resistance（抵抗）　rotate（交代する）　maximize（最大限に活用する）
flock（群れ）　adaptation（適応）

(35)　Why do some birds migrate?
①　Because they need to spread their species.
②　Because they need to protect the whole flock.
③　Because they need more sunshine to survive.
④　Because they need to find good food sources.

(36)　How do birds know when to migrate?
①　They feel the air temperature change.
②　They see it from the level of light from the sun.
③　They know it by sensing the earth's magnetic field.
④　They know it by flying in a V formation.

(37)　Which of the following is NOT included in the navigation techniques mentioned in underlined part (A)?
①　Magnetic sensing.
②　Flying in V formation.
③　Geographic mapping.
④　Star orientation.

〔問題は次ページへ続きます〕

(38) What can birds do with magnetic sensing?
　① They can find rich food sources.
　② They can fly for a long time without stopping.
　③ They can see in which direction they are flying.
　④ They can see the angle of the sun.

(39) How can birds navigate at night?
　① They can use star positions and constellations.
　② They can get the right direction with their keen eyesight.
　③ They can hear the sound of wind flaps of other birds.
　④ They can use the sun to navigate and head in the right direction.

(40) Choose the right combination of words to fill in blanks (B) and (C).
　①　(B) : harder　　　(C) : increases
　②　(B) : harder　　　(C) : reduces
　③　(B) : easier　　　(C) : increases
　④　(B) : easier　　　(C) : reduces

(41) What is NOT true about birds flying in a V formation?
　① Flying in a V formation helps birds save their energy.
　② Birds rotate their positions in the V formation while migrating.
　③ The front position has the least wind resistance.
　④ The birds in the back can get an extra uplift.

(42) Which is the best title of the passage?
　① The wonderful journey of birds
　② How bird migration works
　③ The navigation techniques of birds
　④ The great teamwork of birds

I リスニング・テスト

　　ただ今から放送によるリスニング・テストを行います。

● テストはPart (A), Part (B), Part (C)に分かれています。それぞれのPartの初めに放送される日本語の説明に従って，解答してください。

● 答えは，放送による英語の質問をそれぞれ聞いたあと，①～④の中から最も適切なものを1つ選び，番号で答えてください。

Part (A)

　　問題用紙に印刷されているそれぞれの写真を見ながら，放送される英文を聞いて答えてください。解答は4つの選択肢の中から，正しいものの番号を1つ選んでください。放送を聞きながら，メモをとってもかまいません。英文は2回読まれます。では，第1問から始めます。

問1

問2

問3

Part (B)

　これから，５組の短い対話を放送します。それぞれの対話のあとに，その対話について英語
の質問を１つずつします。質問の答えとして最も適切なものを，下に印刷されている答えの中
から１つ選び，番号で答えなさい。対話と質問は２回読まれます。

問４

 ① He wants to join a study program in Germany.

 ② He wants to watch the basketball games on TV.

 ③ He wants to travel with his parents.

 ④ He wants to practice basketball.

問５

 ① She will never visit China again.

 ② She will invite her friends to visit China with her.

 ③ She will take a longer vacation to travel around China.

 ④ She will visit the west area of China.

問６

 ① The police caught him in the train.

 ② His wallet and documents got stolen in the train.

 ③ His train was delayed because of the strike.

 ④ He left his wallet and documents in the office.

問７

問8

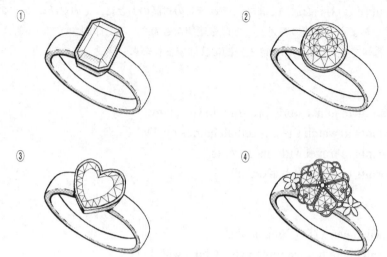

Part (C)

　これから，やや長い英文を1つ放送します。英文のあとに，その英文について英語の質問を2つします。質問の答えとして最も適切なものを，下に印刷されている答えの中から1つ選び，番号で答えなさい。英文と質問は2回読まれます。

問9

① To be honest with other people.
② To be friendly with other people.
③ Not to judge other people.
④ Not to do the right things.

問10

① To know a lot of words so that you can better explain things.
② To keep smiling so they know you are not the enemy.
③ To always agree with what others say.
④ To enjoy learning something new from others.

これで，リスニング・テストを終わります。
では，引き続き，次のページにとりかかってください。

2

次の(A), (B), (C)の問いに答えなさい。

(A) 次の英文の ☐ に入れるのに最も適切な語(句)を①〜④から１つ選び，番号で答えなさい。

問11 Ken was seen ☐ the store.
① enter   ② entered   ③ to enter   ④ to be entering

問12 ☐ from a distance, the building looks like a huge stone.
① To see   ② Seeing   ③ Saw   ④ Seen

問13 This is the house ☐ John has lived in since 1998.
① when   ② where   ③ which   ④ who

問14 He asked me ☐ the movie had been interesting.
① which   ② what   ③ that   ④ if

(B) 次の対話の ⬚ に入れるのに最も適切なものを①〜④から１つ選び，番号で答えなさい。

問15　*A* : Is that you, Megan ? I haven't seen you for ages ! How have you been ?

　　　B : Oh, hi, Judy ! I've been doing great. How about yourself and your family ?

　　　A : I got married a few years ago and moved to the city center. It's a long story.
　　　　Anyway, ⬚

　　　B : Why not ? Let's catch up with each other.

　　　①　I'm sorry, but I must go now.

　　　②　let me tell you something.

　　　③　would you mind keeping my dog for a week ?

　　　④　would you like to have a cup of coffee ?

問16　*A* : Ken, have you been busy lately ?

　　　B : Not really, why ?

　　　A : I hate to tell you this, but I see the dishes are left unwashed in the sink. Can
　　　　you try to wash them right after using them ?

　　　B : ⬚　　I'll keep that in mind.

　　　①　What are you talking about ?

　　　②　I don't think that's true.

　　　③　Come on, it's not a big problem.

　　　④　You're right.

問17　A : What are you doing this Saturday ? Any plans ?

　　　B : Not much. I'll just go to the gym to work out.

　　　A : Could you do me a favor ? I have to take my TV set to my friend's apartment.
　　　　　I need a car.

　　　B : No problem. ☐

　　　① 　My car is broken down unfortunately.

　　　② 　I can give you a ride after lunch.

　　　③ 　I can sell it for a reasonable price.

　　　④ 　I don't watch TV very often.

問18　A : Well done, Jim. I really liked your presentation.

　　　B : Thanks. ☐

　　　A : Well, the introduction could have been a little briefer, but apart from that
　　　　　everything was perfect.

　　　B : I'm happy to hear that. I'll work on it.

　　　① 　Are you ready for your presentation ?

　　　② 　I spent hours and hours collecting the necessary data.

　　　③ 　Was there anything I should have done differently ?

　　　④ 　What time tomorrow will your airplane fly ?

(C) 次の各英文中の空所には，それぞれ下の①〜⑤の語が入ります。下の①〜⑤の語を最も適切に並べかえて空所を補い，文を完成させなさい。解答は 19 〜 28 に入れるものの番号のみを答えなさい。ただし，文頭にくるべき語も小文字で示してあります。

問19・20 ＿＿＿＿ 19 ＿＿＿＿ 20 ＿＿＿＿ interesting as this one.

     ① book   ② other   ③ no   ④ as   ⑤ is

問21・22 He has to walk home because ＿＿＿＿ 21 ＿＿＿＿ 22 ＿＿＿＿.

     ① bike   ② had   ③ he   ④ stolen   ⑤ his

問23・24 No ＿＿＿＿ 23 ＿＿＿＿ 24 ＿＿＿＿, the work won't be done in a week.

     ① hard   ② try   ③ you   ④ how   ⑤ matter

問25・26 I ＿＿＿＿ 25 ＿＿＿＿ 26 ＿＿＿＿ my work in an hour.

     ① it   ② impossible ③ finish   ④ to   ⑤ found

問27・28 It ＿＿＿＿ 27 ＿＿＿＿ 28 ＿＿＿＿ most of the students in this high school enter university after graduation.

     ① taken   ② granted   ③ is   ④ that   ⑤ for

3 次のグラフと英文を読んで，あとの各問いに対する答えとして最も適切なものを①〜④から１つ選び，番号で答えなさい。

The Gender Pay Gap

[Data source: OECD, Statista]

　Despite increased female education participation, gender gap in the labor market remains large in Japan, the annual Global Gender Gap Report says.

　A study by the World Economic Forum in November 2017 reported that Japan has one of the highest gender wage gaps in the OECD — with a gap of 26.6%. Women are less likely
5 to be employed than men and those who do work typically earn much less than men.

　The major reason behind this gap is the presence of gender stereotypes and family roles within the Japanese society. After giving birth, women tend to step out of the workplace and often don't come back. If they do come back to the labor market after those breaks, women tend to end up in non-regular employment with lower pay. As a result, men are more often
10 in regular employment than women, with greater access to employer-provided training and benefits, as well as age-related pay increases. Regular employees show their commitment to their employer by putting in long hours, including unpaid overtime and taking little leave. This makes it very difficult for regular employees to actively engage in childcare at home.

　Japan has been trying to make changes in its work-life balance policies to support both
15 parents to be in work, but its investment in early childhood education and care is still very limited compared to other OECD countries. To achieve greater gender equality, Japan needs to change the workplace culture.

〔注〕 stereotype（固定観念）　　break（休暇，中断）　　end up in ...（最終的に…になる）
　　　commitment（献身）　　leave（休暇）　　investment（投資）

問29 次の各文で，グラフが表しているものを1つ選び，番号で答えなさい。
① What percent of women work full-time in some OECD countries.
② How much people earn by working full-time in some OECD countries.
③ The employment rate of women relative to that of men in some OECD countries.
④ The wage difference between men and women in some OECD countries.

問30 次の各文で，グラフに表れている結果として，本文で述べられているものを1つ選び，番号で答えなさい。
① More women work full-time in Germany than in Sweden.
② Men take more leave in South Korea than in Japan.
③ The gender pay gap in Japan is one of the largest in the OECD.
④ Men and women are paid more equally in Australia than in New Zealand.

問31 グラフに表れている日本の結果の主な原因として，本文で述べられているものを1つ選び，番号で答えなさい。
① Women need to work longer hours including unpaid overtime in Japan.
② Men in Japan are more likely to have a university degree than women.
③ The number of women in leadership positions is still very limited in Japan.
④ Gender roles and expectations exist in the Japanese society.

問32 次の各文で，グラフまたは本文の内容に合致するものを1つ選び，番号で答えなさい。
① Japan hasn't invested in early childhood care as much as other OECD nations.
② Women have better access to job training and benefits provided by companies.
③ The current workplace culture in Japan supports both parents to be in work.
④ Many women leave work after giving birth in Japan, but most of them return.

4

次の【A】，【B】の各英文を読んで，文意が通じるように， 33 ～ 41 に入れるのに最も適切な語を①〜④から1つ選び，番号で答えなさい。

【A】

Why do we need to learn math? How will the math skills apply outside of the classroom? The fact is, we all use math in our daily life 33 we are aware of it or not.

When you buy a car, follow a recipe, or decorate your home, you are using math. In making maps of the earth, predicting the weather, and designing buildings, we use math
5 principles. It's not 34 to find interesting examples of math in the real world because math is everywhere. People have been using math to get things done for thousands of years, across countries and continents.

Mathematics is the universal language of our environment. Human beings didn't invent math concepts. Instead, we discovered them. The language of math is numbers. If we
10 learn this language of numbers well, it 35 us make important decisions and perform everyday tasks such as shopping wisely, understanding population growth, and developing computer games. Math is an extremely 36 subject to study. Its applications are infinite.

〔注〕 principle（法則）

問33
① unless   ② because   ③ whether   ④ although

問34
① easy   ② normal   ③ useful   ④ hard

問35
① gives   ② helps   ③ tells   ④ involves

問36
① practical   ② possible   ③ abstract   ④ boring

【B】

"Walking is a man's best medicine," said Hippocrates over 2,000 years ago — and a growing amount of scientific evidence suggests that he wasn't [37].

A study of over 1,000 people found that walking boosts immune function. Those who walked at least 20 minutes a day, five days a week, had 43% fewer sick days than those who
5 exercised once a week or less. And if they did get sick, the duration was shorter, and the symptoms were milder. Walking helps to [38] you during cold and flu seasons.

Another study by the American Cancer Society found that walking [39] the risk of developing breast cancer. Women who walked seven or more hours a week had a 14% lower risk of breast cancer than those who walked three hours or fewer per week.

10 A series of psychological experiments also suggests that walking naturally boosts mood. Some research shows that regular walking modifies your nervous system so much [40] you will experience a decrease in anger.

The next time you have a medical check-up, your doctor may hand you a prescription to walk. Taking a walk a day may [41] the doctor away !

〔注〕Hippocrates（ヒポクラテス：古代ギリシャの医者）　immune（免疫の）　function（機能）
duration（期間）　symptom（症状）　prescription（処方箋，処方薬）

問37
   ① correct　　　② sure　　　③ serious　　　④ wrong

問38
   ① protect　　　② spread　　　③ rest　　　④ cover

問39
   ① shows　　　② reduces　　　③ rises　　　④ increases

問40
   ① if　　　② after　　　③ unless　　　④ that

問41
   ① catch　　　② keep　　　③ gain　　　④ work

5 次の英文を読んで，あとの各問いに対する答えや，空欄に入るものとして最も適切なものを①～④から1つ選び，番号で答えなさい。

(1) "How are you?" — is the most frequently asked but possibly the most difficult question to answer in the world. Instead of describing how we really feel, we often just answer, "Fine, and you?" We understand that it is difficult to describe our feelings and emotions and to communicate about them with other people. There are over 600 words in English to describe our emotions and we use 42 facial muscles to express them. What exactly are emotions? Why do humans have emotions?

(2) Emotions are very complex and there is no consensus on a definition. They have different meanings to different people, but in essence, emotions are a conscious experience characterized by states of mind, internal and external reactions, and expressions. Most people feel happiness, surprise, sadness, fear, disgust and anger, and these are the six basic emotions. When you look at people's faces, you can usually figure out what mood they are in. Most people can instantly recognize others' faces as reflecting happiness or sadness.

(3) Emotions are controlled by the levels of different chemicals in your brain. Millions of chemical reactions take place in the brain at any given moment. The two most commonly studied chemical substances are dopamine and serotonin. Dopamine is related to the experience of pleasure. When you do something good, you will be rewarded with dopamine and gain a feeling of pleasure. This teaches your brain to want to do it again. Serotonin is associated with memory and learning. It also regulates mood, thinking, and impulse control. Not having enough of serotonin may lead us to depression and anxiety. These chemicals are involved in the process of feeling emotions.

(4) What is the role of emotion in the evolution of our species? Research shows that humans bond with other humans by establishing a rapport. The survival of a species depends on that bonding, and this bonding is enabled by emotion. Emotions also enable us to react to situations. When you feel scared, you try to run away from the danger. If you are feeling happy, you relax. Your emotions influence your behavior. Emotions exist inside your body to tell you what events and circumstances mean to you. Emotions motivate you to take care of your needs such as safety. Our ancestors relied on their emotions in order to survive. We use our emotions to make decisions in life.

(5) Scientists have been able to measure emotions by observing bio-signals that are related to emotions. Speech, heartbeat, sweating, muscle tension, and body temperature have proven to be strong indicators of our state of mind. Twenty years ago, measuring those was only possible in special laboratories. But today, we carry highly technological sensors in our pocket, always have access to devices with advanced speech technology. This means it has become possible for us to monitor our own body and emotions and use the data as input for various digital applications. It's called emotional technology. By detecting our emotions, emotional technology helps

technology humanize.

(6)   Recently, some companies have released robots that can recognize and empathize with human emotions. In addition, researchers are working to enable robots to express emotions. The boundary between human and non-human is becoming more and more vague. Emotions may no longer be what make humans human.

〔注〕 in essence（本質的には）   dopamine（ドーパミン：神経伝達物質の１つ）
serotonin（セロトニン：神経伝達物質の１つ）   bond with ...（…と結束する）   rapport（信頼関係）
bio-signals（生体信号）   monitor（…を観察・記録する）   humanize（人間らしくなる）
empathize（共感する）   vague（あいまいな）

問42 In the first paragraph, the author uses the example of "How are you ?" to explain ☐ .
　　① how hard it is to express our feelings in words
　　② how many muscles in the face we use in expressing emotions
　　③ how easy it is to describe our emotions in communication
　　④ how complicated the English language is

問43 According to the second paragraph, which of the following is true about emotions ?
　　① Emotions are simple and quite easy to understand for most people.
　　② The six basic emotions are happiness, surprise, sadness, fear, disgust and anger.
　　③ It is very difficult to guess how other people are feeling without asking them.
　　④ People can be trained to be able to understand others' emotions well.

問44 According to the third paragraph, serotonin ☐ .
　　① is related to the experience of pleasure
　　② teaches your brain to want to study more
　　③ has nothing to do with mood, thinking, and impulse control
　　④ is an important chemical substance for people to be mentally healthy

問45 According to the fourth paragraph, which of the following is NOT the role of emotions ?
　　① To let you relax even when you are scared.
　　② To help you understand what an event means to you.
　　③ To motivate you to fulfill your needs.
　　④ To build a friendly relationship with other people.

　　　　　　〔問題は次ページへ続く〕

問46　According to the fifth paragraph, it has become easier to measure emotions today than twenty years ago because ☐ .
　　① scientists discovered that emotions can be measured by bio-signals
　　② emotional technology has been helping us humanize technology
　　③ speech, heartbeat, and sweating are strong indicators of our emotions
　　④ we are able to have access to highly technological devices today

問47　According to the sixth paragraph, which of the following is true ?
　　① It's not possible for robots to empathize with human emotions.
　　② Robots that can express their emotions may appear in the near future.
　　③ The difference between humans and robots remains very clear.
　　④ Humans are human because they have emotions and it won't change.

問48　Which of the following statements is false ?
　　① There are many English words to describe our emotions.
　　② There is only one single widely known definition of emotions.
　　③ The levels of various chemicals in the brain control emotions.
　　④ Humans have been using emotions to make decisions in life.

問49　It can be said that ☐ .
　　① emotional technology is harmful to humans
　　② people feel depression and anxiety because of dopamine
　　③ our emotions rarely influence our behavior
　　④ robots are getting increasingly smarter and more humanized

1 リスニング・テスト

Part 1

(1) 放送文

M：My legs are sore today.　It's so hard to walk.

W：Did you walk a lot on the weekend?

M：I ran a half marathon on Sunday.

W：Wow!　Did you complete it?

M：Yeah, somehow.　But it was really tough.

Question：Why does the man feel pain in his legs?

放送文の訳

男性：今日は脚が痛い。　歩くのもつらい。

女性：週末にたくさん歩いたの？

男性：日曜日にハーフマラソンを走ったんだ。

女性：わあ，すごい！　完走したの？

男性：うん，どうにか。でも，本当に大変だった。

質問：なぜ男性は脚が痛いのか？

選択肢の訳

①なぜなら週末にたくさん歩いたから。

②なぜなら日曜日にハーフマラソンを走ったから。

③なぜならハーフマラソンの途中で棄権したから。

④なぜなら山にハイキングに行ったから。

[解説]

(1)　[答]　②

　男性は，日曜日にハーフマラソンを走ったので脚が痛いと言っている。正解は②である。

sore「痛い」　complete it（＝ a half marathon）「ハーフマラソンを完走する」

(2)　放送文

M：Are you ready to order, madam?

W：No, not yet.　What's included in breakfast menu A?

M：Toast with bacon and eggs and orange juice or coffee.　You can choose pancakes instead of toast too.

W：That sounds good.　I'll have the breakfast menu with pancakes.

M：What would you like to have to drink?

W：I'll have orange juice.

M：OK.　I'll be right back with your order.

Question：Which picture shows what the woman is going to have?

放送文の訳

男性：ご注文はお決まりですか？

女性：いえ，まだです。朝食メニューＡには何が含まれているんですか？

男性：ベーコンエッグトーストとオレンジジュースかコーヒーです。トーストの代わりにパンケーキも選べます。

女性：美味しそうですね。パンケーキの方の朝食をお願いします。

男性：お飲み物はどうしますか？

女性：オレンジジュースでお願いします。

男性：かしこまりました。少々お待ち下さい。

質問：女性が食べるのはどの絵か？

[解説]

(2)　[答]　③

　女性はメニューＡのトーストではなくのパンケーキの方の注文し，飲み物はオレンジジュースにしたので，③の絵が正解となる。

instead of A「Ａの代わりに」I'll be back with your order.「あなたの注文を持って，すぐに戻ります」→少々お待ち下さい。

(3)　放送文

W：How was your vacation?

M：It was fun.　I visited my uncle in Hawaii.

W：What did you do in Hawaii?

M：I saw a sea turtle while snorkeling.　I was

so excited and it was great.　But what I enjoyed the most was … skydiving!　It was my first time to try it.　It was really thrilling to jump from 4,000meters.　I enjoyed it a lot.

Question：What activity did the man enjoy the most in Hawaii and why?

[放送文の訳]

女性：休暇はどうだった？

男性：楽しかった。ハワイの叔父を訪ねたんだ。

女性：ハワイで何をしたの？

男性：シュノーケリングをしていたら，ウミガメ見たんだ。すごく興奮してね，すばらしかったよ。でも，一番楽しかったのはスカイダイビングだね！　初めてだったんだよ。4,000メートルからのダイブは本当にスリル満点で，すごく楽しかった。

質問：男性がハワイで最も楽しんだ活動は何か，またその理由は？

[選択肢の訳]

①彼は馬が好きなので，乗馬を最も楽しんだ。

②彼はウミガメを見たので，シュノーケリングを最も楽しんだ。

③彼にとってすばらしい体験だったので，カヤックを最も楽しんだ。

④彼にとって初めての体験でスリル満点だったので，スカイダイビングを最も楽しんだ。

[解説]

(3)　[答]　④

　男性の最後のセリフから正解は④である。

what I enjoyed the most was … skydiving！「私が最も楽しんだものはスカイダイビング」関係代名詞の what に注意する。疑問詞ではない。

snorkel [snóːkəl] シュノーケル　（発音注意）

(4)　[放送文]

W：What are we going to do for mom's birthday?

M：We can make a birthday cake and buy some flowers.

W：That's what we did last year.　We should do something new this year.

M：Hmm, maybe we can film some video messages for her.　We can collect some messages from our uncles and aunts too.

W：Good idea!　She'd like that.　I'll make a cake, so can you film the messages?

M：Sure.　That sounds fun.　We can ask dad to get some flowers.

W：Right. Dad said he would buy a little gift for her too.

Question：Which picture shows what the girl is going to do?

[放送文の訳]

女性：ママの誕生日何しようか？

男性：バースデーケーキを作って，花を買ったらどうかな？

女性：それは去年やったよ。今年は何か新しいことをするべきよ。

男性：うーん，ビデオメッセージを録画するのはどうだろう。　おじさん，おばさんからのメッセージをも撮るんだ。

女性：いい考えね。ママも喜ぶわ。私がケーキを作るから，あなたはメッセージを録画してくれる？

男性：いいよ。面白そうだね。パパに花を買ってきてもらうように頼もうよ。

女性：そうね。パパもママにささやかなプレゼントを買うって言ってたわ。

質問：女の子がすることはどの絵か？

[解説]

(4)　[答]　①

　女の子はケーキを作ると言っているので，①の絵が正解となる。

We can make a birthday cake…「バースデーケーキを作るのはどうかな？」can は「〜するのはどうだろうか？」提案を表している。

We can ask dad to get some flowers.「パパに花を買ってきてもらうように頼もうよ」この can も提案を表す。ask 人 to do は，「人に〜するように頼む」

[例] You can try calling him if you want to.「電話してみたいなら，してみればどうかな？」

Part 2

(5) 放送文

Here is a graph that shows what type of pets are owned in 22 different countries. Globally, the majority of consumers own pets, according to an online survey conducted from over 27,000 consumers in 2015. Dogs are the most popular pet, owned by 33% of respondents, with cats coming in second at 23%, followed by fish at 12% and birds at 6%.

Question：What is C in the graph?

放送文の訳

　これは22か国で飼われているペットの種類を示したグラフです。2015年に27,000人以上を対象に行われたオンライン調査によると，世界的には消費者の過半数がペットを飼っている。犬が一番人気のあるペットで，33%の回答者に飼われており，2番目には猫で23%，そのあとに12%の魚と6%の鳥が続いている。

質問：グラフのCは何か？

[解説]

(5)　[答] ①

　最後の説明でグラフのCは12%の魚だとわかるので，①が正解である。数字はリスニング問題ではよく狙われるので注意が必要である。

according to an online survey conducted from ～「～から行われたオンライン調査によると」conducted は survey を修飾する過去分詞の後置形容詞的用法　with cats coming in second at 23%「猫は23%で2位という（状態で）」with+ 名詞 + 現在分詞の付帯状況の形になっている。

(6)　放送文

W：If you are looking to have a party with family members or friends, this cabin has it all. Entering through the front door, you will find yourself in the large living room. It offers a big TV and comfortable sofas, surrounded by big windows. It's connected with the dining area that has a main table with six chairs. The second floor has two bedrooms with a king-size bed for each and two bedrooms. The perfect vacation in the Green Mountains starts with this beautiful cabin. Come and visit us at Maple Lodge！

Question：Which picture shows the living room of this cabin?

放送文の訳

女性：あなたが家族や友達とパーティーをする予定なら，この小屋はすべてのものがあります。玄関から入ると，あなたは大きな居間にいるのがわかります。大型テレビと快適なソファーが大きな窓に囲まれています。居間はメインテーブルと6脚のイスがある食堂にもなっております。2階にはそれぞれキングサイズのベッドと浴室がある寝室が2つあります。グリーンマウンテンでの完璧な休暇はこの美しい小屋から始まるのです。メープルロッジにぜひお越し下さい。

質問：この小屋の居間を示す絵はどれか？

[解説]

(6)　[答] ③

　大型テレビと快適なソファーが大きな窓に囲まれて，メインテーブルと6脚のイスがある絵は③である。

If you are looking to have a party「もしパーティーをするつもりなら」look to do「～しようと思っている」[例] I'm looking to come and stay with you.「君のところに泊まりに行こうと思っている。」It（=living room）is connected with the dining are.「居間は食堂に関係づけられている」→居間は食堂にもなっている

2

(A)

(7)　[答] ③

[訳] この語は人や会社のための労働の対価としてお金を支払われる人を述べるのに使われる。
①乗客　②外国人　③従業員　④学生

(8)　[答] ①

[訳] この語は高い熱を帯びたり放出したりすることを表す。怒りやその他の強い感情を表すのにも使われる。
①熱い　②温かい　③涼しい　④冷たい

(9)　[答] ②
[訳] この語はアイディア，グループ，人に賛同することを意味する。何かが正しいことを表すのにも使われる。
①拒否する　②支持する　③支払う　④考える

(10)　[答] ④
[訳] この語は異なるタイプの生物が少しずつ長い時を経て変化したり発達したりする過程を表す。地球の歴史の中で初期の形から少しずつ発展していく過程も表す。
①将来　②自然　③過去　④進化

(B)
(11)　[答] ②
[訳] 私は昨夜映画館で英語の先生に＿＿＿＿＿。
①要求した　②偶然会った　③起きている
④突発する

(12)　[答] ③
[訳] 新しいクラスメートとうまく＿＿＿＿＿ことができるよう望んでいる。
①似る　②あきらめる　③うまくやっていく
④実行する

(13)　[答] ③
[訳] 現地の国際音楽祭に＿＿＿＿＿ために彼らはベルリンに行った。
①注意する　②補填する　③参加する
④楽しみにする

(14)　[答] ①
[訳] 彼は友人からの招待を＿＿＿＿＿，なぜなら彼はその日働かなければならなかったからだ。
①断った　②考えた　③経験した　④試着した

3

(15)　[答] ④
[訳] これが，私が生まれた町だ。
[解説] This is the town. の the town を修飾するために，I was born in the town. を足したものと考えられる。関係詞を使って2文を足すとすると以下の3つの可能性が考えられる。
This is the town which I was born in.
This is the town in which I was born.
This is the town where I was born.
　本問では born の後ろに前置詞 in がないことから，空所に入る語は in which とするか town が場所に関する単語であるため関係副詞 where にするしかない。よって正解は④。もし本問が，
This is the town ＿＿＿＿＿ I was born in. のように最後に in があれば①が正解となる。

(16)　[答] ③
[訳] とても寒かったので，私達は一日中家にいた。
[解説] カンマ（,）で2文をつなぐことは出来ないので①②④はすべて不可。③の being のように分詞を使うことで分詞構文にすれば Since it was too cold, we stayed at home all day. とほぼ同意の文になるので③が正解。本問のように，従属節と主節の主語違いの文を分詞構文にすると，どちらの主語も残す独立分詞構文の形になる。

(17)　[答] ③
[訳] そのギターを買えるだけのお金があればいいのに。
[解説] wish の後に仮定法過去を持ってくることで，現状とは相反することを想定していることを表すことができる。その場合「I wish ＋主語＋動詞の過去形～」の形になるので③が正解となる。

(18)　[答] ②
[訳] 昨夜彼女にひどいことを言ったのを覚えていないのですか？
[解説] remember doing「～したことを覚えている」remember to do「（これから）～することを

覚えている」のように remember は後ろに to 不定詞も動名詞も目的語を取ることができるが，意味に違いがある。本問では，last night と過去のことに言及しているので remember ＋動名詞の形にするのが正しいため②が正解。

(19) ［答］④
［訳］私が学生の頃，毎日友人と浜辺へ行ったものだ。
［解説］used to do で「（かつては）〜したものだ。（今はしていない）」という意味になる。本問では学生時代という昔のことについて述べているので④が正解。

4

(20) ［答］⑤，④
That's [what you have to do].
［訳］宿題を終わらせなさい。それが，あなたがやらなくてはならないことです。
［解説］関係代名詞 what は the thing that「〜すること」とほぼ同意で名詞節を導く。本問も That's the thing that you have to do. のように書き換えることができる。

(21) ［答］①，④
She [is to come at six].
［訳］A：彼女はもうここに来ましたか？
　　　B：いいえ。彼女は6時に来る予定です。
［解説］be to do には「〜する予定だ」という意味がある。本問では，彼女がまだ来ていないことから，やって来るのはこの先であることが分かるので，上記の並べ方となる。be to do には他に，①義務「〜すべきだ」②可能「〜できる」③運命「〜する運命である」④意図「〜するつもりだ」という意味もある。

(22) ［答］⑤，③
When I came home, my father was listening to [music with his eyes closed].
［訳］私が家に着いた時，父は目を閉じながら音楽を聞いていた。
［解説］with＋名詞＋過去分詞の形は付帯状況を表し，「名詞を〜しながら」という意味になる。

(23) ［答］③，①
I [think it important that we] start recycling things after we finish them.
［訳］地球上の天然資源は有限だ。天然資源を使い終えたらそれをリサイクルし始めることが大切だと私は思う。
［解説］think it 形容詞 that 〜「〜が…だと思う」it は形式目的語で後ろの that 節を指している。

5

［訳］
サトシ：日本での生活はどう？
アダム：本当に素晴らしいね。みんなとても親切で助かるよ。ここで本当に素晴らしい時間を過ごしているよ。
サトシ：良かった。尋ねたいことがあるんだ。君が先日他の留学生とスペイン語で話しているのを聞いたよ。(24)⑤君はスペイン語も話せるの？
アダム：あまり上手くはないけど，うん，少しは話せるけど。
サトシ：へぇ，それはすごいね。母国語のオランダ語だけじゃなく，完璧な英語も話せることも知っているよ。(25)④どうしてそんなに沢山の言語を話せるのか教えて。
アダム：うーん，ただ単に私の家族の経歴が理由だね。私はオランダ出身だけど，私の家族は，元はスリナム出身だよ。私が小さい頃に家族はスリナムからオランダに移住したんだ。
サトシ：スリナム？スリナムはヨーロッパ圏なの？
アダム：いや，南アメリカで，ブラジルの隣だね。
サトシ：へぇ，そうなんだ。スペイン語は南アメリカの多くの国で話されていると聞いたよ。(26)⑥スペイン語はスリナムでも公用

語なのかい？

アダム：いや。実際，スリナムの公用語はオランダ語だけど，ヒンディー語，ジャワ語，スペイン語，ポルトガル語を話す人が沢山いるよ。

サトシ：一つの国の中で，そんなに多くの言語が話されるのを聞くのはどんな感じなのか想像がつかないよ。とても興味深いものに違いないね。

アダム：そうだね，日本のような国とは全く違うね。スリナムは民族的にも文化的にもとても多様な国なんだ。一番大きい民族グループは東インド人で，人口の27%を占めているんだよ。ジャワ人は14%。彼らは，元はインドネシアから来たんだ。私の民族的背景もジャワ人だよ。私はスペイン語を話す子ども達と一緒に育ったので，彼らから少し単語を教わって，後になってオランダでの第4か国語としてスペイン語を勉強したんだ。

サトシ：へぇ，興味深い経歴だね。

アダム：自分が何者でどこの出身なのか説明するのは難しいよ。話せば長くなる。だからたいていは単に自分のことをオランダ人として自己紹介しているよ。

サトシ：なるほどね。(27)②オランダ人の多くは君みたいに英語を話すのかい？

アダム：話すよ。オランダ人の約90%が英語を話して，70%はドイツ語も話すね。オランダは外国語を学ぶ伝統があるんだ。

選択肢の訳

①彼がどこの出身か知っているの？
②オランダ人の多くは君みたいに英語を話すのかい？
③君の民族背景を尋ねてもいいかい？
④どうしてそんなに沢山の言語を話せるのか教えて。
⑤君はスペイン語も話せるの？
⑥スペイン語はスリナムでも公用語なのかい？

(24)　[答] ⑤
[ヒント] サトシはアダムがスペイン語を話していたのを聞いた。アダムは上手ではないが，少し話せると返事している。このことから，　24　にはスペイン語も話せるかどうかの質問する内容が入る。

(25)　[答] ④
[ヒント] サトシはアダムがスペイン語，オランダ語，英語と3か国語も話せることが分かっていて，アダムは家族の経歴がその理由だと答えている。このことから，　25　にはどうしてそんなに沢山の言語を話せるのかを尋ねる内容が入る。

(26)　[答] ⑥
[ヒント]　26　の前でスペイン語が南アメリカの多くの国で公用語になっていることが話題になっている。スリナムも南アメリカの国なので，スペイン語がスリナムの公用語であるかどうか尋ねるのが自然であるし，空欄の後ではスリナムの公用語がオランダ語であることを述べていることからも，スペイン語がスリナムの公用語であるかどうか尋ねる内容が入ると考えられる。

(27)　[答] ②
[ヒント]　27　空欄の後で，オランダ人の約90%が英語を話すことを述べているので，オランダ人が英語を話すか尋ねる内容が入る。

[語句と構文]
4行目 I heard you speaking Spanish 〜の hear は知覚動詞で，「知覚動詞 +O+ 〜 ing」の形で「O が〜 ing するのを聞く」
5行目 the other day「先日」
6行目 I do a little = I speak Spanish a little
7行目 impressive「印象的な，素晴らしい」，on top of 〜「〜に加えて」
9行目 background「経歴」
16行目 official language「公用語」
18行目 I can't imagine what it's like to hear so many different languages spoken in one country. what 以下は間接疑問文で it は to hear 以降の to 不定詞を指している。What is it like to do 〜？「〜するのはどのようなものか」下線部は「知覚動詞 +O+ 過去分詞」の形で「O が〜されるのを聞く」

— 105 —

27行目 It's hard to explain who I am and where I'm from. it は形式主語で，真主語は to explain 以下である。who I am も where I'm from も間接疑問文で explain の目的語になっている。

6

(A)

[訳]

　毎年，世界で人間のために生産された全食糧の3分の1は，失われたり廃棄されたりしている。表は，世界各地の消費時と消費前の段階での一人当たりの食糧廃棄量を示している。この廃棄の大部分は先進国で起こっている。消費者一人当たりの食糧廃棄量は，ヨーロッパ，北アメリカ，オセアニアでは，1年に約95〜115kgである。それに比べ，サハラ砂漠より南のアフリカや南・東南アジアでは，わずか6〜11kgである。発展途上国では，粗末な設備のために生産段階でまだ大部分の食糧が失われている。発展途上国では消費段階の食糧廃棄量は先進国よりも少ない。この惑星の私たち一人一人，特に豊かな国に住む人にとって最も必要なことは，自分たちの食べ物消費習慣を見直すことと食糧廃棄量を減らすことである。私たちの日常の行動が，この問題を解決するのに重要である。

[解説]

⑵⑧ [答] ③

　グラフ A はどの地域か？

①ラテンアメリカ

②サハラ砂漠より南のアフリカ

③北アメリカ，オセアニア

④南・東南アジア

[ヒント] グラフによると A の消費時の食糧廃棄量は約100kgであり，4〜5行目にヨーロッパ，北アメリカ，オセアニアでは，1年に約95〜115kgという記述されていてほぼ一致する。正解は③となる。

⑵⑼ [答] ④

　発展途上国の食糧廃棄は何が原因か？

①彼らの食べ物の消費習慣

②厳しい天気や気候

③急激に増大する人口

④必要な設備の不足

[ヒント] 6〜7行目に，発展途上国では，粗末な設備のために生産段階でまだ大部分の食糧が失われているとあり，粗末な設備は必要な設備の不足と考えられる。④が正解となる。

⑶⑩ [答] ③　※選択肢①不備があり，全員正解とした。

　次のうち正しくない文はどれか？

①食糧廃棄の大部分は先進国で起こっている。

②世界で生産された食糧の約30%は，毎年失われたり廃棄されたりしている。

③豊かな国の消費者は，発展途上国の消費者と同じ量の食糧を廃棄している。

④先進国の消費段階での食糧廃棄は発展途上国よりも多い。

[ヒント] 7〜8行目に，発展途上国では消費段階の食糧廃棄量は先進国よりも少ないという記述から，③の同じ量の食糧を廃棄しているという選択肢は正しくない。

※全員正解とした措置について，選択肢①Most of food waste is occurred in developed countries. の occur は自動詞で受動態の文にすることはできない。この文は文法的に誤りであるため，設問に対する答えとしても①も選ぶことが可能である。そのために，解なしとして全員正解とした。（日本大学本部より）

⑶① [答] ①

　食糧廃棄の問題を解決するために，私たちは何をすべきか？

①食習慣を変えるべきである。

②できるだけ食糧を生産すべきである。

③人々にさらに多くの食糧を売るべきである。

④多くの食糧を生産する方法を学ぶべきである。

[ヒント] 10〜11行目に，自分たちの食べ物消費

習慣を見直すことと食糧廃棄量を減らすことが必要だとあるので正解は①となる。

[語句と構文]

1行目 one-third「3分の1」3分の2は two-thirds と表す。all food produced ～「～に生産された全食料」produced は food を修飾する過去分詞の後置形容詞的用法

2行目 food waste per person「一人当たりの食糧廃棄」at consumption and pre-consumption stages「消費時と消費前の段階で」

3行目 developed country「先進国」developing country「発展途上国」

5行目 compared to ～「～に比べて」

7行目 due to poor equipment「粗末な設備のために」

8行目 ～ less than developed nations「～は先進国よりも少ない」

9行目 What we need most「私たちが最も必要なことは」関係代名詞の what, for those who (live) in rich countries「豊かな国住む人にとって」live が省略されている。

10行目 is to review ～ and (to) reduce ～「～を見直すことと, ～を減らすことである」to 不定詞は名詞的用法で補語になっている。主語は what we need

11行目 matter in ～ 「～において重要である」

(B)

⑶ [答] ③

[訳]

　歴史とは過去を学ぶことである。①なぜ歴史を学ぶことは重要なのか？ ②まず第一に, 歴史は人や社会がどのように行動しているのかについての情報を提供する。 ③歴史の学習をしなければ, 自分で事実を知る方法を見つける必要がある。さらに歴史を学ぶことは, 私たちにあまり知らない文化だけではなく文化の起源についても見識を与えてくれる。④それは, 私たちが異文化間の認識や理解を高めるのに役に立つ。これらの基本的な理由のために, 歴史を学ぶことは必要不可欠なものである。

[ヒント]

　歴史を学ぶ重要性について, ②は歴史から人や社会がどのように行動しているのかがわかる。④は異文化間の認識や理解を高めるのに役に立つと述べている。③のみが歴史を学ぶ重要性からはずれている。正解は③となる。

[語句と構文]

1～2行目 In the first place「まず第一に」

2行目 offer information about ～「～についての情報を提供する」how people and societies behave「人や社会がどのように行動しているのか」間接疑問文である。

3行目 find out the way that ～「that 以下という方法を見つける」that は同格の用法で the way を説明している。

4行目 provide A with B「A に B を与える」

5行目 cultures less familiar「あまり知らない文化」形容詞 familiar が less を伴っているので, 形容詞の後置修飾となっている。
It helps us increase ～「それは（歴史を学ぶことは）私たちが～を高めるのに役に立つ」「help+O+動詞の原形」の形で「O が～するのに役立つ」
cross-cultural awareness「異文化間の認識」

⑶ [答] ④

[訳]

　よいコミュニケーションは, かつてないほど重要である。①しかし, 実のところお互いの意見に深く耳を傾けることにますます時間を割かなくなったようだ。心から人の話を聞くことは, めったにない贈り物になってしまった。②それは私たちが良好な人間関係を築くのに役に立つ。職場では効果的に人の話を聞くことは, より短時間で共有する目標を達成する助けとなる。③家庭では, 家族がつながり, 絆をより深く深める助けとなる。④残念ながら, 多くの人は他人を評価したり批判したりするという望ましくない習慣を身につけてしまっている。

[ヒント]

　コミュニケーションの重要性について, また人の話に耳を傾ける利点について述べている。②で

は良好な人間関係を築く利点，③では家族のつながり，絆を深めるという利点が述べられている。④のみが否定的でその利点について述べられていないので正解となる。

[語句と構文]

1行目 more important than ever「かつてないほど重要」

1～2行目 give less and less time to ～「～にますます時間を割かない」listen to each other「お互いの意見に耳を傾ける」

2～3行目 a rare gift「めったにない最高の贈り物」→心から人の話をよく聞くことが少なくなった

3行目 build positive relationships「良好な人間関係を築く」

4行目 achieve shared goals「共有する目標を達成する」

5行目 to connect and bond「つながり，絆を結ぶこと」

6行目 develop an undesirable habit「好ましくない習慣を身につける」habit of judging or criticizing the other person「他人を評価したり批判したりするという習慣」of は同格の用法

(34) ［答］④

［訳］

旅はするには素晴らしいことである。旅の利点は何であろうか？ まず第一にあなたの視野を広げる。①旅に出ると，あなたは世界で実際何が起こっているのかという素晴らしい考えを持つようになる。第二に，異なった人々や文化を知るようになる。②それは，あなたのとは異なる習慣をもつ人とコミュニケーションのとる方法を学ぶのに役に立つ。最後に，冒険を楽しむことであろう。③あなたがどこに行こうとも，一生消えることのない冒険の美しい思い出を作ることができるであろう。 ④他の言語を学ぶことは，全く新しい世界を開いてくれる。旅を通して得た経験は，あなたの人生を豊かにしてくれるのだ。

［ヒント］

①②③は旅を通じて得られる素晴らしさについ

て，書かれているが，④の言語の習得は旅の素晴らしさとは直接関係がない。正解は④となる。

[語句と構文]

2行目 horizons「（複数形で）視野」

It (＝travelling) gives you a greater idea「旅行はあなたに，さらに素晴らしい考えを与える」→「旅に出ると，あなたはさらに素晴らしい考えを持つようになる」

2～3行目 what is really going on in the world「世界で実際何が起こっているのか」間接疑問文である。

3行目 get to know ～「～を知るようになる」

4行目 how to communicate with people「人とのコミュニケーションのとる方法」customs that are different from yours「あなたのとは異なる習慣」that は customs を先行詞とする主格の関係代名詞である。

5行目 Wherever you go「あなたがどこに行こうとも」

6行目 memories (of your adventure) that will last a lifetime「一生消えることのない冒険の思い出」that は memories を先行詞とする主格の関係代名詞である。

7

［訳］

地図，道路標識，GPS なしで，5,000種以上の鳥は年1回，往復の渡りを成し遂げる。この旅は地球の半周ぐらいに及ぶこともあるが，多くの鳥は毎年まったく同じ場所に戻ることが多い。どうやって鳥はこの驚くべき旅を成し遂げるのだろうか？

渡りは鳥の生涯にとって欠かせないものである。もしこの毎年の渡りがないならば，多くの鳥はひな鳥を育てることができないであろう。鳥はひな鳥を育てあげるための十分なエネルギーを与えてくれる最も豊かな食糧源を探すために移動する。鳥は鳥自身の生存率を最大にするために，さまざまな渡りのパターン，時期，ルートを試しながら進化してきた。

鳥は太陽の角度からの光の程度や日中の光の全体量に基づいて季節の変化を知ることができる。タイミングが良ければ旅を始める。秋と春は多くの鳥が移動する渡りのピークの時期である。

(A)渡りの最大の謎の1つは，鳥はどのようにして，正確にある場所からある場所へ行く方向をわかるのかである。科学者は，渡りの最中に鳥が使ういくつかの異なる移動誘導技術があることを発見した。多くの鳥は磁気感受を使う。鳥は脳，目，口ばしの中に，地球の磁場を感知するのに役に立つ特殊な化学物質を持っている。このことが，まるでコンパスを持っているかのように，鳥が長旅に正確な方向を見定めるのに役に立っている。多くの鳥は全体的な地勢を読み取る能力も備わっている。鋭い視覚を持ち，旅の地図を描いている。地形の違いや川，山，海岸線のような地理的特徴を掴むことで，鳥は正しい方角へ向かい続けることができるようになる。鳥が使うもう一つの驚くべきテクニックは，星の位置から方向を知ることである。夜間に渡る鳥にとって，星の位置，星座の方向は飛行に必要な情報を与えている。日中は飛行するために太陽を使っている。

渡っている間，多くの鳥はV字型の編隊を組んで飛行している。鳥がV字型の方を好む理由は長年科学者を悩ませている。最も認められている説は，その編隊は鳥が飛ぶことを(B)より容易にして，鳥が生命の維持に必要なエネルギーを節約するのに役に立っているということである。鳥が羽ばたいているときに，翼の先から流れる空気はV字型の後ろにいる鳥に余分な上昇気流を与えるのである。このことは鳥が10から14%飛ぶのに必要なエネルギー量を(C)削減する。渡りの最中，鳥は交代でV字型の先頭に立つ。先頭は最も難しいポジションである。先頭に立つのに疲れたら，V字型の後ろに下がるのである。なぜなら，そこは最も風の抵抗が少ないからである。V字型のいろいろなポジションを交代することは，一羽一羽の鳥の限られたエネルギーを最大限に活用することになる。それは群れ全体が休むことなく，長時間飛行することに役立っているのだ。

渡りをより楽にする身体的，行動的適応力を

持っていても，その旅は危険でいっぱいだ。往復の渡りを完全に終えることができない鳥の種類が60%以上いると推定されている。渡りは多くの鳥にとって危険な旅なのだ。

[解説]

(35) [答] ④

なぜ鳥のなかには渡るものがいるのか？
①自分たちの種を拡大する必要があるから。
②群れ全体を守る必要があるから。
③生存するためにより大量の日光が必要だから。
④豊かな食糧源を探すことが必要だから。

[ヒント]

6〜7行目に，鳥はひな鳥を育てあげるための十分なエネルギーを与えてくれる最も豊かな食糧源を探すために移動するという記述があり，正解は④となる。

(36) [答] ②

鳥はどのようにして渡る時期を知るのか？
①気温の変化で感じる。
②太陽からの光の程度からそれがわかる。
③地球の磁場を感受することからそれがわかる。
④V字飛行することによってそれがわかる。

10〜12行目に「鳥は太陽の角度からの光の程度や日中の光の全体量に基づいて季節の変化を知ることができる。タイミングが良ければ旅を始める」とあり，このことから正解は②となる。

(37) [答] ②

下線部（A）において，移動誘導技術に含まれていないのはどれか？
①磁気感受
②V字型飛行
③地勢図を描く
④星の位置の把握

[ヒント]

移動誘導技術として，16〜19行目に①磁気感受の説明，19〜22行目に③地勢図を描く説明，22〜24行目に④星の位置の把握の説明がある。したがって正解は②となる。またV字型飛行とは移動誘導技術よりも，飛行中のエネルギー節約であ

る。

(38) ［答］③

鳥は磁気感受で何ができるのか？
①豊かな食糧源を探すこと
②休むこともなく長時間飛行すること
③飛行している方向をわかること
④太陽の角度をわかること
［ヒント］

17～19行目に，鳥は脳，目，口ばしの中に，地球の磁場を感知するのに役に立つ特殊な化学物質を持っていて，このことが，まるでコンパスを持っているかのように，鳥が長旅に正確な方向を見定めるのに役に立っているという記述があり，③が正解である。

(39) ［答］①

夜間に鳥はどのようにして飛行することができるのか？
①星の位置や星座を使って
②正しい方向を知るのに鋭い視覚を使って
③他の鳥のはばたく羽の音を聞いて
④正しい方向に向かうために太陽を使って
［ヒント］

23～24行目に，夜間に渡る鳥にとって，星の位置，星座の方向は飛行に必要な情報を与えているという記述から正解は①である。日中なら④が正解となる。

(40) ［答］④

空欄（B）（C）に入る適切な語の組み合わせを選べ。28行目に，鳥が飛行し，生命の維持に必要なエネルギーを節約するのに役に立っているという記述から（B）には easier が入る。29行目に，鳥が羽ばたくときに，翼の先から流れる空気はV字型の後ろにいる鳥に余分な上昇気流を与えるという記述から，鳥が飛ぶのに必要なエネルギーを削減すると考えられる。したがって（C）には reduces が入り，この（B）（C）の組み合わせは④となる。

(41) ［答］③

鳥がV字型で飛ぶことについて正しくないものはどれか？
①V字型で飛ぶことは，鳥がエネルギーを節約するのに役に立っている。
②鳥は渡りの最中V字型のポジションを交代している。
③先頭のポジションは風の抵抗が最も少ない。
④後ろの鳥は余分な上昇気流を得ることができる。
［ヒント］

32～33行目に，先頭に立つのに疲れたら，V字型の後ろに下がるのである。なぜなら，そこは最も風の抵抗が少ないからであるという記述から，風の抵抗が最も少ないのは先頭ではなく後ろだとわかる。間違っているのは③となる。あとはすべて本文中に書かれている。

(42) ［答］②

この文章に最もふさわしいタイトルは何か？
①鳥のすばらしい旅
②鳥の渡りの仕組み
③鳥の移動誘導技術
④鳥のすぐれたチームワーク
［ヒント］

第1段落の最後で筆者は，「どうやって鳥はこの驚くべき旅を成し遂げるのだろうか？」と疑問を投げかけている。第2段落以降はその問いの答えをさまざまな角度で説明をしているので，（③，④もその説明の1つ）正解は②である。

［語句と構文］
1～2行目 manage annual roundtrip migrations「年1回，往復の渡りを成し遂げる」manage「～を何とか成し遂げる」roundtrip「往復旅行」
2行目 ～ can be halfway around the world「地球の半周ぐらいに及びことがある」can は可能性・推量を表わして「～することがある」halfway「中ほどまで，半分くらい」
5行目 essential「欠かせない」
5～6行目 Without this annual journey「もし

この毎年の渡りがないならば」without 〜は仮定法過去の if 節の代用となっている。主節の would と呼応している。many birds would not be able to raise their young birds「多くの鳥はひな鳥を育てることができないであろう」

6行目 Birds migrate to find 〜「鳥は〜を探すために移動する」to find は目的をあらわす副詞的用法の不定詞, the richest food resources that will give them（=birds）enough energy to nurture young bird「鳥にひな鳥を育てあげるための十分なエネルギーを与えてくれる最も豊かな食糧源」that は resources を先行詞とする主格の関係代名詞, to nurture は energy を修飾する形容詞的用法の不定詞

8行目 evolve with 〜「〜と共に進化する」→「〜を試しながら進化する」
to give themselves the greatest chance of survival「鳥自身に生き残る最大の確率を与えるために」→鳥自身の生存率を最大にするために to give は目的を表す副詞的用法の不定詞

10行目 the changing of the seasons based on 〜「〜に基づいた季節の変化」based は直前の the seasons を修飾する過去分詞の後置形容詞的用法

12行目 journey=migration
peak migration periods when many birds are on the move「多くの鳥が移動する渡りのピークの時期」when 以下は periods を先行詞とする関係副詞節である。on the move「移動中で」.

14〜15行目 〜 is exactly how birds find their way from one place to another.「〜はどのようにして鳥は, 正確にある場所からある場所へ行く方向をわかるのか」how 以下は間接疑問文で補語になっている。

15〜16行目 there are several different navigation techniques（which）birds use「鳥が使ういくつかの異なる移動誘導技術がある」目的格の関係代名詞 which の省略, 先行詞は techniques である。

17〜18行目 special chemicals（in their brains, eyes, or beaks）that helps them（=birds）sense

the earth's magnetic field「鳥が地球の磁場を感知するのに役に立つ特殊な化学物質」that は chemicals を先行詞とする主格の関係代名詞である。help＋目的語＋（to）do 目的語が〜するのを役に立つ（手伝う）

18行目 This は直前の英文の, 鳥が脳, 目, 口ばしの中に, 地球の磁場を感知するのに役に立つ特殊な化学物質を持っていることを指している。
help the birds orient themselves in the right direction「鳥が自ら正しい方向に進むのを適応させるのに役に立つ」→自分の位置を見定めるのに役に立つ

19〜20行目 Many birds also use geographic mapping.「多くの鳥は地勢図も使っている」geographic mapping「地勢図」→地表の姿を表現した地図で, 地形の表現はくわしくはないが, 広い地域をみるのに便利 →多くの鳥は山の高低や川の配置など, その土地全体のありさまを読み取る能力が備わっていること。

20〜22行目 Different landscapes and geographic features（such as rivers, mountains, coastlines）can help keep birds heading such as 〜 coastlines をカッコでくくると can help の主語は different landscapes and geographic features「異なった地形, 地理的特徴」だとわかる。can help（to）keep birds heading in the right direction「鳥が正しい方向に進み続けるのに役に立つことができる」help の直後は原形不定詞であるが, to 不定詞の場合もある。

23行目 Another amazing technique（which）birds use「鳥が使うもう一つの驚くべきテクニック」目的格の関係代名詞 which の省略, 先行詞は technique

23行目 star orientation「星の方向性」→星の位置から方向を知ること
For birds that migrate at night「夜間に渡る鳥にとって」that は birds を先行詞とする主格の関係代名詞

24行目 provide necessary information for navigation「飛行に必要な情報を与える」
provide B for A ＝provide A with B「A に B を

— 111 —

与える」

26行目 While (they were) migrating「鳥が渡っている間」they（＝ birds）were の省略。

26〜27行目 the reason（why）birds prefer to fly in a V shape「鳥がV字型の方を好む理由」先行詞 reason とする関係副詞の why が省略されている。

27行目 The most accepted theory is that 〜「最も認められている説は that 以下である」

28行目 次の構造に注意する。その体形（＝ V字型）は①と②である。

the formation ｛①makes it easier 〜
　　　　　　　②helps them save 〜

①→ makes it easier for the birds to fly
it は形式目的語で，真の目的語は to fly である。また for birds は to fly の意味上の主語になっている。「鳥が飛ぶことをより容易にする」

②→ helps them（＝birds）save vital energy「鳥が生命の維持に必要なエネルギーを節約するのに役に立つ」

29行目 As the birds flap their wings,「鳥が羽ばたいている時に」as「〜する時に」

the air flowing off their wingtips「翼の先から流れる空気」flowing は air を修飾する現在分詞の後置形容詞用法　gives the birds（in the back of the V）an extra lift「V字型の後ろにいる鳥に余分な浮力（＝上昇気流）を与える」in the back of the V をカッコでくくると give+O+O の第4文型だとわかる。

30行目 the amount of energy（which）birds need 〜「鳥が〜と必要とするエネルギー量」目的格の関係代名詞 which が省略されている。birds need to fly by 10 to 14%「10〜14%の（分だけ）飛ぶために必要とする」by は差異を表す「〜の分だけ，〜の差で」[例] I'm taller than Jim by three inches.「私はジムより3インチ背が高い」

31行目 Over the course of migration「渡りの最中（ずっと）」take turns leading「交代で先頭に立つ」

32行目 be tired of 〜「〜に飽きている，うんざ

りする，疲れる」

33行目 〜 ,where there is the least wind resistance「なぜなら，そこは最も風の抵抗が少ないからである」where の前にカンマがあるので，関係副詞 where の継続用法で，and（but, because）there is 〜などで書き換えることができる。　least は little の最上級「 最も小さい，少ない」 little - less - least

33〜34行目 Rotating through various positions in the V「V字型のいろいろなポジションを交代することは」rotating は動名詞の主語になっている。

It helps the whole flock to fly「それは，群れ全体が飛ぶのに役に立つ」it はいろいろなポジションを交代しながら飛ぶことをさす。

36行目 Even with both physical and behavioral adaptation「身体的，行動的適応力を持っていても」with は所有，所属「〜を持って，〜を身に付けて」の用法 [例] I saw a girl with long hair.「長い髪をした女の子に会いました」

behavioral 形容詞で「行動に関する，行動上の」動詞は behave「振る舞う，行動する」

adaptations to make migration easier「渡りをより楽にする適応力」to make は adaptations を修飾する形容詞的用法の不定詞

37行目 It is estimated that 〜「〜だと推定される」it は形式主語で真主語は that 以下

— 112 —

英語　　　正解と配点

問題番号		正　解	配　点	問題番号		正　解	配　点
1	1	②	2	5	24	⑤	2
	2	③	2		25	④	2
	3	④	2		26	⑥	2
	4	①	2		27	②	2
	5	①	2	6	28	③	3
	6	③	2		29	④	3
2	7	③	1		30	なし	3
	8	①	1		31	①	3
	9	②	1		32	③	4
	10	④	1		33	④	4
	11	②	2		34	④	4
	12	③	2	7	35	④	4
	13	③	2		36	②	3
	14	①	2		37	②	4
3	15	④	2		38	③	3
	16	③	2		39	①	3
	17	③	2		40	④	3
	18	②	2		41	③	3
	19	④	2		42	②	3
4	20	⑤④	2				
	21	①④	2				
	22	⑤③	2				
	23	③①	2				

＊20～23の正答は2番目と4番目の順，2つ完答で2点
　30は解なし，全員正解

①リスニング・テスト

Part (A)
問1　放送文

Problem Number 1. Look at the picture marked Number 1 in your test booklet.
①The child is swimming with the two dolphins.
②The child is feeding one of the dolphins.
③The lady is catching a lot of birds.
④The lady is holding a baby.

放送文の訳

問題用紙の問1と書いてある写真を見なさい。
①子供が2頭のイルカと泳いでいます。
②子供が1頭のイルカに餌を与えています。
③女の子がたくさんの鳥を捕まえています。
④女の子が赤ちゃんを抱いています。

[解説]　[答]　②

人物の写真描写問題では，動作を表す動詞の聴き取りがポイント。正解は②

問2　放送文

Problem Number 2. Look at the picture marked Number 2 in your test booklet.
①People are cleaning the beach together.
②People are hiking in the mountains.
③The beach is filled with people.
④There are very few people on the beach.

放送文の訳

問題用紙の問2と書いてある写真を見なさい。
①人々が一緒に浜辺を掃除していています。
②人々が山でハイキングをしています。
③浜辺は人でいっぱいです。
④浜辺は人がほとんどいません。

[解説]　[答]　③

a few と very few に注意したい。
There are a few people on the beach.
「浜辺は何人か人がいる」There are very few

people「ほとんど人がいない」

問3　放送文

Problem Number 3. Look at the picture marked Number 3 in your test booklet.
①Some people are jogging along the river.
②There are big buildings across the river.
③There are some birds catching fish.
④There are some people sleeping on the grass.

放送文の訳

問題用紙の問3と書いてある写真を見なさい。
①何人かが川沿いをジョギングしています。
②川の向こうに大きな建物があります。
③魚を捕まえている鳥が何羽かいます。
④芝生で寝ている人が何人かいます。

[解説]　[答]　②

動詞の ing 形に集中すると正解は②しかない。

Part (B)
問4　放送文

W：What are you planning to do in your summer vacation?

M：I haven't decided yet. My parents want me to join a study program in Germany, but I prefer staying here and practicing basketball with my classmates.

W：Wow, that sounds great! If I were you, I would jump at the chance to go to Germany.

M：Well, to be honest, I'm not so interested in it. I just need to show my parents how important it is for me to practice basketball this summer. I hope they understand.

Question: Where does the boy want to do in the summer vacation?

放送文の訳

女性：夏休み何をするつもり？
男性：まだ決めていないんだ。両親はドイツでの

学習プログラムに参加させたがっているけど，ここに残ってチームメートとバスケットボール練習をしたいんだ。

女性：あら，素敵！私だったら，ドイツに行くチャンスに飛びつくわよ。

男性：あのね，正直に言うと，それにはあまり興味はないんだ。両親には，この夏バスケットの練習することがどんなに大切か示す必要があるんだ。わかってくれるといいんだけど。

質問：男の子は夏休み何をしたいのか？

①ドイツでの学習プログラムに参加したい。
②テレビでバスケットの試合を見たい。
③両親と旅行したい。
④バスケットの練習をしたい。

[解説] [答] ④

　男性の最初の発言に，「ここに残って，バスケットの練習がしたい」とあるので正解は④となる。
If I were you, I would jump at the chance to go to Germany.「私だったら，ドイツに行くチャンスに飛びつくわよ」仮定法過去の形に注意
If＋S＋動詞の過去形・・・，S＋would（should, could, might など）＋動詞の原形」

問5　放送文

M：How was your trip to China? Did you enjoy it?

W：Yes, it was great! I got lost a few times, but the local people were so nice and helpful. The food was fantastic too.

M：I'm happy to hear you enjoyed it. How long did you travel there?

W：Three weeks in total. I visited eight cities. It's a huge country, and three weeks wasn't enough at all. Next time, I want to take at least two months to travel around there.

Question：What is the woman likely to do the next time?

放送文の訳
男性：中国旅行はどうだった？　楽しかった？

女性：ええ，最高だったわ。何度か道に迷ったけど，地元の人がとても親切で助けてくれたの。食べ物も最高。

男性：楽しんだようだったね。どれくらい旅行したの？

女性：まる3週間よ。8つの都市に行ったの。大きな国だから，3週間では全然たりないわ。今度は，あちこち旅行するのに最低2か月はかけたいわ」

質問：女性は次回何をしそうか？

①彼女は二度と中国を訪れないであろう。
②彼女は友人を中国旅行に誘うであろう。
③彼女は中国を旅行するのにもっと長く休暇を取るだろう。
④彼女は中国の西部を訪れるだろう。

[解説] [答] ③

　女性の最後のセリフで「今度は，中国あちこち旅行するのに最低2か月はかけたいわ」とあるので③が正解となる。

問6　放送文

M：Hi, Cathy. I'm calling from the police station. My wallet and some documents got stolen in the train.

W：Oh no! That's horrible. Are you alright? Is there anything I can do for you?

M：I'm OK, don't worry. I'm just afraid I can't join the meeting today. I have to spend some more hours here.

W：I understand. That's too bad. I'll tell the other people you can't make it today. Give me a call if you need any help.

Question: What happened to the man?

放送文の訳
男性：やあ，キャシー，警察署から電話しているんだ。財布と書類が電車の中で盗まれたんだ。

女性：あらいやだ，大変，大丈夫？　私に何かできることある？

男性：大丈夫だ。心配しないで。申し訳ないが，

今日の会議に出席できないな。もう何時間かここにいなければならないんだ。

女性：わかったわ。お気の毒様。だれかに出席できないと言っておくわ。何か手伝いが必要なら電話してね。

質問：男性に何が起こったのか？

選択肢の訳

① 警察が彼を電車の中で捕まえた。

② 彼の財布と書類が電車の中で盗まれた。

③ 電車がストライキで遅れた。

④ 彼は会社に財布と書類を置き忘れた。

[解説]　[答] ②

　男性の最初にセリフに，財布と書類が電車の中で盗まれたとあり，正解は②となる。

you can't make it today. 「あなたは今日出席できない」

make it「間に合う，成功する，都合がつく，到着する」など会話における慣用表現である。

問7　放送文

W：I'm trying to choose the photo for the front cover of the school magazine. I like this one with some cheering girls. What do you think?

M：That's nice, but maybe we should choose the photo with more people. How about this one? Everyone is smiling and wearing a costume for the play in the culture festival.

W：I like that one too, but I thought it's a little bit too dark for the cover. The rest of the photos…hmm…students are in the school uniform and I find them a bit too formal.

M：That's true. Let's go with the one with the cheering girls then.

Question：Which picture did they choose?

放送文の訳

女性：学校雑誌の表紙の写真選んでいるの。この応援している女の子たちの写真が気に入っているんだけど，どう思う？

男性：いいね，でももっと多くの人が写っている写真を選んだ方がいいかもしれないよ。

これはどうかな？　みんな笑っているし，文化祭の演劇の衣装を着ているよ。

女性：それもいいわね，でも表紙には少し暗すぎと思ったの。残りの写真もね…生徒が制服を着ているのも，少し儀礼的すぎるのよね。

男性：そうだね。やはり，応援している女の子の写真にしよう。

質問：彼らはどの写真を選んだか？

[解説]　[答] ③

　男の子最後の発言で，やはり応援している女の子の写真にすることになったので③の絵が正解となる。

問8　放送文

M：May I help you? Are you looking for anything specific?

W：I'm looking for a gift for my mother. I want to find a ring that she may like. I think she'd like something elegant…

M：We have so many different shapes and designs. If she likes something elegant, I'd recommend this heart-shaped ring. It's a very popular design. She may also like this one with flowers on top.

W：Wow, both are beautiful. I'll take the heart-shaped one. I'm sure she'll love it.

Question：Which ring will the woman buy?

放送文の訳

男性：いらっしゃいませ。なにか特定のものをお探しですか？

女性：母へのプレゼントを探しています。母が気に入りそうな指輪を見つけたいのです。上品なものを気に入ると思うんだけど…

男性：当方では，いろいろな形，デザインのものを取り揃えております。お母様が上品なものをお好みのようでしたら，こちらのハート型の指輪がお勧めです。大変人気のあるデザインです。上部に花のデザインのついたものも気に入るかもしれません。

女性：まあ，両方とも美しいですね。ハート型のほうをお願いします。きっと気にいると思

うの。

質問：女性はどちらの指輪を買うのか？

[解説] [答] ③

　女性の最後のセリフで，ハート型の指輪のほうを注文したことがわかる。③の絵が正解。

Part（C）
問9，10 放送文

　Today, I'd like to share three tips to better communicate with people who have different cultural values, and native languages.

　First, be open-minded. Never think you are right and the other person is wrong. If you want to correctly understand others, don't judge them.

　Secondly, take turns to talk. Keep the language simple and make a point, and then listen to the other person well. To avoid confusion, repeat what you heard so that any misunderstandings can be fixed.

　Lastly, enjoy learning something new from others. Having curiosity makes a big difference in communication. You don't need to agree on what they say. You can just try to learn about their way of thinking. If you respect the way they are, they will respect the way you are too.

Question No.9：What does the speaker mean by "open-minded"?

Question No.10：What is important when you communicate with people from different cultures?

放送文の訳

　今日は異なる文化的価値や母語をもつ人々と，よりよいコミュニケーションをとるための3つの秘訣を共有したいと考えています。1つ目には，心を広くしましょう。自分が正しく，他人が間違っているのだと絶対に思ってはいけません。もし他人を正しく理解したいなら，他人を評価してはいけません。2つ目には，交代で話をしましょう。言葉は簡潔にし，主張し，それから他人の話をよく聞きましょう。混乱を避けるためには，聞いた

ことを繰り返しましょう，その結果，どんな誤解も解決することができるのです。最後に，他人から何か新しいことを学ぶのを楽しみましょう。好奇心を持つとコミュニケーションに大きな影響を与えます。人の言うことに同意する必要はありません。彼らの考え方を学ぼうとするだけでよいのです。ありのままの彼らを尊重すれば，彼らもありのままのあなたを尊重するでしょう。

問9　質問文と選択肢の訳

　筆者が「心を広くする」とはどのような意味か？
①他人に対して正直になること。
②他人に対して友好的になること。
③他人を評価しないこと。
④正しいことをしないこと。

問10　質問文と選択肢の訳

　異なる文化をもつ人々とコミュニケーションをとる時に，何が必要か？
①よりよく説明するために多くの言葉をしること。
②あなたが敵ではないことを知ってもらうために笑顔を絶やさないこと。
③他人が言うことにいつも同意すること。
④他人から何か新しいことを学ぶことを楽しむこと。

[解説]　問9 [答] ③　　問10 [答] ④

　If you want to correctly understand others, don't judge them.「もし他人を正しく理解したいなら，他人を評価してはいけません」この部分を聞き取れれば問9は③が正解だとわかる。

　問10は英文の最初で，異なる文化的価値や母語をもつ人々と，よりよいコミュニケーションをとるための3つの秘訣があると述べている。1つ目は心を広くすることであり，2つ目は交代で話をすること，3つ目は他人から何か新しいことを学ぶことである。この内容が選択肢にあるのは④しかない。

tip「秘訣，ヒント，コツ」

make a point「主張する，要点を分ってもらう」

avoid confusion「混乱を避ける」

so that any misunderstanding can be fixed「その結果，どんな誤解も解決することができる」
make a big difference「大きな違いとなる」
the way they are「ありのままのかれら」
the way you are「ありのままのあなた」

②

A　文法問題
問11　[答]③
[訳] ケンはお店に入るのを見られた。
[解説]「知覚動詞 +O+ 原形不定詞」（O が～するのを…する）の用法で使われる原形不定詞は，受動態では to 不定詞となる。
[例]（能動態）They heard him sing a song.
　　（受動態）He was heard to sing a song.

問12　[答]④
[訳] 遠くから見ると，その建物は巨大な石みたいに見える。
[解説] 本文は If it =（the building）is seen from a distance, the building looks like a huge stone. を分詞構文にしたものである。受動態の分詞構文は being を省略して過去分詞から始まるのが通例。
[例] Since it is written in simple English, the book is easy to understand.「それは易しい英語で書かれているので，その本は理解しやすい」を分詞構文にすると Written in simple English, the book is easy to understand.

問13　[答]③
[訳] これは1998年以来ジョンが住んでいる家だ。
[解説] John has lived in（　）since 1998. のように前置詞 in の後に名詞だけがないので，the house（which）John has lived in since 1998. と関係代名詞が使われていると考える。もし本問が John has lived since 1998. のように前置詞 in もなければ，the house（where）John has lived since 1998. のように関係副詞が正解となる。
[例] This is the city which I was born in.

= This is the city in which I was born.
= This is the city where I was born.

問14　[答]④
[訳] 彼は私にその映画が面白かったかどうか尋ねた。
[解説] ask 人 if ～「人に～かどうかを尋ねる」名詞節を導く if は「～かどうか」という意味になる。本問では空所以降が the movie had been interesting. のようにそれだけでも英文として成立しており，①which や②what のようにそれ以降に名詞が必ず抜けるものは選べない。③that では ask「尋ねる」と言っているのに質問の内容にならない。
[例] I asked him if he was busy.「あなたは忙しいのですかと私は彼に聞きました」

B　会話問題
問15　[答]④
[訳]
A：あなた，ミーガン？本当にお久しぶり！どうしてたの？
B：あら，ジュディ！元気にやっているわ。あなたと家族はどうしているの？
A：数年前に結婚して市内に引っ越したの。話せば長いけど。④とにかく，コーヒーでも飲まない？
B：もちろん。お互い情報交換しましょう。
①すいません。もう行かなきゃ。
②少し話をさせて。
③一週間犬の面倒を見てくれますか。
④コーヒーでも飲まない？
[解説] 空所の後で，「お互い情報交換をしよう」と言っているので，お互いに話が出来る状況を作り出せるものは④しかない。
[語句] for ages「長年」get married「結婚する」move to「～に引越しする」catch up with「～と情報交換する，～に追い付く」

問16　[答]④
[訳]

— 118 —

Ａ：ケン，最近忙しい？

Ｂ：それほどでもないよ。どうして？

Ａ：言いにくいけど，流しにお皿が洗ってないままなの。使ったらすぐに洗ってくれない？

Ｂ：④あなたの言うとおりだね。覚えておくよ。

①何の話をしているの？

②それが本当だとは思わない。

③待って，たいした問題じゃない。

④あなたの言うとおりだね。

[解説] 皿を使った後で皿洗いをするように言われ，それに対して「（皿を洗うことを）覚えておく」という受け答えにつながるのは④のみ。

[語句] lately「最近」keep 〜 in mind「〜を覚えておく，心にとどめる」

問17 [答] ②

[訳]

Ａ：今週の土曜日は何をするつもり？何か計画はある？

Ｂ：特には。トレーニングしにジムに行くぐらいだね。

Ａ：お願い事を頼めるかな？テレビセットを友人のアパートに届けなきゃいけなくて車が必要なんだ。

Ｂ：構わないよ。②昼食後に乗せて行ってあげるよ。

①残念ながら私の車は壊れているよ。

②昼食後に乗せて行ってあげるよ。

③お手ごろな値段で車を売れる。

④あまりテレビは見ない。

[解説] テレビセットを運ぶのに車が必要だと言われた後に，構わないと言っているので，車を出すような内容が続くはずなので正解は②。

[語句] work out「トレーニングする」Could you do me a favor?「お願い事を頼めますか？」 reasonable「手頃な」

問18 [答] ③

[訳]

Ａ：よかったよ，ジム。君のプレゼンが本当に気に入った。

Ｂ：ありがとうございます。③何か改善すべきだったところはありますか。

Ａ：そうだね，導入がもう少し簡潔にできていたらね。それ以外はすべて完璧だった。

Ｂ：それが聞けてうれしいです。頑張ります。

①プレゼンの準備は出来ていますか。

②必要なデータを集めるのに何時間も使いました。

③何か改善すべきだったところはありますか。

④あなたの飛行機は明日何時に出発しますか。

[解説] 空所の後で，改善点を述べているので，改善点を促すような発言が入るので③が正解。

[語句] introduction「導入」brief「簡潔な」

could have been little briefer「もう少し簡潔にできていたらね（実際はできていなかった）」

apart from that「それ以外は」work on「〜に取り組む」should have done differently「改善すべきだった」

Ｃ 整序問題

問19・20 [答] ②・⑤

[No other book is as] interesting as this one.

[訳] どんな本もこの本ほど面白くはない。

[解説] No other 単数名詞 is as 〜 as …は「…ほど〜なものはない」

問21・22 [答] ②・①

He has to walk home because [he had his bike stolen].

[訳] 彼は家まで歩いて帰らなくてはならない。なぜなら自転車を盗まれてしまったからだ。

[解説] have + O + 過去分詞「Oが〜されてしまう」という犯罪による被害を表す。

問23・24 [答] ④・③

No [matter how hard you try], the work won't be done in a week.

[訳] どんなに一所懸命やってみても，その仕事は一週間では絶対に終わらない。

[解説] no matter how 形容詞／副詞「どれほど〜しても」という譲歩を表す。

問25・26 ［答］①・④

I [found it impossible to finish] my work in an hour.

［訳］1時間で仕事を終わらせるのは無理だとわかった。

［解説］find it 形容詞 to do「～することは，形容詞だとわかる」it は形式目的語で to 不定詞以下の内容を指している。

問27・28 ［答］①・②

It [is taken for granted that] most of the students in the high school enter university after graduation.

［訳］その高校の大半の生徒が卒業後大学に入学するのは当然のことだと考えられている。

［解説］It is taken for granted that ～「～は当然のことと考えられている」It は that 以降を指す形式主語。

3

［訳］
　女性の教育への参加が増えたにも関わらず，日本では，労働市場での男女格差は大きいままであることが世界男女格差年次報告で明らかになった。2017年11月に開催された世界経済フォーラムの研究が明らかにしたのは，日本は OECD 内での男女の賃金差が最も大きい国の一つであることだった。その差は26.6％だった。女性は男性よりも雇用されない傾向があり，実際に働いている女性も一般的に男性の稼ぎよりもはるかに少ない収入しかない。

　この格差の背景にある主な理由は，性に対する固定観念の存在や日本社会における家族の役割である。出産後，女性は職場から離れる傾向にあり，たいていは復帰しない。こうした仕事のブランク後に彼女達が労働市場に戻ったとしても，低賃金の非正規雇用に落ち着く傾向がある。結果として，男性はより高い頻度で女性よりも正規雇用に就き，年齢給の増加と同様に，雇用主が提供する職業訓練や手当ての恩恵により多く利用することが

できる。正規雇用の労働者は，サービス残業を含め長時間労働をしたり，休暇をほとんど取らなかったりして雇い主に自らの献身を示すのである。このような背景から，正規雇用の労働者は家庭での子育てに積極的に携わるのが極めて難しくなっている。

　日本は，共働きの親を支援するために仕事と生活のバランスを取ることに関する政策に変化をもたらそうとしているが，日本の幼児教育や保育への投資は他の OECD 諸国と比べるとまだ限られている。さらなる男女平等を実現するには，日本は職場文化を変える必要がある。

問29 ［答］④

選択肢の訳
①OECD 諸国では，女性の何パーセントがフルタイムで働いているか
②OECD 諸国ではフルタイムで働くことでどれだけ稼いでいるか
③OECD 諸国における男性の雇用率と比較した女性の雇用率
④OECD 諸国における男女間の賃金の違い

［ヒント］
　グラフのタイトルが The Gender Pay Gap「男女間の賃金差」で，その内容を表しているのは④。

問30 ［答］③

選択肢の訳
①スウェーデンよりドイツの方がより多くの女性がフルタイムで働いている。
②日本より韓国の方が，男性は休暇を取る。
③日本の男女間の賃金差は OECD 諸国で最も大きいものの一つだ。
④ニュージーランドよりもオーストラリアの方が男性と女性はより平等に賃金が支払われている。

［ヒント］
　グラフは男女間の賃金差に関するものなので，①と②に関しては触れられていない。④は表によると，男女間の賃金差がニュージーランドが

5.6％，オーストラリアが18.0％で，オーストラリアの方が差が大きいので誤り。③はグラフによると，日本は男女間の賃金差が26.6％でありOECD諸国の中で２番目に大きい。また３行目に「2017年11月に開催された世界経済フォーラムの研究が明らかにしたのは，日本はOECD内での男女の賃金差が最も大きい国の一つであることだった。その格差は26.6％だった」とあるので正解は③。

問31　［答］④
選択肢の訳
①日本では，サービス残業も含めて女性はより長い時間働く必要がある。
②日本の男性は女性よりも大学の学位を持っている。
③日本では管理職に就く女性の数がまだ大変限られている。
④日本社会では性ごとの役割や社会的期待が存在する。
［ヒント］
　①は11行目で「正規雇用の労働者は，サービス残業することも含めて，長時間労働をしたり休暇をほとんど取らなかったりして雇い主に自らの献身を示すのである」とあり，正規労働者の長時間労働については触れているものの，女性の長時間労働に関しては本文で触れられていないので誤り。②は大学の学位については記述が本文にない。③は管理職に関する記述が本文にない。④は６行目に「この格差の背景にある主な理由は，性に対する固定観念の存在や日本社会における家族の役割である」という記述があるため正解となる。

問32　［答］①
選択肢の訳
①日本は他のOECD諸国ほど幼児保育への投資をしていない。
②女性は会社が提供する職業訓練や手当ての恩恵にあずかりやすい。
③日本の最近の職場文化は共働きの親を支援している。
④日本では多くの女性が出産後仕事を離れるが，

そのうちの多くが復帰する。
［ヒント］
　①は，15行目に「日本の幼児教育や保育への投資は他のOECD諸国と比べるとまだ限られている」という記述があるので正解。②は，職業訓練や手当てについて９行目に「結果として，男性はより高い頻度で女性よりも正規雇用に就き，年齢給の増加と同様に，雇用主が提供する職業訓練や手当ての恩恵により多くあずかることができる」と日本における男女間の格差については触れているが，女性が一般的に男性よりも優遇されているという記述は本文にないため誤り。③は16行目に「さらなる男女平等を実現するには，日本は職場文化を変える必要がある」という記述があり，職場文化こそが共働きの両親にとって障害であることが分かるため誤り。④は７行目に「出産後，女性は職場から離れ，たいていは復帰しない」という記述があるため誤り。
[語句と構文]
1行目 despite＝in spite of「〜にも関わらず」, gender gap「男女格差」
2行目 remain「〜のままである」
4行目 be likely to do「〜する傾向がある」本文ではlessと共に使われているので「より〜しない傾向がある」という意味になる。
5行目 those（＝women）who do work「実際に働いている女性」do は work を強めている, typically「一般的に」
5行目 much less than の much は比較級の強調
6行目 presence「存在」
7行目 After giving birth ＝ After women give birth give birth「出産する」tend to step out of 〜「〜の外へ出る傾向がある」tend to do「〜する傾向がある」
9行目 as a result「結果として」
10行目 regular employment「正規雇用」
10〜11行目 access to employer-provided training and benefits「雇用主が提供する職業訓練や手当ての恩恵により多く利用する権利」access to 〜「〜を利用する権利」
11行目 age-related pay increases「年齢給」

計をする時，私達は数学の原理を使っている。現実世界で数学の興味深い実例を見つけるのは(34)難しいことではない。なぜなら数学はいたるところにあるからだ。国々や大陸をこえて何千年もの間，物事を片付けていくのに人々は数学を使い続けてきた。

数学は私達の環境の万国共通言語である。人類は数学の概念を発明したのではない。そうではなく，私達はそれを発見したのだ。数学の言語は数字だ。もし数字というこの言語をしっかりと学べば，数学は，私達が重要な決定を下し，賢く買い物をしたり，人口増加を把握したり，コンピューターゲームを発展させたりといった日々の仕事をこなす(35)助けになる。数学は学ぶのに極めて(36)実用的な科目である。その応用性は無限である。

[解説] 文中に語句を補う問題で大切なことは，①前後の文脈をよく把握すること，②品詞や時制など文法や語法に注意を向けることである。

問33 [答] ③
選択肢の訳
①もし～でなければ
②なぜなら
③～であれ…であれ
④～にもかかわらず
[ヒント]
　2行目の we are aware of it or not の or に注目。whether A or B の形で「A であろうと B であろうと」という意味になる。

問34 [答] ④
選択肢の訳
①容易な
②普通の
③便利な
④難しい
[ヒント]
　6行目に「数学はいたるところにある」とあるので，数学の実例を見つけるのは難しくないことだと判断でき，④が正解。

12行目 by putting in long hours, including unpaid overtime「サービス残業を含め長時間過ごすことによって（長時間労働する）」put in「時を過ごす」，including ～「～を含めて」前置詞 (by) taking little leave「休暇をほとんど取らないことによって」

13行目 This makes it very difficult for regular employees to actively engage in childcare at home. this は前文の内容「正規雇用の労働者は，サービス残業することも含めて，長時間労働をしたり休暇をほとんど取らなかったりして雇い主に自らの献身を示すのである」を指す。

makes it very difficult for regular employees to 不定詞「正規労働が to 不定詞するのは極めて難しくしている」it は形式目的語で to actively engage in childcare at home「家庭での子育てに積極的に携わる」を指す。for regular employees は直後の to 不定詞の意味上の主語。engage in ～「～に携わる」

14行目 work-life balance policies「仕事と生活のバランス（を取ることに関する）政策」

14行目 to support both parents to be in work にある to support は目的を表す to 不定詞の副詞的用法。both parents to be in work「共働きの親」

16行目 compared to ～「～と比較して」

16行目 To achieve greater gender equality にある to achieve は目的を表す副詞的用法の to 不定詞

4

【A】
[訳]
　私達はなぜ数学を学ぶ必要があるのだろうか？どのように数学は教室外で適用されるのだろうか？実際のところ，気づいて(33)いようがいまいが，日常生活の中で私達は皆，数学を使っている。

車を買う時，レシピに従っている時，家を装飾している時，皆さんは数学を使っているのだ。地球の地図を作る時，天気予報をする時，建物の設

問35 ［答］②

選択肢の訳

①〜に…を与える

②〜が…するのを助ける

③〜に…するよう言う

④巻き添えにする

［ヒント］

It ［35］ us make 〜のように，目的語の後に動詞の原形を持ってくることが出来る選択肢は②の help のみである。「help + O + 原形不定詞」で「O が〜するのを助ける」

問36 ［答］①

選択肢の訳

①実用的な

②可能な

③抽象的な

④退屈な

［ヒント］

2行目で「日常生活の中で私達は皆，数学を使っている。」とあるように，本文を通じて，いかに数学が日常生活で使われているかを述べていることから数学は実用的な科目であると判断できる。正解は①となる。

［語句と構文］

1行目 need to do「〜する必要がある」apply「あてはまる」outside of 〜「〜の外側」

2行目 The fact is (that) 〜「実際のところ〜」

2行目 be aware of 〜「〜に気づいている」

3行目

When you 〔 buy a car / follow a recipe, / or / decorate your home, 〕 you are 〜

のように，or は上記の３つをつないでいる。

3行目

In 〔 making maps of the earth, / predicting the weather / and / designing buildings, 〕 we use 〜

のように，and は上記の３つをつないでいる。

in doing「〜する時」predict「予測する」

5行目 It is not ［34］ to find 〜の It は to find

以降を指す形式主語。

6行目 everywhere「至るところに」to get things done「物事を片付けていくために」to get は目的を表す副詞的用法の不定詞 get things done「物事を終わらせてしまう」→「片付けてしまう」get O 過去分詞「O を〜してしまう」

7行目 across countries and continents 国々や大陸を越えて

8行目 universal「万人に通ずる」invent math concepts「数学の概念を発明する」

9行目 instead「その代わり，そうではなく」

10行目 this language of numbers の of は同格を表す。「この数字という言語」

10行目 make decisions「決定を下す」

10行目 perform「行う，果たす」

11行目 such as 〜「〜のような」

such as 以下は shopping 〜, understanding 〜, developing 〜の３つ続いているのに注意

12行目 extremely「極めて」

12行目 Math is an extremely ［36］ subject to study. の to 不定詞は subject を修飾する形容的用法。

12行目 application「応用」infinite「無限の」

【B】

［訳］

「歩くことは人間の最良の薬である」とヒポクラテスは2000年以上前に言った。そしてどんどん増えていく科学的根拠によれば，彼は (37) 間違っていなかったのである。

1000人以上に及ぶ調査から分かったのは，歩くことは免疫機能を促進するということだった。週に５日間，１日あたり最低20分は歩く人たちは，週に１度あるいはそれ以下の割合でしか体を動かさない人たちよりも43％少ない日数しか病気になっていない。そしてもし彼らが病気になっても，その期間は（運動をしない人たちに比べて）短く，症状も軽かった。歩くことは，風邪やインフルエンザの季節にあなたを (38) 守ってくれるのに役立つのである。

米国がん協会による別の研究によると，歩くこ

とは乳がんが発症する危険性を (39) 減らす。一週間に7時間以上歩く女性は一週間に3時間以下しか歩かない女性より乳がんの危険性が14％低かった。

一連の心理学の実験も示しているように，歩くことは自然に気持ちを高めてくれる。ある研究によれば，定期的に歩くことで神経系を (40) 大変落ち着かせるので，私達は怒ることが減るのを体感できるそうだ。

次に健康診断を受ける時には，医者は歩きなさいという処方箋をあなたに渡すかもしれない。1日に1回歩くことで，医者を (41) 遠ざけておくことになるかもしれません。

問37 ［答］④

選択肢の訳
①正しい
②確かな
③深刻な
④間違っている

［ヒント］

第2段落以降，歩くことがいかに体に良いことか説明が続くので，ヒポクラテスの「歩くことは人間の最良の薬である」という台詞は間違っていないことになるので，④が正解。

問38 ［答］①

選択肢の訳
①守る
②広げる
③休ませる
④覆う

［ヒント］

3行目から6行目にかけて「週に5日間，1日あたり最低20分は歩く人たちは，週に1度あるいはそれ以下の割合でしか体を動かさない人たちよりも43％少ない日数しか病気になっていない。そしてもし彼らが病気になっても，その期間は（運動をしない人たちに比べて）短く，症状も軽かった。」とあるので，歩くことが私達を病気から守る働きがあることが分かるので正解は①。

問39 ［答］②

選択肢の訳
①示す
②減らす
③上がる
④増やす

［ヒント］

8行目に「一週間に7時間以上歩く女性は一週間に3時間以下しか歩かない女性より乳がんの危険性が14％低かった。」とあるので，歩くことで乳がんが発症しにくくなることから，正解は②である。

問40 ［答］④

選択肢の訳
①もし〜なら
②〜の後で
③もし〜でないなら
④大変〜なので…（so 〜 that …）

［ヒント］

「定期的に歩くことで神経系を落ち着かせる」ことが原因，「私達は怒ることが減るのを体感できる」ことがその結果という関係にあるので，so 〜 that …「大変〜なので…」という因果関係を示すことが出来る構文になる that を選ぶため④が正解。

問41 ［答］②

選択肢の訳
①捕まえる
②〜を遠ざける（keep 〜 away）
③得る
④働く

［ヒント］

本文を通じて歩くことが健康によいことが述べられているので，歩くことで医者要らずになるという文脈になる②が正解。英語の諺 An apple a day keeps the doctor away.「1日1個のリンゴは医者を遠ざける」も覚えておきたい。

［語句と構文］

2行目 growing「増加する」

3行目 boost「~を促進する」

3行目 those who ~「~な人たち」

5行目 And if they did get sick の did は動詞 get を強調する助動詞

5行目 duration「(継続)期間」は病気にかかっている期間のことを表している

6行目 help to do「~するのに役立つ」

8行目 breast cancer「乳がん」

8行目 Women（who walked seven or more hours a week）had a 14% lower risk of breast cancer than those（who walked three hours or fewer per week）.は「1週間に7時間以上歩く女性」と「1週間に3時間以下しか歩かない女性」を比較している文。

10行目 a series of ~「一連の~」

10行目 naturally「自然に」

10行目 mood「気持ち」

11行目 modify「改良する」, nervous system「神経系」

13行目 the next time ~「次に~する時には」を表す接続詞

13行目 a prescription to walk「歩きなさいという処方箋」の to walk は prescription を修飾する形容詞的用法の to 不定詞, prescription「処方箋」

5

[訳]

(1)"How are you? は最も頻繁に尋ねられるが，もしかすると答えるのが世界で最も難しい質問かもしれない。本当にどう感じているかを述べないで，よく "Fine, and you?" とだけ答えている。私たちは自分の気持ちや感情を述べたり，それらについて他人と話したりすることは難しいと理解している。英語には私たちの感情を述べるのに600以上の語があり，私たちはそれらを表現する42の顔の筋肉を使っている。そもそも，感情とは何か？人間はなぜ感情をもつのか？

(2)感情はとても複雑で，定義に関しては統一見解がない。人によって，異なる意味をもっている。だが，本質的には，感情は精神状態や内面的・外面的反応，表情が特徴の意識的な経験である。たいていの人は幸せ，驚き，悲しみ，恐れ，嫌悪，怒りを感じている。これらが6つの基本的な感情である。あなたが人の顔を見るとき，たいてい彼らがどんな気分なのかわかる。ほとんどの人は，人の顔を見ればその人が幸せなのか，悲しんでいるのかがすぐにわかる。

(3)感情は脳の中のいろいろな化学物質の量によってコントロールされている。いつでも何百万もの化学反応が脳の中で起こっている。最もよく研究されている2つの化学物質は，ドーパミンとセロトニンである。ドーパミンは喜びの経験に関係がある。あなたが何か良いことをするときに，ドーパミンというごほうびを与えられ，喜びの気持ちが得られるのである。このことは，あなたの脳にもう一度それをやってみたくなるように教えているのだ。セロトニンは記憶と学習に関係がある。さらに，気分，思考，衝動の抑制も調整しているのである。十分なセロトニンが不足することは，私たちを憂鬱や不安の状態に導くかもしれない。これらの化学物質は感情を感じる過程にかかわっている。

(4)人類の進化において感情の役割は何であろうか？ある研究によると，人間は信頼関係を確立することによって他人と結束しているらしい。種の存続はその結びつきに依存していて，感情によってその結びつきが起こりうるのだ。さらに，感情によって私たちが状況に反応することもできるようになる。あなたが怖がっているとき，危険から走り去ろうとする。うれしいときには，リラックスする。あなたの感情があなたの行動に影響を及ぼすのである。感情は出来事や状況が，あなたにとってどんな意味があるのか伝えるために体の中に存在する。感情は，安全性を確保したいというあなたの欲求を保護しようとする動機を与えるのである。私たちの先祖は生き残るために感情に頼ってきた。私たちは，人生において決断を下すために感情を使っているのだ。

(5)科学者は，感情と関係がある生体信号を観察することによって，感情を測定できるようになった。話し方，心拍，発汗，筋肉の緊張，体温は私たち

の精神状態を示す強い指標を表していることがわかった。20年前，それらを測定することは，特別な実験室しかできなかった。だが今日では，高性能なセンサーをポケットに入れて持ち運び，高度な音声技術を備えた装置をいつでも利用できる。これは，私たちが自分たちの体や感情を観察し，いろいろなデジタルアプリケーションに入力したデータを利用できるようにしたということである。それは感情認識技術と呼ばれている。私たちの感情を検出することによって，感情認識技術は科学技術を人間らしくするのに役に立っている。(6)最近では人間の感情を認識し，共感できるロボットを販売した企業もある。さらに，研究者たちは，ロボットが感情を表現することができるようにしようと取り組んでいる。人間と人間ではないものの境界はますますあいまいになっている。もはや感情は人間を人間にするものではないかもしれない。

[解説]

問42　[答] ①

第1段落で筆者は， [   ] を説明するために，"How are you? という例を用いている。

①言葉で感情を表現するのはいかに難しいか。

②感情を表現するのに顔の筋肉をどれだけ使っているのか。

③コミュニケーションで感情を述べるのがいかに易しいか。

④英語という言語はいかに複雑なのか。

[ヒント]

3～4行目に，私たちは自分の気持ちや感情を述べたり，それらについて他人と話したりすることは難しいと理解しているとあるので正解は①である。

問43　[答] ②

第2段落によると，感情について正しいのは次のうちどれか？

①感情は単純で，ほとんどの人にとって理解するにはかなり易しい。

②6つの基本的な感情とは，幸せ，驚き，悲しみ，恐れ，嫌悪，怒りである。

③他の人がどのように感じているのか，彼らに尋ねないで推測するのはとても難しい。

④人は他人の感情をよく理解できるように訓練することができる。

[ヒント]

10～11行目に，たいていの人は幸せ，驚き，悲しみ，恐れ，嫌悪，怒りを感じ，これらが6つの基本的な感情であるという記述から，正解は②である。①③④に関しては言及されていない。

問44　[答] ④

第3段落によると，セロトニンは [   ] 。

①喜びの経験に関係がある。

②あなたの脳にもっと勉強したくなるように教える。

③気分，思考，衝動の抑制とは関係がない。

④人が精神的に健康であるために大切な化学物質である。

[ヒント]

20～21行目に，十分なセロトニンが不足することは，私たちを憂鬱や不安の状態に導くということから，人が精神的に健康であるためにはセロトニンが欠かせないことがわかる。④が正解となる。①はドーパミンであり，②は勉強させることではなく，何か良いことをさせるのである。③はセロトニンに関係がないとするのは不正解となる。

問45　[答] ①

第4段落によると，感情の役割でないものは次のうちどれか？

①怖がっているときでさえ，あなたをリラックスさせること。

②出来事があなたにとってどんな意味があるのかを，理解するのに役にたつ。

③あなたの欲求を満たすように動機を与える。

④他人と良好な関係を築くこと。

[ヒント]

26行目に，怖がっているときには，危険から走り去ろうとする記述から，①は本文にはなく正解となる。②③④はすべて述べられている。

― 126 ―

問46 ［答］④

第5段落によると，20年前よりも今日の方が感情の測定が容易になっている，なぜならば□□□□□。

①科学者は生体信号によって，感情が測定できると発見したからである。

②感情認識技術は，私たちが科学技術を人間的にするのに役にたっているからである。

③話し方，心拍，発汗は感情を表す強い指標を表しているからである。

④今日では高度な科学技術装置を利用できるようになったからである。

［ヒント］

34〜37行目に，「だが今日では，高性能なセンサーをポケットに入れて持ち運び，高度な音声技術を備えた装置をいつでも利用できる。これは，私たちが自分たちの体や感情を観察し，いろいろなデジタルアプリケーションに入力したデータを利用できるようにしたということである。それは感情認識技術と呼ばれている」とあるので正解は④である。①は20年前，特別な実験室での測定は可能であった。②③は設問の主旨ではない。

問47 ［答］②

第6段落によると，次のうち正しいのはどれか？

①ロボットが人間の感情に共感するのは不可能である。

②近い将来，自分の感情を表すロボットが登場するかもしれない。

③人間とロボットの違いは，きわめて明らかなままである。

④人間は感情があるので人間なのであり，それは変わることがないであろう。

［ヒント］

41〜42行目に，研究者たちは，ロボットが感情を表現することを可能にしようと取り組んでいるとあるので正解は②となる。①は40〜41行目で，最近では人間の感情を認識し，共感できるロボットをすでに販売した企業もあるという記述から不正解である。42〜43行目で，人間と人間ではない

ものの境界はますますあいまいになっているということから③も不正解。43行目に，もはや感情は人間を人間にするものではないということから④も不正解となる。

問48 ［答］②

次の文のうち，間違っているものはどれか？

①感情を述べるのにたくさんの英語の語がある。

②広く知られている感情の定義は1つだけである。

③脳の中のいろいろな化学物質の量が感情をコントロールしている。

④人間は，人生において決断を下すために感情を使ってきた。

［ヒント］

7行目に，感情はとても複雑で一致した定義はないという記述から②が間違っている。4〜5行目に，英語には私たちの感情を述べるのに600以上の語があるという記述から①は正しい。14行目に，感情は，脳の中のいろいろな化学物質の量によってコントロールされているとあるので③も正しい。30行目に，私たちは，人生において決断を下すために感情を使うとあるので④も正しい。

問49 ［答］④

□□□□□と言える。

①感情認識技術は人間とって有害である

②人はドーパミンのために憂鬱や不安を感じる

③私たちの感情は，行動にめったに影響しない

④ロボットはますます賢く人間らしくなってきている

［ヒント］

第6段落，最近では人間の感情を認識し，共感できるロボットを販売した企業もあると述べ，その後もロボット技術の進化を説明しているので正解は④となる。①の記述はない。②は20〜21行目によると，私たちを憂鬱や不安の状態に導くのはセロトニンでありドーパミンではない。③は27行目により，あなたの感情があなたの行動に影響を及ぼすとあるので，不正解である。

［語句と構文］

— 127 —

2行目 instead of 〜「〜をしないで，〜の代わりに」 describing how we really feel「私たちが本当にどう感じているかを述べる」how 以下は間接疑問文である。

3行目 it is difficult to describe 〜 and to communicate 〜 形式主語の it で真主語は to 不定詞（to describe と to communicate の2つである） communicate about them（=our feelings and emotions）「気持ちや感情について話をする」

4〜5行目 over 600 words in English to describe our emotions「私たちの感情を述べるための600以上の英単語」to describe は words を修飾する形容詞的用法の不定詞 42 facial muscles to express them「それらを表現する42の顔の筋肉」to express は muscles を修飾する形容詞的用法の不定詞。them は感情を述べるのに600以上の英単語。

7行目 they（=emotions）have different meanings「感情は異なる意味をもつ」

8〜10行目 a conscious experience characterized by 〜「〜によって特徴づけられる意識的な経験」→「〜が特徴の意識的な経験」characterized は experience を修飾する後置形容詞用法の過去分詞

12行目 figure out what mood they are in「彼らがどんな気分なのかわかる」figure out「理解する」what 以下は間接疑問になっている。

12〜13行目 recognize others' faces as reflecting happiness or sadness「人の顔を幸せまたは悲しみを反映するもとして認める」→「人の顔を見ればその人が幸せなのか，悲しんでいるのかがわかる」recognize A as B「A を B として認める」reflect「反映する」

15行目 take place「起こる」at any given moment「どの定められた瞬間でも」→「いつでも」

16行目 chemical substance(s) 化学物質

16〜17行目 A is related to B「A は B と関係している」

17〜18行目 reward「ほうび（報酬）を与える」be rewarded with A「A のほうび（報酬）を与えられる」

18〜19行目 teach your brain to want to do it again「あなたの脳にもう一度それ（何か良いこと）をやってみたくなるように教える」teach O to do「O に〜するように教える」

19行目 be associated with 〜「〜と関係づけられている」→「〜と関係がある」 regulate「規制する，調整する」

20行目 impulse control「衝動の抑制」not having enough of serotonin「十分なセロトニンが不足することは」having は動名詞で主語になっている。否定語の not（または never）は動名詞の直前に置く。

lead us to 〜「私たちを〜という状態へと導く」

21行目 be involved in 〜「〜にかかわっている」

23行目 in the evolution of our species「人類の進化において」

24行目 by establishing rapport「信頼関係を確立することによって」

25行目 depend on 〜「〜に依存する」

25〜26行目 enable us to react to 〜「私たちが〜に反応することを可能とする」

27行目 influence「〜に影響を及ぼす」

27〜28行目 emotions exist inside your body to tell you 〜「感情はあなたに〜を伝えるためにあなたの体の中に存在する」to tell は目的を表す副詞的用法の不定詞。what events and circumstances mean to you「出来事や状況があなたにとってどんな意味があるのか」間接疑問文になっている。

29行目 motivate you to take care of 〜「あなたが〜を保護しようとする動機を与える」your needs such as safety「（心理的な）安全性を確保したいというあなたの欲求」→他人からの干渉，批判などの心理的負担をなくしたいという欲求

29行目 rely on 〜「〜に頼る」 in order to survive「生き残るために」

30行目 to make decisions in life「人生において決断を下すために」 to make は目的を表す副詞的用法の不定詞 make decisions「決断を下す，結論を出す」

31〜32行目 by observing bio-signals that are related to emotions 「感情と関係がある生体信

— 128 —

号を観察することによって」that は bio-signals を先行詞とする主格の関係代名詞

33行目 have proven to be strong indicators「強い指標を表していることがわかった」完了用法の現在完了形　prove to be ～「～だとわかる」

34行目 measuring those「それらを測定することは」measuring は動名詞で主語になっている。those＝話し方，心拍，発汗，筋肉の緊張，体温　have access to ～「～を利用できる」.

36～37行目 it has become possible for us to monitor ～　and use ～「私たちが～を観察し，～を使うことができるようになった」it は形式主語，真主語は to 不定詞（to monitor ～，to use ～）以下となっている。また for us は to 不定詞の意味上の主語となっている。use the date as input「入力としてデータを使う」→入力したデータを使う

38行目 By detecting ～「～を検出することによって」

38～39行目 help technology humanize「科学技術を人間らしくするのに役に立っている」help＋O＋原形不定詞「O が～するのを助ける」

40行目 robots that can recognize（human emotions）and empathize with human emotions「人間の感情を認識し，共感できるロボット」
that は robots を先行詞とする主格の関係代名詞

41行目 in addition「さらに，その上」enable robots to express emotions「ロボットが感情を表現することを可能とする」

42行目 the boundary between human and non-human「人間と人間ではないものの境界」

42～43行目 more and more vague「ますますあいまいに」

43行目 no longer「もはや～ない」what make humans human「人間を人間にするもの」what は関係代名詞

英語　　正解と配点

問題番号		正　解	配　点	問題番号		正　解	配　点
1	1	②	2	3	29	④	3
	2	③	2		30	③	3
	3	②	2		31	④	3
	4	④	2		32	①	3
	5	③	2	4	33	③	2
	6	②	2		34	④	2
	7	③	2		35	②	2
	8	③	2		36	①	2
	9	③	2		37	④	2
	10	④	2		38	①	2
2	11	③	2		39	②	2
	12	④	2		40	④	2
	13	③	2		41	②	2
	14	④	2	5	42	①	3
	15	④	2		43	②	3
	16	④	2		44	④	3
	17	②	2		45	①	3
	18	③	2		46	④	3
	19	②	2		47	②	3
	20	⑤			48	②	3
	21	②	2		49	④	3
	22	①					
	23	④	2				
	24	③					
	25	①	2				
	26	④					
	27	①	2				
	28	②					

＊問19～28は2つ完答で2点。

平成31年度・令和元年度

基礎学力到達度テスト
問題と詳解

Ⅰ リスニング・テスト

ただ今から放送によるリスニング・テストを行います。

● テストはPart1，Part2に分かれています。それぞれのPartのはじめに放送される日本語の説明にしたがって，解答してください。

● 答えは，放送による英語の質問をそれぞれ聞いたあと，この問題用紙に印刷されている①～④の中から最も適切なものを1つ選び，番号で答えてください。

Part 1

これから，4組の短い対話を放送します。それぞれの対話のあとに，その対話について英語で質問を1つします。質問の答えとして最も適切なものを，下に印刷されている答えの中から1つ選び，番号で答えなさい。対話と質問は2回読まれます。

(1)
① To go shopping in the city.
② To spend time relaxing in the countryside.
③ To learn about the culture and lifestyle.
④ To study Japanese to travel in the countryside.

(2)

(3)
① He will go upstairs and call a Japanese publishing company.
② He will ask where the literature section is on the second floor.
③ He will ask more about "The Tale of Genji".
④ He will go to the second floor to look for the book he wants.

— 132 —

(4)

Part 2
　これから，短い英文を2つ放送します。それぞれの英文のあとに，その英文について英語の質問を1つします。質問の答えとして適切なものを，下に印刷されている答えの中から1つ選び，番号で答えなさい。英文と質問は2回読まれます。

(5)

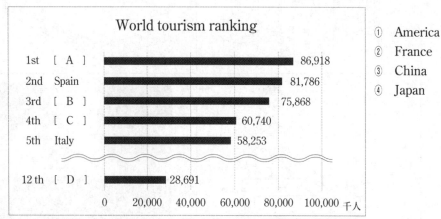

World tourism ranking

1st	[A]	86,918
2nd	Spain	81,786
3rd	[B]	75,868
4th	[C]	60,740
5th	Italy	58,253
12th	[D]	28,691

0　20,000　40,000　60,000　80,000　100,000 千人

① America
② France
③ China
④ Japan

[Data Source：UNWTO(2017)]

(6)

2

次の(A), (B)の問いに答えなさい。

(A) 次のそれぞれの英文が説明する語として最も適切なものを①〜④から1つ選び，番号で答えなさい。

(7) This word means to get money or make a living by working. It also means to acquire by one's efforts.

　　① fire 　　　　② earn 　　　　③ trade 　　　　④ manage

(8) This word is used to mean "There is no mistake." It also shows that one's behavior is polite.

　　① correct 　　　② generous 　　　③ objective 　　　④ general

(9) This word means a piece of writing. Journalists write it to tell people about a happening in newspapers or magazines.

　　① novel 　　　　② document 　　　③ paragraph 　　　④ article

(10) This word means a small happening which may become a serious matter such as a crime in the future. It is also used when countries fight using military force.

　　① incident 　　　② war 　　　　　③ immigration 　　　④ argument

(B) 次の各英文の ☐ に入れるのに最も適切な連語を①～④から１つ選び，番号で答えなさい。

(11) No one can ☐ him in the field of literature.
    ① deal with   ② find out   ③ compare with   ④ stand out

(12) You must not ☐ someone's kindness too much.
    ① depend on   ② give off   ③ refer to   ④ suffer from

(13) The festival will take place ☐ the weather.
    ① except for   ② in case of   ③ instead of   ④ regardless of

(14) I could not ☐ his rude behavior at the party.
    ① catch up with   ② go wrong with   ③ put up with   ④ come up with

3 次の各英文の ⬚ に入れるのに最も適切な語(句)を①〜④から1つ選び，番号で答えなさい。

(15) My sister is no longer what she ⬚ be.
　① cannot　　　② must　　　③ ought to　　　④ used to

(16) He ⬚ a very shy boy until he met you.
　① is　　　② has been　　　③ will be　　　④ had been

(17) ⬚ at the office all day long, the man was completely tired out.
　① Worked　　　　　　② Being worked
　③ Having worked　　　④ Having been worked

(18) The population of my town is ⬚ that of yours.
　① large as twice as　　　② twice as large as
　③ as twice large as　　　④ as twice as large

(19) Thailand is the country ⬚ my grandfather lived fifty years ago.
　① where　　　② which　　　③ of which　　　④ to which

4 次の各英文中の空所には，それぞれ下の①～⑤の語(句)が入ります。下の①～⑤の語(句)を最も適切に並べかえて空所を補い，文を完成させなさい。解答は2番目と4番目に入れるものの番号のみを答えなさい。ただし，文頭にくるべき話も小文字で示してあります。

(20) _____ ☐ _____ ☐ _____ is clean this room.

     ① have   ② all   ③ do   ④ you   ⑤ to

(21) *A :* I heard that your presentation was very successful.
     B : If it _____ ☐ _____ ☐ _____ , I would have failed.

     ① been   ② your advice ③ not   ④ for   ⑤ had

(22) As soon as I got out of the station, I _____ ☐ _____ ☐ _____ .

     ① a stranger   ② by   ③ spoken   ④ to   ⑤ was

(23) Tom was very competitive, so he practiced harder than any other player. _____ ☐ _____ ☐ _____ the game.

     ① sure   ② his   ③ of   ④ winning   ⑤ I'm

次の対話の空欄(24)〜(27)に入れるのに最も適切なものを①〜⑥から１つずつ選び，番号で答えなさい。ただし，同じ選択肢を２度以上使ってはいけません。

Kenji : Hi, Kate. Long time no see. How have you been?

Kate : I've been good. How about you?

Kenji : Pretty good. I enjoyed my vacation very much. Where did you go on your vacation?

5 *Kate* : I went back to my hometown. I enjoyed seeing my old friends and having dinner with my family. I talked about my stay in Japan because most of my friends were interested in its culture. I had a great time there.

Kenji : Good. I hear you are from Canada. In which part of Canada is your hometown?

Kate : *Montreal. It is the second biggest city in Canada. In Montreal, people with different cultural backgrounds live together.

10 *Kenji* : I have a friend who has lived in Canada for five years.   (24)

Kate : That's almost right. Actually, we have two official languages. Most of the people living in Montreal are French Canadians, so it is also called "*the Paris of North America." About 80% of the people there speak French, but some can speak two languages, French and English.

15 *Kenji* : You are one of those people.

Kate : Yes.   (25)   For example, the signs or *billboards in the city are commonly written in French and English. Moreover, when we go into a supermarket, clerks sometimes say "Hello" and "*Bonjour."

Kenji : That's interesting. How do I answer that?

20 *Kate* :   (26)   By doing so, they can understand you want to speak in English. If you want to speak in French, you should say "*Bonjour."

Kenji : I see. Though I want to go there in the future, I can only speak Japanese or English. If I go into a shop and the clerk only say "*Bonjour" ...

Kate : You say "Hello" in English, so they can understand you are an English speaker.

25   (27)   It's an interesting example of Montreal. People in Montreal keep in mind to respect people's backgrounds to get along with each other. We should accept differences in languages and *nationalities.

Kenji : I see. Your way of thinking is important for international understanding.

〔注〕 Montreal (モントリオール)　 the Paris of North America (北米のパリ)
billboard (看板)　 *Bonjour* (フランス語で「こんにちは」)　 nationality (国籍)

① It is usual that both two languages are used.

② When you can speak both English and French, you'd better speak in English.

③ If you speak only English, you say "Hello."

④ I heard that most people in Montreal speak French.

⑤ We can choose the language we want to speak.

⑥ Can I tell you how to speak more than two languages?

6

次の(A), (B)の問いに答えなさい。

(A) 次のグラフと英文を読んで, あとの各問いに対する答えとして最も適切なものを①〜④から1つ選び, 番号で答えなさい。

Salt is closely related to our daily lives. It is used not only for food, but also for a lot of other things. It is one of Japan's most important materials, too.

Look at the graph below. It shows the world's *self-sufficiency rate for salt in 2016. China is the largest producer and consumer in the world followed by the United States
5 and India. The rate of China is 94% and that of the United States is 79%. Their rates are very high. Some countries like Australia have a larger production amount than consumption. In Japan, however, the rate in 2016 is only 12%.

Many people believe that salt can be found from the sea. Because Japan is an island country, you may think that salt can be easily gotten. In fact, however, most salt is
10 imported from other countries. Two thirds of the world's salt production is obtained from rock salt. Because there is no rock salt in Japan, the salt self-sufficiency rate is very low.

In response, Japanese people have invented a lot of new ways to produce salt. It is important for us to try to change the situation even if the result is not perfect.

〔注〕 self-sufficiency rate（自給率）

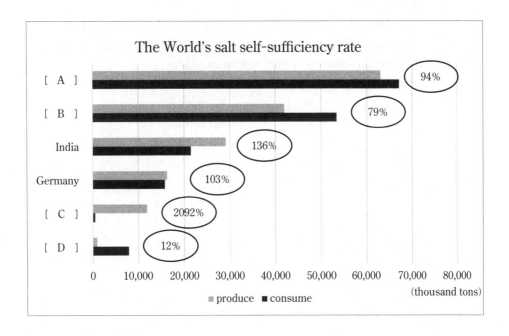

(28)　Which country is in blank C?
　　① the United States
　　② Australia
　　③ China
　　④ Japan

(29)　Why is the self-sufficiency rate for salt low in Japan?
　　① Because people are reducing their usage of salt when cooking.
　　② Because people use salt for a lot of things except food.
　　③ Because people produce more than they consume.
　　④ Because people can't find rock salt within the country.

(30)　According to the passage, which of the following is NOT true?
　　① Salt is often used for many purposes besides cooking.
　　② People in China use more salt than they produce.
　　③ Most salt is made from rock salt rather than salt water.
　　④ The self-sufficiency rate for salt tends to decrease due to a lack of rock salt.

(31)　According to the passage, what should we do about the low self-sufficiency rate for salt in Japan?
　　① We should do a lot of things in order to make the situation better.
　　② We should try to learn about the serious situation in other countries.
　　③ We should replace salt with another substance.
　　④ We should maintain the current situation.

(B) 次の各問いのパラグラフ（段落）には，まとまりをよくするために取り除いた方がよい文が
それぞれ１つあります。取り除く文として最も適切なものを，下線部①〜④から１つ選び，
番号で選びなさい。

(32)

In autumn, the *maple or *gingko leaves turn red and yellow. These trees are
called "*deciduous trees" because their leaves fall before winter comes. ①The word
"fall," which means autumn, comes from that. ②Some trees have green leaves in all
seasons. ③The autumn color of leaves is one of Japan's seasonal features. It is one of the
most beautiful views in the world. Although autumn leaves are common scenery in
Japan, they can be rarely seen in foreign countries. ④Every year, many foreign tourists
visit places which are famous for its autumn leaves.

〔注〕 maple（モミジ，カエデ） gingko（イチョウ） deciduous tree（落葉樹）

(33)

In recent years, it is said that there is a strong relationship between exercise and the
brain. ①Many people think that children who don't like studying are good at playing
sports. According to research, however, children who like playing sports have higher
scores than children who don't. ②The science of the brain is a good way of thinking
applied to many fields. ③Both playing sports and studying are activities that use the
brain. Because of that, it is necessary for both of them to train the brain. ④In foreign
countries, some schools are increasing PE classes experimentally. Scientists and
teachers are trying to find the influence on studying by training the brain through
exercise.

(34)

Space travel, which is a human dream, has become familiar now. But there is a
serious problem in space. ①As a result of humans going into space, many kinds of
artificial objects have been left there. They are called "*space debris." There are many
kinds of debris, for example, used artificial *satellites, rocket parts and so on. ②Even if
these debris are only one centimeter long, the force of *colliding with it is the same as
that of a car crash. ③It is also difficult to travel into space because of the huge cost.
④Advances in technology have brought about these new problems. We must think
about them more seriously from now on.

〔注〕 space debris（宇宙ゴミ） satellite（衛星） collide with ...（…と衝突する）

— 143 —

7 次の英文を読んで，あとの各問いに対する答えや，空欄に入るものとして最も適切なものを①
〜④から１つ選び，番号で答えなさい。

The more convenient our daily lives are, the more we need the high technologies. For example, the robot which can move freely and automatically clean your room have become more popular. Air-conditioners with AI have also come onto the market. AI robots have become familiar in our lives.

5　　The word "AI" is short for artificial intelligence. At the *Dartmouth Conference in 1956, John McCarthy used the word "Artificial Intelligence." This was the beginning of the word "AI." When you think of AI, you may imagine machines that look like humans. But in fact, most of them are different. (A)AI technology has been used for many things except *humanoid robots ; for example, search engines use the recommender system. It learns the
10 preferences or tendencies of what websites a user visits on the Internet. When you use the search engine next, you can find a website more rapidly.

In 1997, Deep Blue, which is a chess-playing computer developed by IBM, won a chess game against Kasparov, a world chess champion. It was a historical moment. In 2015, AlphaGo, which is a computer program playing *Go overcame a professional human player
15 without handicaps. Two years after that, AlphaGo also beat a world champion.

Finally, AI is also able to draw a picture. In 2016, "The Next *Rembrandt" was developed by Microsoft Corporation, other companies and museums. They made AI learn the digital data of 346 pictures drawn by Rembrandt through *deep learning. As a result, AI completed drawing a new work which looked like pictures which Rembrandt drew
20 himself. AI will develop more and more.

Will AI get over human intelligence? Some scientists expect that the ability of AI will exceed that of humans in particular fields. They also may think that AI will replace humans in some fields of jobs. AI can do such simple tasks as inputting numbers or completely confirming documents. It can calculate and input much more accurately and rapidly than
25 humans can. Moreover, AI never ☐ (B) ☐ the knowledge it has learned. In these points, AI is much more capable than humans.

Then, will people lose their jobs in the future? Will AI dominate humans? Now, many scientists are discussing this issue. Their opinions are various. But we must remember that humans have a special ability. Using "The Next Rembrandt" as an example, although it is
30 possible for AI to imitate something or someone's work, it is impossible for AI to create totally new ones by itself. Also AI isn't good at thinking about the reasons behind a decision. AI can understand the *regularity of things that someone chooses, but can't understand the reason why someone chooses them. There is a decisive difference between humans and AI.

We must understand *AI's field of specialty and *assign roles. AI ☐ (C) ☐ what AI can
35 do, and humans should do what humans can do. They are not *invaders, they are friends. If we try to get along with AI, society will become better.

　〔注〕　Dartmouth Conference（ダートマス会議）　　humanoid（人間の形をした）

Go（囲碁）　　Rembrandt（レンブラント［画家の名前］）
deep learning（ディープラーニング［深層学習］；人間が行うタスクをコンピュータに学習させる機械学習
の手段の1つ）　　regularity（規則性）　　AI's field of specialty（AI の得意分野）
assign a role（役割分担する）　　invader（侵略者）

(35)　Which of the following is true about the word "AI"?

　①　The word "AI" was used by Kasparov in 1956.

　②　The word "AI" stands for artificial intelligence.

　③　The word "AI" comes from John McCarthy, a world chess champion.

　④　The word "AI" spread throughout the world by IBM.

(36)　Which of the following is NOT included in AI technology mentioned in the underlined part (A)?

　①　Robots or air-conditioners with AI technology.

　②　The recommender system for the Internet.

　③　AI technology for chess-playing programs.

　④　Robots which behave completely like humans.

(37)　How did "The Next Rembrandt" draw the new work?

　①　It copied the digital data of pictures drawn by Rembrandt.

　②　It learned about the features of Rembrandt's work through lots of data.

　③　It studied about the history of Rembrandt before drawing the new work.

　④　It used a program which can recreate Rembrandt's brushstroke.

(38)　Which of the following is NOT included in the opinions of scientists about AI technology?

　①　People shouldn't do simple tasks because the ability of AI is much superior to that of humans.

　②　The ability of AI will go beyond that of humans in specific fields in the future.

　③　AI will take the place of humans in some fields of jobs due to its high capacity.

　④　Many scientists have various opinions about the theme of AI.

(39) Choose the right combination of words to fill in blanks (B) and (C) .
① (B) : forgets   (C) : does
② (B) : forgets   (C) : forecasts
③ (B) : decides   (C) : manages
④ (B) : decides   (C) : proposes

(40) What is something that AI can't do?
① Calculate and input numbers correctly.
② Beat humans in a field of games.
③ Copy things that someone made.
④ Understand the reasons of someone's choice.

(41) What is true about AI?
① AI can create completely new things by itself.
② There will be no difference between AI and humans for several years.
③ Society will have more serious employment problems from AI taking away human jobs.
④ It is important for society to share tasks with AI.

(42) Which is the best title of the passage?
① The rapid progress of the humanoid robots
② The good relationship between humans and AI
③ New work created by AI
④ Future AI dominates humans

令和元年度　9月実施

| I | リスニング・テスト

ただ今から放送によるリスニング・テストを行います。

● テストは Part (A), Part (B), Part (C) に分かれています。それぞれの Part の初めに放送される日本語の説明に従って、解答してください。

● 答えは、放送による英語の質問をそれぞれ聞いたあと、① 〜 ④ の中から最も適切なものを 1 つ選び、番号で答えてください。

Part (A)

問題用紙に印刷されているそれぞれの写真を見ながら、放送される英文を聞いて答えてください。解答は 4 つの選択肢の中から、最も適切なものの番号を 1 つ選んでください。放送を聞きながら、メモをとってもかまいません。英文は 2 回読まれます。では、第 1 問から始めます。

問 1

問2

問3

Part (B)

　これから，5組の短い対話を放送します。それぞれの対話のあとに，その対話について英語の質問を1つずつします。質問の答えとして最も適切なものを，下に印刷されている答えの中から1つ選び，番号で答えなさい。対話と質問は2回読まれます。

問4

① Flight number 102 from Hong Kong to Seattle at 9:30 a.m.
② Flight number 102 from Seattle to Hong Kong at 12:30 p.m.
③ Flight number 102 from Hong Kong to Seattle at 1:00 p.m.
④ Flight number 102 from Seattle to Hong Kong at 1:40 p.m.

問5

① He asked her to use the meeting room.
② He asked her to look for the key together.
③ He asked her to call Mike.
④ He asked her to bring the key back.

問6

① She can borrow the magazine *Medical Report 2019* for three days.
② She can copy any pages she wants to read.
③ She can request them to send the magazine from other libraries.
④ She can publish the magazine *Medical Report 2019*.

問7

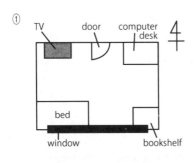
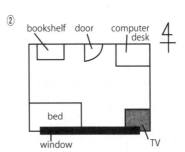
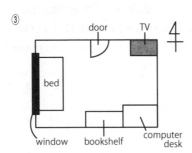
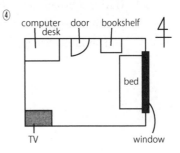

問8

Part (C)

　これから，やや長い英文を1つ放送します。英文のあとに，その英文について英語の質問を
2つします。質問の答えとして最も適切なものを，下に印刷されている答えの中から1つ選び，
番号で答えなさい。英文と質問は2回読まれます。

問9

　①　To pay much attention to moving objects.
　②　To learn by watching videos or pictures.
　③　To study about eye structure.
　④　To read books before sleeping.

問10

　①　There is no relationship between the brain and studying.
　②　Having a broad view lets our brain be disturbed by getting much information.
　③　Getting enough sleep makes the studying function of the brain improve.
　④　You should learn about new words as soon as you get up in the morning.

次の(A), (B), (C)の問いに答えなさい。

(A) 次の英文の [　　] に入れるのに最も適切な語(句)を①〜④から１つ選び，番号で答えなさい。

問11　You cannot be [　　] careful when you drive a car.
　　① less　　　　② even　　　　③ too　　　　④ far

問12　I won't be in time [　　] I leave home right away.
　　① whether　　② unless　　③ till　　　④ while

問13　Justin and his brother are so alike that I can't tell one from [　　].
　　① other one　② ones　　③ the other　④ others

問14　We [　　] for nearly thirty minutes when he arrived.
　　① waited　　　　　　　② have waited
　　③ have been waiting　　④ had been waiting

(B) 次の対話の ☐ に入れるのに最も適切なものを①~④から1つ選び，番号で答えなさい。

問15　*A* : Are you going to join the speech contest next month ?

　　　B : I'm not sure. Why ?

　　　A : Our teacher said he was going to give us additional points if we gave a speech there.

　　　B : Oh, really ? ☐

　　　① 　I'm feeling motivated after hearing that.

　　　② 　I was sure your speech got a good score.

　　　③ 　The hall is full of audience.

　　　④ 　I think they will join it.

問16　*A* : Last week, my aunt got some newborn cats. I'm looking for a person who can look after them.

　　　B : Sorry, I can't do anything for you about that.

　　　A : Oh, why not ? Aren't you allowed to have any pets in your apartment ?

　　　B : ☐

　　　① 　Yes, I am, but it's very far from here.

　　　② 　Yes, I am, but I'm allergic to cats.

　　　③ 　No, I'm not, so I really like dogs.

　　　④ 　No, I'm not, so I've already started caring for a new cat.

問17　*A* : Did you read the article about "Beyond the Space" ?

　　　B : Not yet. ☐

　　　A : Oh, why ?　You can get a lot of information about it.　Don't you like this movie ?

　　　B : Of course I love it, but I really don't want to know any details before watching it !

　　① Can you please put the magazine away ?
　　② It is the most exciting movie that I've ever seen.
　　③ The movie deeply impressed me.
　　④ The original novel will be published soon.

問18　*A* : We'll be on summer holiday from next week.　How are you going to spend the vacation ?

　　　B : ☐ How about you *?*

　　　A : I already made a reservation at a hotel in Hawaii three months ago.

　　　B : Are you going to Hawaii ?　Sounds good.　I'll do the same.

　　① I have no idea where you'll go.
　　② I have been to countries you have never been to.
　　③ To tell the truth, I don't have any special plans yet.
　　④ I'd rather go by car than by plane.

(C) 次の各英文中の空所には，それぞれ下の①〜⑤の語が入ります。下の①〜⑤の語を最も適切に並べかえて空所を補い，文を完成させなさい。解答は 19 〜 28 に入れるものの番号のみを答えなさい。

問19・20　Mark is _____ 19 _____ 20 _____ to be.

　　①　longer　　②　he　　③　no　　④　what　　⑤　used

問21・22　Jeff talks to us _____ 21 _____ 22 _____ teacher.

　　①　were　　②　if　　③　he　　④　our　　⑤　as

問23・24　Please visit us _____ 23 _____ 24 _____ for you.

　　①　that's　　②　time　　③　a　　④　at　　⑤　convenient

問25・26　It _____ 25 _____ 26 _____ I noticed my laptop was broken.

　　①　until　　②　was　　③　that　　④　yesterday　　⑤　not

問27・28　I'd like _____ 27 _____ 28 _____ things you don't use.

　　①　to　　②　rid　　③　you　　④　get　　⑤　of

3 次のグラフと英文を読んで，あとの各問いに対する答えとして最も適切なものを①〜④から１つ選び，番号で答えなさい。

The amount of world consumption and production of rice

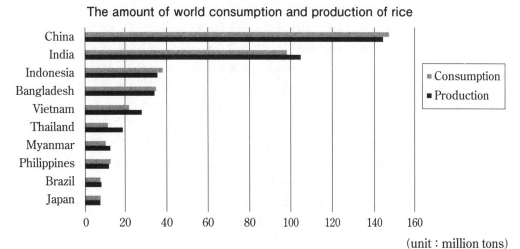

(unit : million tons)

[Ministry of Agriculture, Forestry and Fisheries : 2014-2015]

There are three kinds of rice in the world: *Japonica, *Indica, and *Javanica. Japanese people prefer to eat Japonica rice above all the others, so many people may think the most popular rice is Japonica. However, Indica is consumed the most in the world.

According to a report from *the U.S. Department of Agriculture, the total amount of rice
5 production is about 480 million tons. Most of it is produced in Asia. The largest amount of rice production in the world is 144.5 million tons in China. India and Indonesia follow it. About 60% of the total amount of rice production is occupied by these three in the top 10. Especially, China and India are remarkably large producers. Although rice is the *staple food of the Japanese, Japan is tenth in terms of world rice production. To make matters
10 worse, its consumption continues to decrease year by year.

There are some reasons for this situation. First, food culture in Japan has become *diversified. Foods from various other countries have spread throughout Japan. Japanese people can make a lot of choices about their meals, so they don't necessarily need to eat rice. Also, women have more work opportunities, and are much busier than before. So
15 people tend to eat out or buy ready-to-eat food. As a result, rice may not be that important for people who have no time to cook.

This may surprise those who think that Japanese food is all about rice. So it is essential for us to save the traditional food culture of Japan.

〔注〕 Japonica（ジャポニカ米）　Indica（インディカ米）　Javanica（ジャバニカ米）
the U.S. Department of Agriculture（アメリカ農務省）　staple food（主食）
diversify（…を多様化する）

問29 次の各文で，グラフが表している内容を正しく説明しているものを1つ選び，番号で答えなさい。
① The details of the total amount of world rice production.
② The amount of world rice exports and imports.
③ The amount of world rice supply and demand.
④ The per capita world consumption of rice.

問30 次の各文で，グラフからわかることを1つ選び，番号で答えなさい。
① The each amount of rice production in China and India is more than twice as large as that of other countries.
② The graph shows the amount of rice consumption exceeds that of production in both China and India.
③ The amount of global trade in rice is lower than that of other farm products.
④ Japanese people consume 55.2 kg of rice a year.

問31 グラフに表れている日本の状況の主な原因として，本文で述べられていないものを1つ選び，番号で答えなさい。
① People have more choices for their meals because food cultures from various other countries are spreading.
② The technology of cooking rice has declined rapidly due to the westernization of Japanese culture.
③ Many Japanese women have become working members of the society.
④ Japanese people are so busy that they try to shorten their time for cooking at home as much as they can.

問32 次の各文で，グラフまたは本文の内容に合致するものを1つ選び，番号で答えなさい。
① According to the graph, the amount of rice consumption per person continues to decrease.
② The graph implies that only countries in Asia are involved in producing rice.
③ The author thinks several causes are responsible for the decrease of rice consumption in Japan.
④ The author says that the staple food of Japan has already been replaced by other food.

4

次の【A】,【B】の各英文を読んで，文意が通じるように， 33 ～ 41 に入れるのに最も適切な語を①～④から１つ選び，番号で答えなさい。

【A】

　　When something 33 happens, people begin to panic.　It is said that the word "panic" comes from the Greek language.　In *Greek mythology, there is a Greek god called Pan.　He protects *shepherds and *livestock.　He is half-man, half-animal, and has a high level of 34 ability and legs like the *hooves of a goat.　Greek gods gave him a name which means "all" in the Greek language.

　　According to Greek mythology, Pan lived in a forest.　He liked hunting and playing music.　He often walked around the forest while playing a special flute.　He also liked sleeping.　He was usually calm, but got angry and *roared when someone 35 him from taking a nap.　When Pan shouted, people and animals got surprised and ran away.　People called this 36 "panic."

　　It is also believed that Pan is the origins of many other words.　Furthermore, he is loved as a theme of a painting.　In many paintings, he is playing the flute with a crown made of *pine branches on his head.

〔注〕Greek mythology（ギリシャ神話）　　shepherd（羊飼い）　　livestock（家畜）
　　　hooves（hoof［ひづめのある足］の複数形）　　roar（ほえる）　　pine branch（松の枝）

問33
　　　① depressed　　　② exhausted　　　③ unexpected　　　④ amused

問34
　　　① essential　　　② financial　　　③ physical　　　④ emotional

問35
　　　① prevented　　　② released　　　③ told　　　④ picked

問36
　　　① conclusion　　　② situation　　　③ possession　　　④ assumption

【B】

Watermelons are fruits which have become associated with summer. Their refreshing flavor and sweet taste help people to 37 the heat in summer. Moreover, they have a high *nutritive value.

 38 with melons, watermelons are a member of *cucurbitaceae plant. There are five
5 common types of watermelon: seeded, seedless, mini, yellow, and orange.

The watermelon has been cultivated for thousands of years. Ancient Egyptians, 39 were expert cultivators, originally grew them in a large desert. Over 90 percent of a watermelon is water, so people and animals eat them to *receive hydration in the desert.

According to the Food and Agriculture Organization of the United Nations, China is the
10 top producer, with 75 million tons produced in 2014. The watermelon is thought to aid conditions 40 *asthma, cancer, and *inflammation.

Eating fruits and vegetables reduces the risk of many lifestyle-related health conditions. Many studies have suggested that increasing the consumption of foods like watermelons decreases the risk of obesity and heart disease. Also, the watermelon is 41 to promote
15 healthy hair, improve *complexion, and increase energy.

〔注〕 nutritive（栄養の）　cucurbitaceae plant（ウリ科植物）　receive hydration（水分補給する）
　　　asthma（ぜんそく）　inflammation（炎症）　complexion（肌つや）

問37
　　① disappear　　② strengthen　　③ endure　　④ increase

問38
　　① Besides　　② Along　　③ Except　　④ Above

問39
　　① who　　② which　　③ what　　④ where

問40
　　① including　　② excluding　　③ exchanging　　④ considering

問41
　　① satisfied　　② upset　　③ isolated　　④ expected

5 次の英文を読んで，あとの各問いに対する答えや，空欄に入るものとして最も適切なものを①
〜④から１つ選び，番号で答えなさい。

(1)　　　Both Japanese and British people are known for loving tea. The British afternoon
tea is similar to the Japanese tea ceremony. Both of them have cultural and social
meanings. Their hosts and guests are required to have a broad range of knowledge,
sense, and *culture about things like interior decorations, good table settings, topics of
conversation, etc.　　　　　　　　　　　　　　　　　　　　　　　　　　　　　　5

(2)　　　*The 7th Duchess of Bedford, *Anna Maria Russell, is said to have started
afternoon tea in the 19th century Britain. In those days, it was usual for people to take
only two main meals a day: breakfast in the morning and dinner late at night. *Nobles
had a lot for breakfast, the so-called "English breakfast." Around noon, they had only a
light meal as lunch. However, they had to have dinner at around 9:00 p.m. because 10
they always attended an opera or music concert to *socialize with each other.
Therefore, the Duchess of Bedford drank a pot of tea with scones and sandwiches to
*curb her hunger around 3:00 p.m. At first, she held this tea time for herself, but one
day, she treated her guests to a cup of tea in her *drawing room. Her tea time had a
good reputation among upper-class women. As a result, tea time in the afternoon 15
became widespread as a social occasion for nobles.

(3)　　　On the other hand, in Japan, tea was first introduced by a Buddhist priest as
medicine. Later, having tea as a luxury spread to people from *Zen temples, and
drinking tea became the leisure *pastime of the nobility and the wealthy. As time
passed, the tea ceremony called *wabicha* was developed. *Wabicha* was greatly influenced 20
by the philosophy of Zen: simplicity and quietness. After that, the style of *wabicha* was
perfected by *Sen no Rikyu, who was a famous tea master from the 16th century. The
modern tea ceremony is greatly influenced by *wabicha*.

(4)　　　The basic idea of *wabicha* is "*the beauty of being disguised." The Japanese tea
ceremony was a form of entertainment for upper-class people just like with British 25
afternoon tea. However, at its ceremony, people enjoyed having tea with simple tea sets
in a small tea-ceremony room. People who held a high rank tried to *leave the everyday
world by being poorly dressed. This type of ideology was called "the beauty of being
disguised."

(5)　　　Sen no Rikyu introduced "*Shiki Shichisoku*," the rules of the tea ceremony. "*Shiki*" 30
means the four spirits of "*Wa Kei Sei Jaku*." "*Wa*" is to open the hearts of each other.
"*Kei*" is to respect each other. "*Sei*" is to keep minds and the surroundings pure. "*Jaku*"
is to maintain the spirit of quietness. "*Shichisoku*" are seven rules which the hosts of the
tea ceremony must follow when they entertain their guests. The Japanese tea ceremony
requires this type of behavior and thinking.　　　　　　　　　　　　　　　　　35

(6)　　　The British afternoon tea and the Japanese tea ceremony are not just about having
time to enjoy drinking tea. They have a common spirit, which is "to entertain the
guest." However, these are not completely the same. The afternoon tea in Britain is

— 159 —

gorgeous and elegant, but the tea ceremony in Japan expresses inner beauty with simple elegance. Both Japanese and British people have a common taste in their love of 40 tea, but their attitudes toward tea culture are basically different. The British afternoon tea has developed into a "place" for society. By contrast, the Japanese tea ceremony has evolved into a "philosophy." It can be said that these ideas of tea include the history and sense of values of each country.

〔注〕 culture（教養）　　the 7th Duchess of Bedford（第7代ベッドフォード公爵夫人）
Anna Maria Russell（アンナ＝マリア＝ラッセル）　　noble（貴族）　　socialize（親しく交際する）
curb（抑える）　　drawing room（応接室）　　Zen temple（禅宗寺院）　　pastime（気晴らし）
Sen no Rikyu（千利休）　　the beauty of being disguised（やつしの美）
leave the everyday world（俗世を離れる）　　*Shiki Shichisoku*（四規七則）
Wa Kei Sei Jaku（和敬清寂）

問42　In the first paragraph, the author suggests that [　　].
　　① both Japanese and British people have a tea time to absorb knowledge
　　② the British afternoon tea and Japanese tea ceremony require a wide range of knowledge
　　③ the hosts have a duty to provide their guests with expensive tea sets
　　④ the traditional tea time in Japan and Britain requires strict table manners

問43　According to the second paragraph, which of the followings is true about the British situation ?
　　① People in Britain commonly had the main meals only twice a day.
　　② At first, Anna Maria Russell had a tea time for her upper-class friends.
　　③ Nobles had to eat dinner late at night because they had a lot in the morning.
　　④ British upper-class women had to have dinner in their drawing room.

問44　According to the third paragraph, in Japan, *wabicha* [　　].
　　① was introduced as a type of luxury by Sen no Rikyu
　　② had nothing to do with Zen
　　③ spread as a pastime among Buddhist priests
　　④ had a great effect on the modern tea ceremony

問45　According to the fourth paragraph, which of the followings is <u>NOT</u> true of the idea of *wabicha* ?
　　① Upper-class people enjoyed leaving everyday world by a simple tea ceremony.
　　② People who attended the ceremony used luxurious tea sets.
　　③ It was a type of entertainment for upper-class people, the same as British afternoon tea.
　　④ "The beauty of being disguised" is a basic idea of Japanese tea ceremony.

問46 According to the fifth paragraph, what behavior and thinking is required for the tea ceremony ?
    ① To have a cup of tea without saying anything.
    ② To make original rules before having tea ceremony.
    ③ To respect and open the hearts of each other in pure surroundings.
    ④ To entertain guests by decorating the tea room gorgeously.

問47 According to the sixth paragraph, which of the followings is true ?
    ① The British afternoon tea is absolutely different from the Japanese tea ceremony.
    ② British people try to look deep into the beauty inside their mind.
    ③ The Japanese tea ceremony developed as a public place for the wealthy.
    ④ The Japanese attitude toward tea culture is different from the British one.

問48 Which of the following statements is false ?
    ① Being gorgeous and elegant is very important for the Japanese tea ceremony.
    ② In the 19th century Britain, lunch time was thought to be the time to have a light meal.
    ③ The style of *wabicha* comes from the philosophy of Zen.
    ④ The Japanese and British tea time have both similar and different points.

問49 The ideology called "the beauty of being disguised" made ☐.
    ① people who were poorly dressed leave the everyday world with a cup of tea
    ② people with high ranks dress simply and have tea gladly in a small tea room
    ③ people with no ranks or wealth feel they were leaving the everyday world
    ④ people with wealth have tea gladly with those who had no ranks or wealth

1 リスニング・テスト

Part 1

(1) 放送文

M：How was your trip to Japan last week?

W：I was impressed by the unique culture and lifestyle.

M：Good. Did you enjoy shopping in the city you went to?

W：Actually, it was too crowded. I spent most of my stay relaxing in the countryside. I think that is the best way to spend there.

M：I see. I'll do so when I go to Japan someday.

Question：What did the woman enjoy the best in Japan?

放送文の訳

男性：先週の日本の旅行はどうだった？

女性：独特の文化とライフスタイルに感動したわ。

男性：いいね。行った先の都市で買い物を楽しんだ？

女性：実は，混みすぎだったのよ。ほとんど田舎でのんびりと過ごしたわ。そこで過ごすのが一番いいと思うの。

男性：なるほどね。いつか日本に行くときは僕もそうするよ。

質問：女性は日本で何を最も楽しんだのか？

選択肢の訳

①都市で買い物すること。

②田舎でのんびりと過ごすこと。

③文化やライフスタイルを学ぶこと。

④田舎を旅行するために日本語を勉強すること。

[解説]

(1)　[答] ②

　女性は田舎でのんびりと過ごすことが一番だと言っているので②が正解となる。

I was impressed by ～「私は～に感動した」

spend most of my stay relaxing「滞在のほとん

どの時間をのんびりして過ごす」

spend ＋時間＋～ ing「～をして時間を過ごす」

(2) 放送文

M：May I help you?

W：I'm looking for a new dress for a party tomorrow.

M：I recommend this black dress with floral patterns. This is our new arrival.

W：Oh, I like this pattern, but its color is a little simple. Do you have one with the same design in different colors?

M：Yes. We have three other colors, yellow, blue, and white. Their colors are bright, and they have the same patterns.

W：That's good. I like the white one because it suits my blue handbag. I'd like to buy it.

Question：Which picture shows what the woman will wear to the party?

放送文の訳

男性：いらっしゃいませ。

女性：明日のパーティーに着て行く新しいドレスを探しているんですが。

男性：この花柄の黒いドレスがお薦めです。新商品ですよ。

女性：あの，この柄は素敵だけど，色が少し地味ね。同じデザインで別の色のものはありますか？

男性：はい。黄色，青，白の3色あります。みんな明るい色で，柄も同じです。

女性：いいわね。青いハンドバックに合うから白いものがいいわ。それを買います。

質問：どの絵が，女性がパーティーに着て行くものを示しているか？

[解説]

(2)　[答] ③

　店員に黒の花柄模様のドレスを薦められたが，

色が地味だと言って，白の花柄模様のドレスを買うことにした。青いハンドバックに合うと言う。これらの条件に合う絵は③である。

floral pattern「花柄模様」

(3) 放送文

M：Excuse me. I'm looking for a book published in Japan.

W：I see. Please tell me the title of the book you want.

M：In fact, I forgot it. I think the book is the oldest long novel written by Murasaki Shikibu.

W："The Tales of Genji," I think.

M：Oh, yes! That's exactly it. Where can I get it?

W：On the second floor, the Japanese literature section is in front of the payment counter.

M：Thank you very much. I'll go there.

Question：What will the man do next?

放送文の訳

男性：すみません。日本で出版された本を探しているのですが。

女性：わかりました。お求めの本の題名を教えてください。

男性：実は，忘れてしまったんです。紫式部が書いた最も古い長編物語だと思うんですが。

女性：「源氏物語」だと思いますよ。

男性：あっ，そうです！　まさにそれですよ。どこで手に入りますか？

女性：2階です。支払いカウンターの前が日本文学コーナーです。

男性：ありがとう。そこに行ってみます。

質問：男性は次に何をするのか？

選択肢の訳

①彼は2階に行って日本の出版社に電話する。

②彼は2階で文学コーナーの場所を尋ねる。

③彼は源氏物語についてもっと尋ねる。

④彼は欲しい本を探すために2階に行く。

[解説]

(3)　[答]　④

店員に「2階の支払いカウンターの前が日本文学コーナーです」と言われ，"I'll go there"と答えているので正解は④である。

on the second floor「2階」in front of the payment counter.「支払いカウンターの前」など場所を表す表現はしっかりと聴き取ってほしい。

(4) 放送文

W：You were very busy last week, right?

M：Absolutely. I had to hand in an important report by Friday. I spent most of last week in the school library.

W：Did it go well?

M：Yes. I think I could write a good report. It was completed on Thursday.

W：That's good. So that means you could go to Mike's concert on Saturday, right?

M：Actually I couldn't. I got a fever on Friday night, and I was sick in bed until Sunday. Did you go to the concert?

W：Of course I did. I was so excited. It's a shame that you couldn't go. I think Mike is a great singer.

Question：Which picture shows what the man did on Saturday?

放送文の訳

女性：先週はとても忙しかったわね？

男性：まったくだよ。金曜日までに重要なレポートを提出しなければならなくて，先週はほとんど学校の図書館にいたんだよ。

女性：うまくいったの？

男性：うん，いいレポートを書けたと思う。木曜日に完成したんだ。

女性：そうなのね，それはよかった。じゃ，土曜日のマイクのコンサートに行ったわよね。

男性：実は行けなかったんだ。金曜の夜に熱が出てさ，日曜日まで寝込んじゃったんだ。君はコンサートに行ったの？

女性：もちろんよ。とても興奮しちゃった。あなたは行けなくて残念だったわね。マイクは素晴らしい歌手だと思うわ。

質問：男性が土曜日にしたのはどの絵か？

[解説]

(4) [答] ②

男性は金曜の夜に熱が出て，日曜日まで寝込んだということは土曜日も寝込んでいたので正解は②となる。it's a shame that ～「～なのは残念だ」by と until に注意する。

・I had to hand in an important report by Friday.「金曜日までに重要なレポートを提出しなければならなかった」hand in「提出する」by「～までに（期限）」

・I was sick in bed until Sunday.「日曜日まで病気で寝込んでいた」until（till）「～までずっと（継続）」

Part 2

(5) 放送文

M：Have you ever traveled abroad? The graph shows the popular countries for traveling. France has been the most popular in the world for thirty years. Many people think America is the most popular, but it is the third. China is the first in Asia and the fourth in the world. Japan isn't in the top 10, but the number of tourists is increasing every year.

Question：What is C in the graph?

放送文の訳

男性：海外旅行をしたことがありますか？グラフは旅行するのに人気のある国を示したものです。フランスは30年間世界で一番人気があります。多くの人はアメリカが最も人気があると思っていますが第3位です。中国はアジアでは1位ですが，世界では4位です。日本はトップ10には入っていませんが，旅行者は毎年増え続けています。

質問：グラフCは何か？

[解説]

(5) [答] ③

フランスは30年間一番人気がある国でA，アメリカは第3位でBである。中国はアジアでは

1位で世界では4位ということでC，日本はトップ10に入っていないのでD。従ってCは③中国である。

(6) 放送文

W：Welcome to Modern Art Museum. We have more than 3,500 art works. On the first floor, the painting which is the largest in our museum is displayed. A café space is in front of it. You can enjoy seeing the beautiful art work while you have some tea. The ticket counter is on the left side of the floor, and you can enter our galleries from the door next to the counter. On the second and third floors, there are many paintings drawn by famous artists. Many modern sculptures are displayed on the fourth floor. We also have a souvenir shop on the same floor. Please follow the route indicated on the walls.

Question：Which picture shows the first floor of this museum?

放送文の訳

女性：現代アート美術館へようこそ。当館は3,500点以上の美術品があります。1階には当館最大の絵が展示されています。カフェスペースがその正面にあります。お茶を飲みながらその美しい絵を楽しむことができます。チケット売り場はフロアの左手です。売り場横のドアからギャラリーに入ることができます。2階と3階には有名なアーティストの絵画が多数あります。4階には多くの現代彫刻が展示されています。またお土産店も同じ階にあります。壁に示されている順路に従ってお進みください。

質問：この美術館の1階の絵はどれか？

[解説]

(6) [答] ①

1階には最も大きな絵があり，その前にカフェスペースがある。チケット売り場は左手にあり，その横のドアからギャラリーに入る。以上のこと

から正解は①となる。
sculpture「彫刻」souvenir shop「お土産店」

2

(A)

(7)　[答]　②
[訳]　この語は働いてお金を得たり，生計を立てたりする意味である。人の努力によって得ることも意味する。
①解雇する　②稼ぐ，名声・尊敬などを受ける
③取引する　④経営する

(8)　[答]　①
[訳]　この語は「間違いがない」という意味を表すときに使われる。振る舞いが礼儀正しいといういう意味もある。
①正しい，礼儀にかなった　②寛大な　③客観的な　④一般的な

(9)　[答]　④
[訳]　この語は書き物の一つという意味である。ジャーナリストは新聞や雑誌に出来事を伝えるためにそれを書く。
①小説　②文書　③段落　④記事

(10)　[答]　①
[訳]　この語は将来犯罪などの深刻な問題になるかもしれない小さな出来事を意味する。軍事力を用いて国家間が争うという意味もある。
①小事件，紛争　②戦争　③移民　④議論

(B)

(11)　[答]　③
[訳]　文学の分野で彼に　　　　　ものは誰もいない。
①扱う　②見つけ出す　③匹敵する　④目立つ

(12)　[答]　①
[訳]　あなたは人の親切を　　　　　すぎてはいけない。

①頼る　②放出する　③参照する　④苦しむ

(13)　[答]　④
[訳]　お祭りは天候　　　　　行われるであろう。
①～を除いて　②～の場合には　③～の代わりに
④～にかかわらず

(14)　[答]　③
[訳]　私はパーティーでの彼の失礼な態度に　　　　　ことができなかった。
①追いつく　②うまくいかない　③我慢する
④思いつく

3

(15)　[答]　④
[訳]　私の姉はもはや以前の姉ではない。
[解説]　She is kind.「彼女は親切である」これに used to 不定詞 を加えると She used to be kind.「彼女は以前親切だった（現在は違う）」という意味になる。また関係代名詞 what の慣用表現に，what she is「今の彼女」に used to 不定詞 を加えると what she used to be「以前の彼女」となる。このことから④を選べば意味が通じる。no longer = not ～ any longer「もはや～でない」

(16)　[答]　④
[訳]　彼はあなたに出会うまではとても恥ずかしがり屋であった。
[解説]　he met you「彼があなたに出会った」という過去の時点を基準にすると，「それまでは（その過去の時点までは）～だった」という動作・状態を表すには過去完了にする必要がある。従って④の過去完了が正解となる。

(17)　[答]　③
[訳]　一日中会社で働いたので，その男は疲れ切っていた。
[解説]　「その男は疲れ切っていた」という過去形は，その以前に会社で一日中働いていたからである。「会社で一日中働いた」は当然過去完了になる。

接続詞を使うならば，As he had worked at the office all day long, the man was completely tired out. これを分詞構文にしたものが正解となる。Having worked at the office all day long, he was ～. ということで正解は③である。時制が異なるため完了分詞構文の形になる。

⒅ [答] ②
[訳] 私の町の人口はあなたの町の２倍です。
[解説] 倍数表現の定番の $\boxed{\text{～ times as 原級 as}}$ という形にすればよい。倍数が５倍なら five times となるが，２倍の場合は twice を使う。従って twice as large as が正解で②となる。that (=the population) of yours (=your town)

⒆ [答] ①
[訳] タイは私の祖父が50年前に住んでいた国である。
[解説] 関係詞の問題だから，英文を２つに分解してみる。その際，先行詞 a country に注目する。また，関係詞に導かれる節はどこかが不足するので，その部分を補う必要がある。
Thailand is a country. My grandfather lived in a country fifty years ago. または My grandfather lived there fifty years ago. in a country または there を補う必要がある。先行詞 a country にして関係詞を使って一文にすると３つできる。
・Thailand is a country in which my grandfather lived fifty years ago.
・Thailand is a country which my grandfather lived in fifty years ago.
・Thailand is a country where my grandfather lived fifty years ago. (there という副詞が where になる) この３番目の英文から正解は①である。

4

⒇ [答] ２番目④　４番目⑤
[All you have to do] is clean this room.
[訳] あなたがしなければならないことはこの部

屋を掃除することだけである。
[解説] All you have to do is ～「あなたがしなければならないことは～だけ」主語は all「すべてのこと」で all と you の間に関係代名詞 that が省略されている。is の後には不定詞 to clean と続くが，to は省略することが多い。

(21) [答] ２番目③　４番目④
A：I heard that your presentation was very successful.
B：If it [had not been for your advice], I would have failed.
[訳]
A：あなたのプレゼン大成功だと聞いたよ。
B：あなたのアドバイスがなかったなら，失敗していただろう。
[解説] if it had not been for ～「～がなかったら」過去の事実の反対を表す仮定法過去完了の慣用表現。had it not been for ～と倒置される表現も覚えておきたい。

(22) [答] ２番目③　４番目②
As soon as I got out of the station, I [was spoken to by a stranger].
[訳] 駅から外に出たらすぐに見知らぬ人に話しかけられた。
[解説] A stranger spoke to me. を受け身にすると，I was spoken to by a stranger. となる。「動詞＋前置詞」をセットにして１つの動詞扱いにする。
[類例] Everyone laughed at him. → He was laughed at by everyone.「彼はみんなに笑われた」

(23) [答] ２番目①　４番目②
Tom was very competitive, so he practiced harder than any other player. [I'm sure of his winning] the game.
[訳] トムは非常に負けず嫌いで，他のどの選手よりも一生懸命に練習した。彼はその試合にきっと勝つと思う。
[解説] I'm sure of ～「きっと～だ，～だと確

信している」このフレーズに動名詞（winning）を続けたものである。但し本問では試合に勝つのは文の主語 "I" ではなく "he" である。動名詞の意味上の主語が文頭の主語とは異なる場合は，代名詞の所有格を動名詞の前に置くことになる。従って所有格 his を winning の前におけばよい。

5

[訳]

ケンジ：やあ，ケイト，久しぶりだね。元気にしてた？

ケイト：元気にしてたわ。あなたは？

ケンジ：元気さ。休暇を大いに楽しんだよ。休暇はどこかに行った？

ケイト：故郷に帰ったの。昔の友達に会ったり，家族と食事したりして楽しんだわ。ほとんどの友達が日本の文化に興味があったから，私が日本にいたことを話したのよ。楽しい時間を過ごしたわ。

ケンジ：いいね。君はカナダ出身だよね。故郷はカナダのどの地域？

ケイト：モントリオールよ。カナダで2番目に大きな都市なの。そこでは，さまざまな文化的背景をもつ人が一緒に暮らしているのよ。

ケンジ：5年ほどカナダに住んでいる友人がいてね，㉔モントリオールのほとんどの人はフランス語を話すと聞いたよ。

ケイト：だいたい合っているわ。実際，公用語が2つあるのよ。モントリオールに住んでいる大半の人はフランス系カナダ人なの，だから，モントリオールは「北米のパリ」と呼ばれることもあるわ。そこに住む人の約80％はフランス語を話すけど，フランス語と英語の2つ話せる人もいるのよ。

ケンジ：君はその一人だね。

ケイト：そうよ。㉕2つの言語が使われることがよくあるの。たとえば，町の標識や看板はだいたいフランス語と英語で書かれて

いるのよ。それに，スーパーマーケットに行くと，店員さんは「ハロー」とか「ボンジュール」と言うことがあるわ。

ケンジ：それは面白いね。何と答えればいいの？

ケイト：㉖英語しか話せないなら「ハロー」と言うの。そうすれば，あなたが英語で話したいとわかるのよ。フランス語で話したいなら，「ボンジュール」と言うべきね。

ケンジ：なるほど。将来そこに行ってみたいと思っているのだけど，僕は日本語と英語しか話せないよ。お店に入って，店員さんが「ボンジュール」としか言ってこなかったら…

ケイト：英語で「ハロー」と言えばいいの。彼らもあなたが英語を話す人だとわかるでしょ。㉗私たちは話したい言語を選べるのよ。それがモントリオールの面白い例なの。モントリオールの人々は，お互い仲良くやっていくために，相手の背景を尊重することを心に留めておくのね。言葉や国籍の違いを受け入れるべきなのよ。

ケンジ：その通りだ。君の考え方は国際理解には大切なことだね。

選択肢の訳

① 2つの言語が使われることがよくある。

② 英語とフランス語を2つとも話せるなら，英語で話したほうがいい。

③ 英語しか話せないなら「ハロー」と言う。

④ モントリオールのほとんどの人はフランス語を話すと聞いた。

⑤ 私たちは話したい言語を選べる

⑥ 2つ以上の言葉を話す方法を教えましょうか？

㉔ [答] ④

[ヒント] ケンジの 24 の後で，ケイトはモントリオール住民の大半はフランス系カナダ人であり，モントリオールは「北米のパリ」とも呼ばれていて，約80％の住民はフランス語を話すと言っている。このことから， 24 には④が入る。

⒇ [答] ①

[ヒント] ケイトは 25 の後で，町の標識や看板はだいたいフランス語と英語の2か国語で書かれていて，スーパーマーケットの店員さんは「ハロー」とか「ボンジュール」とか話すことがあると述べている。従って 25 には①が入る。

⒃ [答] ③

[ヒント] ケンジは，スーパーマーケットで店員さんに「ハロー」とか「ボンジュール」とか話しかけられたら「何と答えればいいの？」と聞いている。それに対してのケイトの返事だから 26 には③が入る。また，By doing so「そうすることによって」とは英語しか話せないなら，「ハロー」と言う意味である。

⒄ [答] ⑤

[ヒント] フランス語が話せないケンジが，もしお店で「ボンジュール」とフランス語で話しかけられたらどうすればよいのか，と聞かれてケイトは，「英語で『ハロー』と言えばいいの。彼らもあなたが英語を話す人だとわかる」と言っている。これに続く内容だから 27 には⑤が入る。

[語句と構文]
1行目 Long time no see.「久しぶり」
4行目 I enjoyed seeing ... and having ...,
enjoy の後は to see, to have のような to 不定詞ではなく動名詞が続く。
8行目 the second biggest city in Canada「カナダで2番目の大きな都市」people with different cultural backgrounds「さまざまな文化的背景をもつ人々」
10行目 a friend who has lived in Canada for five years「5年間カナダに住んでいる友人」who は a friend を先行詞とする主格の関係代名詞 who 以下の現在完了形は今もカナダに住んでいるという継続用法である。
11行目 Most of the people living in Montreal「モントリオールに住んでいる大半の人」living は people を修飾する現在分詞の後置修飾。主語に分詞の後置修飾がくると主語が長くなるの

で注意する。French Canadian(s)「フランス系カナダ人」
13行目 About 80% of the people there「そこに住む人の約80％」there= in Montreal
15行目 You are one of those people.「君はその一人だね」ケンジはモントリオール出身のケイトに「君もフランス語を話すんだね」と念をおしている。
25行目 keep in mind to respect ～「～を尊重することを心に留めておく」
26行目 to get along with each other「お互いに仲良くやっていくために」to 不定詞は目的を表す副詞的用法。

6

(A)
[訳]
　塩は私たちの日常生活に密接な関係がある。それは食用だけではなく，いろいろなものに使われている。日本の最も重要な物質の一つでもある。
　下のグラフを見なさい。2016年の世界の塩の自給率を示している。中国は生産，消費ともに世界最大であり，その後にアメリカとインドが続いている。中国の自給率は94％，アメリカは79％となっている。それらの自給率は非常に高い。オーストラリアのような消費量よりも生産量のほうが高い国もある。だが，日本の2016年の自給率はわずか12％である。
　塩は海から採れると多くの人は信じている。日本は島国だから，塩は簡単に手に入ると考えているかもしれない。しかし実際は，塩の大半は他の国から輸入されているのだ。世界の塩の生産量の3分の2は，岩塩から得られている。日本には岩塩がないので塩の自給率はとても低いのである。
　その問題に答えようとして，日本人は新たな塩の製造法をいろいろと考案してきている。たとえ，結果が完璧でなくても，状況を変えようと私たちが努力することは大切である。
[解説]
⒇ [答] ②

空欄 C はどこの国か?

①アメリカ

②オーストラリア

③中国

④日本

[ヒント] 4行目の「中国は生産，消費ともに世界最大であり，その後にアメリカとインドが続く」ということからグラフの A は中国で，B はアメリカだとわかる。また，7行目に日本の自給率は12%とあるので，D が日本となる。結局残りの C がオーストラリアとなる。

(29) [答] ④

なぜ日本の塩の自給率は低いのか?

①料理に塩の使用を抑えているから

②食べ物を除いて，他に多くのことに塩を使うから

③消費するより多く生産するから

④国内で岩塩を見つけることができないから

[ヒント] 11行目に，日本は岩塩がないので塩の自給率はとても低いとある。従って正解は④である。

(30) [答] ④

文章によると，次のうち正しくないのはどれか?

①塩は料理の他に多くの目的のためによく使われる。

②中国人は，生産する以上に塩を使う。

③ほとんどの塩は海水からよりもむしろ岩塩から作られる。

④塩の自給率は，岩塩の不足によって減少傾向にある。

[ヒント] ①は1行目に「塩は食用だけではなく，いろいろなものに使われている」という記述があり正しい。グラフ A の中国は消費量が生産量上回っているので②も正しい。10行目に，「世界の塩の生産量の3分の2は，岩塩から得られている」ということなので③も正しい。結局，岩塩が不足しているという記述はないので④が正しくない。

(31) [答] ①

文章によると，私たちは低い日本の塩の自給率について何をすべきか?

①状況をよくするために多くのことをするべきである。

②他の国の深刻な状況を学ぼうとするべきである。

③塩を他の物質と代えるべきである。

④現状を維持すべきである。

[ヒント] 13〜14行目に，「日本人は新たな塩の製造法をいろいろと考案してきている。たとえ，結果が完璧でなくても，状況を変えようと私たちが努力することは大切である」とあるので正解は①となる。②③④の記述はない。

[語句と構文]

1行目 A is related to B 「A は B と関係がある」

not only A but also B「A だけでなく B もまた」

4行目 producer「生産者」consumer「消費者」

A follows B「A は B のあとに続く」

The United States and India follows China.

「アメリカとインドは中国の後に続く」受け身では China is followed by the United States and India.「中国の後にアメリカとインドが続く」となるので，China is 〜 followed by the United States and India.「中国は〜であり，その後にアメリカとインドが続く」という意味になる。

5行目 that (= self-sufficiency rate) of the United States「アメリカの塩の自給率」

10行目 two thirds「3分の2」one third は3分の1

13行目 in response「(前文を受けて) それに応じて，答えて」→日本の塩の自給率はとても低いという問題に答えようとして

It is important for us to try to change 〜「〜を変えようと私たちが努力することは大切である」

it は形式主語，真主語は to 不定詞 (to try) 以下であるが，to 不定詞の前に意味上の主語 for us がある。

(B)

— 169 —

⑫　[答]　②
[訳]
　秋になると，カエデやイチョウの葉は赤や黄色になる。これらの木は冬が来る前に葉が落ちるので「落葉樹」と呼ばれている。①秋を意味する "fall" という語はこれから来ている。②季節を問わず，緑の葉をつけている木もある。③紅葉は日本の季節の風物詩の一つである。それは世界でも最も美しい景色の一つである。紅葉は日本ではよくある風景であるが，海外ではめったに見られない。④毎年多くの外国人旅行者は紅葉で有名な場所を訪れている。

[ヒント]　②を除いて①③④はすべて紅葉に関する記述である。よって②が取り除く文となる。

[語句と構文]
3行目 The word "fall", which means autumn, comes from that.「秋を意味する "fall" という語はこれから来ている」 which は，直前にコンマがある非制限用法の関係代名詞で fall を補足的に説明している。
in all seasons「季節を問わず，四季を通じて」
4行目 the autumn color of leaves「紅葉」seasonal feature「季節の風物詩」
5行目 view「一定の場所で目に入る景色，眺め，光景」scenery「一地方の自然の風景全体」
6行目 they（＝autumn leaves）can be rarely seen「紅葉はめったに見られない」rarely「めったに～しない」
7行目 places which are famous for its autumn leaves「紅葉で有名な場所」which は places が先行詞の主格の関係代名詞

⑬　[答]　②
[訳]
　近年，運動と脳は強い関連性があると言われている。①多くの人は，勉強が嫌いな子供はスポーツが得意であると思っている。しかし調査によれば，スポーツが好きな子供は，嫌いな子供よりも成績がよいという。②脳科学は多くの分野に応用されているよい考え方である。③スポーツをすることと勉強することは2つとも脳を使う活動であ

る。そのために，それら2つが脳を鍛えるには必要なこととなる。④外国では，実験的に体育の授業を増やしている学校もある。科学者と教師は，運動を通して脳を鍛えることによって，勉強へ影響を見つけ出そうしている。

[ヒント]　①③④はスポーツと勉強の関連性を述べているが，②だけがその関連性の記述はなく，脳科学だけの説明なので不自然である。答えは②。

[語句と構文]
1行目 it is said that ～「～であると言われている」it は形式主語で，真主語は that 以下である。
2行目 children（who don't like studying）are good at playing sports「勉強が嫌いな子供はスポーツが得意である」who は先行詞が children の主格の関係代名詞であるが，関係代名詞が導く節をカッコで括ると文の構造が明らかになる。主語 children に対して動詞は are である。
4行目 have higher scores than ～「～より点数が高い」→成績がよい children who don't（like playing sports）「スポーツが嫌いな子供」like playing sports が省略されている。
4行目 a good way of thinking applied to many fields「多くの分野に応用されているよい考え方」applied は a good way of thinking を修飾する過去分詞の後置修飾である。
apply「適用する，応用する」
5行目 activities that use the brain「脳を使う活動」that は activities を先行詞とする主格の関係代名詞
6行目 it is necessary for both of them to train the brain「それら2つが（＝スポーツすること勉強すること）脳を鍛えるには必要なことである」it は形式主語で真主語は to 不定詞以下である。for both of them は to 不定詞の意味上の主語である。
7行目 PE class「体育の授業」PE → physical education の略　experimentally「実験的に」
8行目 find the influence on ～「～への影響を見つける」by training the brain through exercise「運動を通して脳を鍛えることによって」

⑶4 ［答］③

［訳］

宇宙旅行は人間の夢であるが，今や身近なものになっている。だが，宇宙には深刻な問題がある。①人間が宇宙に進出した結果として，多くの種類の人工物がそこに残されたままになっている。それらは「宇宙ゴミ」と呼ばれている。多くの種類のゴミがあって，たとえば，使用済みの人工衛星やロケットの一部などである。②たとえ，これらのゴミが1センチの長さしかなくても，それと衝突する力は，車が衝突した力と同じである。③さらに，莫大な費用がかかるために，宇宙旅行は困難である。④科学技術の進歩によって，これらの新たな問題を引き起こしているのである。私たちは今からそれらについてもっと真剣に考えなくてはならない。

［ヒント］宇宙ゴミが中心の内容の文章であり，①②④はすべて「宇宙ゴミ」について述べられているが，③のみが「宇宙ゴミ」からはずれている。③が不必要となる。

［語句と構文］

2行目 as a result of humans going into space「人間が宇宙に進出した結果として」of が前置詞で going は動名詞であるが，humans が going の直前にきて動名詞の意味上の主語になっている。

2行目 Humans have left many kinds of artificial objects there.「人間は多くの種類の人工物をそこに（＝宇宙に）残してきている」

この現在完了を受け身にして Many kinds of artificial objects have been left there (by humans)，という形になって文中にある。

artificial object「人工物」

3行目 space debris「宇宙ゴミ」

debris ［dəbríː］発音に注意

5行目 the force (of colliding with it) is ～「それ（＝宇宙ゴミ）と衝突する力は～である」意味のまとまりにカッコをつけると主語 the force に対しての動詞は is とわかる。the same as that (＝the force) of a car crash「車が衝突した力と同じ」

7行目 bring about these new problems「これらの新たな問題（＝宇宙ゴミの問題）を引き起こす」

7

［訳］

私たちの日常生活が便利になればなるほど，ますます高度なテクノロジーが必要となる。たとえば，自由に動くことができて，部屋を自動で掃除するロボットはさらに人気が高まっている。AI搭載のエアコンも市場に出回っている。AIロボットも日常生活に身近なものになっている。

AIという語は人工知能の略である。1956年のダートマス会議で，ジョン・マッカーシーが人工知能という言葉を使ったのである。これが「AI」という言葉の始まりだった。AIのことを思い浮かべると，人間に似た機械を想像するかもしれない。だが実際は，それらのほとんどは違っている。(A)AIの技術は人型ロボット以外に多くのものに使われているのだ。たとえば，インターネットの検索エンジンはレコメンダシステムを用いている。それはユーザーがどのウェブサイトを訪れるのかという好みや傾向を学習するのである。あなたが次に検索エンジンを使うとき，より速くウェブサイトを見つけられるのだ。

1997年，ディープ・ブルーはIBMによって開発されたチェス用コンピューターで，チェスの世界チャンピオンのカスパロフに勝利した。それは歴史的な瞬間だった。2015年，囲碁を打つコンピュータープログラム，アルファ碁はハンデなしで人間のプロの棋士を打ち破った。その2年後には，アルファ碁は世界チャンピオンをも負かした。

ついに，AIは絵も描けるようになった。2016年，「ザ・ネクストレンブラント」がマイクロソフト社，その他の企業，美術館によって開発された。彼らはディープラーニングを用いて，AIにレンブラントによって描かれた346枚の絵のデジタルデータを学習させたのである。結果として，AIは新作を描くことを完成させた。それはレンブラント自身が描いた絵画にそっくりなものであった。AIはますます進化していくだろう。

AIは人間の知能を乗り越えるだろうか？ AI

の能力はある特定の分野では，人間の能力を上回るであろうと予測する科学者もいる。彼らはまたいくつかの仕事の分野では，AI が人間にとって代わるかもしれないとも考えている。AI は数字を入力したり，書類を完璧に確認したりするような単純な仕事をすることができる。人間よりもはるかに正確にかつ迅速に計算や入力をすることができるのだ。さらに，AI は一度学習した知識は絶対に (B)忘れる ことはない。これらの点において，AI は人間よりもはるかに有能である。

では，人は将来自分たちの仕事を失うのであろうか？　AI は人を支配するのであろうか？　現在，多くの科学者がこの問題を議論している。意見はさまざまである。しかし，人間には特別な能力があることを忘れてはいけない。一つの例として「ザ・ネクストレンブラント」を使うなら，AI は何かを，または誰かの作品をまねることができるが，AI 自身でまったく新しいものを作り出すことはできない。それに，AI は決断の背景にある理由について考えることは得意ではない。AI は誰かが何かを選ぶ事柄の規則性は理解することができるが，その選んだ理由は理解できない。そこが人間と AI には決定的な違いである。

私たちは AI の得意な分野を理解し，役割を分担しなければならない。AI は AI ができることを (C)行い，人間は人間ができることを行うべきである。AI は侵略者ではない，友人なのだ。AI と仲よくやっていこうと努力すれば，社会はもっとよくなるであろう。

[解説]

(35)　[答]　②

「AI」という語について，正しいのはどれか？
① 「AI」は1956年カスパロフによって使われた。
② 「AI」は人工知能という意味を表している。
③ 「AI」はチェスの世界チャンピオン，ジョン・マッカーシーに由来する。
④ 「AI」は IBM によって世界中に広まった。
[ヒント]

5行目の「AI は人工知能の略である」という記述から正解は②となる。①はカスパロフではなく，ジョン・マッカーシーならば正解である。

(36)　[答]　④

下線部(A)で述べられている AI の技術に含まれていないのはどれか？
① AI 搭載のロボットやエアコン
② インターネット用のレコメンダシステム
③ チェス用プログラムのための AI 技術
④ 完全に人間のように振る舞うロボット
[ヒント]

①は 3 ～ 4 行目に「AI 搭載のエアコンも市場に出回っている」とあるので AI 技術が使われている。7 ～ 9 行目に，「AI のことを思い浮かべると，人間に似た機械を想像するかもしれないが，実際は，それらのほとんどは違っている。AI 技術は人間の形をしたロボット以外に多くのものに使われている」その例として，レコメンダシステムの説明と12～13行目に IBM がチェス用コンピューターのディープ・ブルーを開発し，チェスの世界チャンピオンに勝ったという記述が続いている。従って②③も AI 技術が含まれている。下線部(A)に「人型ロボット以外に」という記述から④は選べないので④が正解となる。

(37)　[答]　②

ザ・ネクストレンブラントはどのようにして新作を描いたが？
① レンブラントによって描かれた絵画のデジタルデータをコピーした。
② 大量のデータによって，レンブラントの作品の特徴を学習した。
③ 新作を描く前にレンブラントの歴史を勉強した。
④ レンブラントの筆づかいを再生できるプログラムを使った。
[ヒント]

17～18行目に「彼らはディープラーニングを用いて，AI にレンブラントによって描かれた346枚の絵のデジタルデータを学習させた」という説明がある。これから正解は②だとわかる。

(38)　[答]　①

AI 技術について科学者たちの意見に含まれて

いないものはどれか？

① 人は単純作業をすべきではない。なぜなら AI の能力は人よりもはるかに優れているからである。

② AI の能力は将来特定の分野では人間の能力を超えるであろう。

③ AI は高い処理能力のために，いくつかの仕事の分野では人間にとって代わるであろう。

④ 多くの科学者は AI のテーマに関してさまざまな考えを持っている。

[ヒント]

① 人は単純作業をすべきではない，とは本文に述べられていないので正解である。②は21～22行目の「AI の能力はある特定の分野では，人間の能力を上回る」という記述に合っている。③は22～23行目の「いくつかの仕事の分野では，AI が人間にとって代わるかもしれない」という記述通りである。④は27～28行目に「AI は人を支配するのであろうか？　現在，多くの科学者がこの問題を議論している。意見はさまざまである」という記述があり，これに当てはまる。

(39)　[答] ①

空欄(B)(C)に入る適切な語句の組み合わせを選べ。

① (B)：忘れる　　　　(C)：する
② (B)：忘れる　　　　(C)：予測する
③ (B)：決定する　　　(C)：管理する
④ (B)：決定する　　　(C)：提案する

[ヒント]

空欄(B)の直前に，AI は人間よりもはるかに正確かつ迅速に計算や入力をすることができると AI の長所を述べており，moreover（さらに）と続いているので，空欄(B)も長所を述べることになる。「AI は一度学習した知識は絶対に(B)しない」というので「忘れない」が文脈に合い，forgets を選ぶ。空欄(C)の直前に，「私たちは AI の得意の分野を理解し，役割を分担しなければならない」という説明を受けて，AI は AI ができることを，人間は人間ができることをすると考えるのが自然である。従って，「AI は AI ができる

ことを(C)する」の空欄(C)には does が入る。この(B)(C)の組み合わせは①である。

(40)　[答] ④

AI ができないことは何か？

① 計算や数字を正確に入力すること。
② ゲームの分野で人間を負かすこと。
③ 誰かが作ったものをコピーすること。
④ 誰かが選択した理由を理解すること。

[ヒント]

32行目に「AI は誰かが何かを選ぶ事柄の規則性は理解できても，その選んだ理由は理解できない」これは人間がなぜそれを選んだのか，その理由を AI は理解できないということなので④が正解となる。

(41)　[答] ④

AI について正しいものはどれか？

① AI は AI 自身で完全に新しいものを作り出すことができる。
② 数年間で AI と人間の違いはなくなるであろう。
③ 社会は人間の仕事を奪い去る AI によって，より深刻な雇用問題を抱えることになるだろう。
④ 社会が AI と仕事を分け合うことが大切である。

[ヒント]

①は30～31行目に「AI は何かを，または誰かの作品をまねることができるが，AI 自身でまったく新しいものを作り出すことはできない」ということから不正解。②は33行目に「人間と AI には決定的な違いがある」ということで不正解。③の問題提起に対し，34行目に人間と AI は役割を分担することが必要であり，35行目には「AI は侵略者ではない，友人なのだ」と述べているので③は不正解で，④が正解となる。

(42)　[答] ②

この文章に最も合うタイトルはどれか？

① 人型ロボットの急速な進歩
② 人間と AI のよい関係
③ AI によって作られた新作品
④ 未来の AI の人間支配

[ヒント]

　35〜36行目に「AIは侵略者ではない，友人なのだ。AIと仲よくやっていこうと努力すれば，社会はもっとよくなるであろう」と述べているように，この全体のテーマはAIと人間の共存共栄である。従って②が正解となる。

[語句と構文]

|1行目| the 比較級 〜，the 比較級 ...「〜すればするほど，ますます...」の構文に注意。

|2行目| the robot（which can move 〜 ）<u>have</u> <u>become</u> more popular.「〜というロボットはさらに人気が高まっている」which は the robot を先行詞とする主格の関係代名詞であるが，which が導く節がどこまでか，カッコでくくるとよい。この文は主語が the robot で動詞は have become だとわかる。

|3行目| come onto the market「市場に出回る」

|5行目| be short for 〜「〜の略である」
artificial intelligence「人工知能」

|9行目| search engines「検索エンジン」インターネット上で情報がどこにあるかを検索するためのサービス recommender system「レコメンダシステム」特定ユーザーが興味を持つと思われる情報（映画，音楽，本，ニュース，画像，ウェブページなど）を提示するもの。recommender system の意味がわからなくても次の英文で説明されているので心配することはない。なお，recommender は「推薦人」という意味で，動詞は recommend「推薦する」である。

|10行目| It（= the recommender system）learns the preference or tendencies of 〜「それは〜の好みや傾向を学習する」
What websites a user visit on the Internet?「ユーザーがどのウェブサイトを訪れるのか？」この疑問文が間接疑問文の語順になって of 以下に接続されている。

|12行目| Deep Blue, which is a chess-playing computer developed by IBM,「ディープ・ブルーは IBM によって開発されたチェス用コンピューターで」which は，直前にコンマがある非制限用法の関係代名詞で Deep Blue を補足的に説明し

ている。developed は a chess-playing computer を修飾する後置修飾の過去分詞

|14行目| a computer program playing Go「囲碁を打つコンピュータープログラム」playing は a computer program 修飾する後置修飾の現在分詞

|17行目| made AI learn the digital data「AIにデジタルデータを学習させた」使役動詞＋目的語＋動詞の原形の使役構文のパターンである。

|18行目| 346 pictures drawn by Rembrandt「レンブラントによって描かれた346枚の絵」drawn は pictures を修飾する後置修飾の過去分詞

|19行目| AI completed drawing a new work「AIは新作を描くことを完成させた」drawing は動名詞で complete の目的語になっている。
a new work which looked like pictures「絵画にそっくりな新作」which は a new work を修飾する関係代名詞
pictures which Rembrandt drew himself「レンブラント自身が描いた絵画」which は pictures を修飾する関係代名詞。一文が長いので前から順番に修飾関係をとらえる必要がある。

|21行目| get over「乗り越える」

|22行目| exceed that(=ability) of humans「人間の能力を上回る」

|23行目| AI can do such simple tasks as 〜「AIは〜のような単純な仕事することができる」as は前置詞だから直後に名詞や動名詞が来る。ここでは動名詞 inputting, confirming が来ている。
as inputting numbers or completely confirming documents「数字の入力や，書類を完璧に確認するような」confirm「確認する」

|24行目| calculate「計算する」much more accurately and rapidly than humans can「人間よりもはるかに正確にかつ迅速に」much は比較級 more accurately and rapidly を強めている。

|25行目| the knowledge（which）it（=AI）has learned「AIが学習した知識」it の前に knowledge を先行詞とする目的格の関係代名詞が省略されている。in these points「これらの点において」次の点を指している。
・数字の入力，書類の確認などの単純な仕事は，

— 174 —

人間がやるよりも正確にできる。

・一度学習した知識は絶対に忘れない。

26行目 much more capable than humans「人間よりもはるかに有能である」much は比較級 more capable の強めである。

27行目 dominate「～支配する」

29行目 Using "The Next Rembrandt" as an example「一つの例としてザ・ネクストレンブラントを使うならば」分詞構文となっている。接続詞を使って書き直すと，If we use "The Next Rembrandt" as an example, となる。

30行目 it is possible for AI to imitate something or someone's work「AI は何かを，または誰かの作品をまねることができる」it は形式主語で，真主語は to 不定詞以下である。to 不定詞の前に意味上の主語 AI がある。この次の英文も同様のパターンである。

32行目 the regularity of things that someone chooses「誰かが何かを選ぶ事柄の規則性」that は things が先行詞の目的格の関係代名詞である。

32行目 but (AI) can't understand the reason why someone chooses them (=things)「AI は誰かが選んだ事柄の理由は理解できない」→（前文を受けて）「AI はその選んだ理由は理解できない」why は疑問詞ではなく，先行詞が the reason の関係副詞である。a decisive difference「決定的な違い」

34行目 what AI can do「AI ができること」what は関係代名詞である。つぎの what humans can do の what も関係代名詞

35行目 They (=AI) are not invaders, they (=AI) are friends.「彼らは（=AI は）侵略者ではない，友人である」

36行目 get along with ～「～と仲よくやっていく」

英語　　　正解と配点　　　　　　　　　　　　　　　（60分，100点満点）

問題番号		正　解	配　点	問題番号		正　解	配　点
☐1	1	②	2	☐5	24	④	2
	2	③	2		25	①	2
	3	④	2		26	③	2
	4	②	2		27	⑤	2
	5	③	2	☐6	28	②	3
	6	①	2		29	④	3
☐2	7	②	1		30	④	3
	8	①	1		31	①	3
	9	④	1		32	②	4
	10	①	1		33	②	4
	11	③	2		34	③	4
	12	①	2	☐7	35	②	3
	13	④	2		36	④	3
	14	③	2		37	②	3
☐3	15	④	2		38	①	3
	16	④	2		39	①	3
	17	③	2		40	④	3
	18	②	2		41	④	4
	19	①	2		42	②	4
☐4	20	④⑤	2				
	21	③④	2				
	22	③②	2				
	23	①②	2				

＊20～23の正答は2番目と4番目の順，2つ完答で2点

令和元年度　9月実施　解答と解説

1 リスニング・テスト

Part （A）

問1　放送文

　Number1.　Look at the picture marked Number 1 in your test booklet.

① A woman is cooking in the kitchen.

② A woman is talking on the phone.

③ A woman is sitting on a chair.

④ A woman is holding a jar with both hands.

放送文の訳

　問題用紙の問1と書いてある写真を見なさい。

①女性が台所で料理をしています。

②女性が電話で話しています。

③女性が椅子に座っています。

④女性が両手で水差しを持っています。

[解説]　[答]　④

　人物の写真描写問題では，動作を表す動詞の聴き取りがポイント。正解は④

問2　放送文

　Number 2.　Look at the picture marked Number 2 in your test booklet.

①Three women are relaxing outside.

②Three women are swimming in the pool.

③Three women are sleeping under the tree.

④ Three women are taking pictures of their children.

放送文の訳

　問題用紙の問2と書いてある写真を見なさい。

①3人の女性が外でくつろいでいます。

②3人の女性がプールで泳いでいます。

③3人の女性が木の下で寝ています。

④3人の女性が自分たちの子供の写真を撮っています。

[解説] [答] ①

　outside, in the pool, under the tree など場所を

表す表現にも注意したい。

問3　放送文

　Number 3.　Look at the picture marked Number 3 in your test booklet.

①A ship is sailing in rough weather.

②Many people are getting onto a ship.

③ There are some people by a ship on the ground.

④Many people are looking up at a ship in port.

放送文の訳

　問題用紙の問3と書いてある写真を見なさい。

①船が悪天候の中，航海しています。

②多くの人が乗船しています。

③地上にある船のそばに何人かの人がいます。

④多くの人が入港中の船を見上げています。

[解説]　[答]　③

　in rough weather「悪天候の中」

Part （B）

問4　放送文

M：Excuse me. Can I change my flight time for tomorrow?

W：Sure. Please let me know the flight number you want to change, the city you are departing from, and the new departure time.

M：Flight number 67 from Seattle to Hong Kong at 9:30 a.m. I'd like to change it to any available flight after 1:00 p.m.

W：Luckily, there is an empty window seat on flight number 102 at 1:40 p.m. Please check in at least an hour before the departure time tomorrow.

Question：Which flight did the woman suggest?

放送文の訳

男性：すみません。明日の飛行機の時間を変更で

—　177　—

きますか？

女性：かしこまりました。変更したい便名，出発地，新しい出発時刻を教えてください。

男性：シアトルから香港への午前9時30分発の67便です。それを午後1時以降の利用できる便に変更したいのですが。

女性：運よく，午後1時40分発の102便に窓側の席が空いています。明日，出発時刻の少なくとも1時間前にはチェックインしてください。

質問：女性はどの便を提案したのか？

選択肢の訳

①香港からシアトルへの午前9時30分発の102便

②シアトルから香港への午後12時30分発の102便

③香港からシアトルへの午後1時発の102便

④シアトルから香港への午後1時40分発の102便

[解説]　[答] ④

女性は「運よく，午後1時40分発の102便に窓側の席が空いている」と答えているので正解は④。時刻，日付，金額，電話番号など数字の聴き取りには十分注意したい。

depart「出発する」名詞形は departure

an empty window seat「空いている窓側の席」

通路側の席は an aisle seat　at least an hour before the departure time「出発時刻の少なくとも1時間前に」

問5　放送文

M：Hi, Jane. I want to use the meeting room, but can't find the key. I asked Mike about it and he said you used it yesterday. Do you know where it is?

W：Oh, sorry. I forget to put it back. It's on my desk.

M：No, way! I wasted 30 minutes on finding it! Next time, please put it back as it was.

W：OK. I'll keep it in mind.

Question：What did the man ask Jane?

放送文の訳

男性：やあ，ジェーン。会議室を使いたいんだけど，鍵が見つからないんだ。マイクに尋ね

たら，君が昨日使ったと言ってた。どこにあるか知ってる？

女性：あっ，ごめんなさい。返すの忘れてた。私の机にあるわ。

男性：だめだよ！　それを探すのに30分も無駄にしたよ。次から元の場所に戻してね。

女性：はい。覚えておきます。

質問：男性はジェーンに何を頼んだのか？

①彼は彼女に会議室を使うように頼んだ。

②彼は彼女に一緒に鍵を探すように頼んだ。

③彼は彼女にマイクに電話をするように頼んだ。

④彼は彼女に鍵を戻すように頼んだ。

[解説]　[答] ④

男性の最後のセリフで「次から元の場所に戻してね」とあるので④が正解となる。

put it (=the key) back as it was「鍵を元の場所に戻す」as it (=the key) was「鍵がそうであったように」→「鍵が置かれていたように」

I'll keep it in mind.「それを覚えておく」

keep ～ in mind「～を心にとめる」

問6　放送文

W：Excuse me. I'd like to borrow the magazine "Medical Report 2019," but I cannot find it. Please tell me where it is.

M：A moment please. Well…, our library doesn't have the magazine. You can order it from other libraries, but you have to wait for about three or more days.

W：I really need it soon to complete writing an important report. Can I read it at other libraries?

M：Yes.　The Alton National Library has it.It is the nearest library from here. However, the magazine is available for reading only in the library. If you apply at the reception desk, you'll be able to make a copy of any pages you need.

W：Thank you. I'll do so.

Question：What can the woman do at the Alton National Library?

your computer desk?

M：I'm going to put it in the north-east corner of the room. I'll put my bookshelf on the other side of the desk in the corner on the window side. Where do you think I should put my TV?

W：I think it should be on the left side of the door. I mean, the west side of the room.

Question：Which will be the boy's room?

放送文の訳

男性：やあ，ルーシー。来月引っ越す予定なんだ。だから，部屋のレイアウトについてアドバイスもらえない？　部屋の写真は持ってきた。見てよ。

女性：いいわよ。まあ，とても大きな窓があるのね。日当たりがよさそうだから，窓のそばにベッドを置いたら？　パソコンデスクはどこに置くつもり？

男性：部屋の北東の角だよ。本棚はデスクの反対側，窓側の角に置くつもりなんだ。テレビはどこに置いたらいいと思う？

女性：ドアの左側に置くべきよ。部屋の西側ね。

質問：男の部屋はどれになるだろうか？

[解説]　[答]　①

　会話から以下の4つの条件に当てはまる絵を選ぶ。

・ベッドは窓のそば
・パソコンデスクは北東の角
・本箱はパソコンデスクの反対側で窓側の角
・テレビは西側でドアの左側

　以上の条件に当てはまる絵は①であるが，4つすべての条件を聴き取れなくとも解答できるので，一つでも多く条件を聴き取りたい。

[放送文の訳]

女性：すみません。「メディカルレポート2019」という雑誌を借りたいのですが，見つかりません。どこにあるか教えてください。

男性：少々お待ちください。ええと…当館ではその雑誌は所蔵しておりません。他の図書館から取り寄せることはできますが，だいたい3日以上は待つ必要があります。

女性：重要なレポートを書き上げるのに，どうしてもすぐ必要なんです。他の図書館で閲覧できますか？

男性：はい，オールトン国立図書館にあります。ここから一番近い図書館ですが，その雑誌は館内閲覧のみとなっています。受付に申し出れば，必要なページはコピーできます。

女性：ありがとう。そうします。

質問：女性はオールトン国立図書館で何ができるのか？

選択肢の訳

①彼女は雑誌「メディカルレポート2019」を3日間借りることができる。
②彼女は読みたいどのページもコピーすることができる。
③彼女は彼らに他の図書館からその雑誌を送ってもらうように頼むことができる。
④彼女は雑誌「メディカルレポート2019」を出版するこができる。

[解説]　[答]　②

　男性は最後に，受付に申し出れば，必要なページはコピーできると言っているので正解は②となる。

apply「申し込む」　make a copy「コピーする」

問7　放送文

M：Hi, Lucy. I'm going to move next month, so can I have some advice about the layout of my room? I brought a picture of it. Look.

W：Sure. Oh, there is such a large window in your room. This place seems to get a lot of sunshine, so how about putting your bed by the window? Where are you going to place

問8　放送文

M：Wow! You have so many shopping bags, Kate. Did you go shopping?

W：Yes. ABC Shopping Center is having a big sale. I got a dress with a flower pattern at half price. I've wanted it since before. Since I bought the dress cheaper than I expected,

— 179 —

I bought new shoes and a bag, too.

M : You really like shopping. The bag has the first letter of your name,"K." I think it is very nice. Did you buy the teddy bear for yourself, too?

W : No, it's a present for my sister. Then I bought a sandwich for you when I took a tea break at the coffee shop. Here you are.

Question : Which did Kate buy for herself?

放送文の訳

男性：わあ！ すごい数の買い物袋だね，ケイト。買い物をしてきたの？

女性：そうよ。ＡＢＣショッピングセンターで大特価セール中なの。花柄のワンピースを半額で買ったのよ。前から欲しかったの。思っていたよりも安かったから，新しい靴とバッグも買ったの。

男性：君は本当に買い物が好きだね。バックに君の名前の頭文字 "K" が入っているね。とても素敵だ。そのテディベアも自分用に買ったの？

女性：いいえ，妹へのプレゼントよ。それから，コーヒーショップで休んだときに，あなたにサンドウィッチを買ったの。どうぞ。

質問：ケイトは自分用に何を買ったのか？

［解説］　［答］③

ケイトは花柄のワンピースと靴とバックを買い，妹にテディベア，男性にサンドウィッチを買ったと言っている。つまり自分には花柄のワンピースと靴とバックを買ったので③が正解である。

a dress with a flower pattern「花柄のワンピース」

the first letter of your name,"K"「名前の最初の文字がK」→名前（Kate）の頭文字 "K"

Part（C）
問 9・10　放送文

Knowing about the system of our brain is important for studying. Every person has a different way to study. However, when our brain adopts new information, there are some common points. Today, I'll tell you about three points that can lead to an efficient way of studying. First, you should study visually. We are greatly influenced by what we see with our eyes. Also, we tend to pay more attention to a moving object than a standing one. So, when we study, we can understand things easily by seeing pictures or videos. Second, you should have a wide point of view. If you always try to do that, you won't be confused. Finally, you should get good sleep. Lack of sleep causes the studying function of the brain to drop. Moreover, it is said that the memory improves before sleeping. It is good to memorize new words or read books before you sleep. If you change your lifestyle a little, your brain can work more effectively.

Question No.9 : What does the speaker mean by "study visually"?

Question No.10 : According to the speaker, which is true about studying?

放送文の訳

脳の仕組みを知ることは，学習にとって大切です。人それぞれ勉強の仕方は異なります。しかし，脳が新しい情報を取り入れる際には，いくつかの共通点があります。今日は，効率的な勉強方法に通じる３つのポイントをお話しします。

１つ目は，視覚的に学びましょう。私たちは目で見るものに大きな影響を受けます。また，静止しているものよりも動いているものに，より注意を払う傾向があります。だから，勉強する際には，絵や動画を見ることによって，ものごとが理解しやすくなるのです。

２つ目には，広い視野を持ちましょう。常にそのようにすれば，戸惑うことはありません。

最後に，睡眠を十分とりましょう。睡眠不足は脳の学習機能を低下させる原因となるのです。なお，記憶力は寝る前が向上すると言われています。新しい単語の暗記や読書は，寝る前がよいのです。あなたの生活スタイルを少し変えれば，脳はさらに効率的に働くことができるのです。

質問9：話者の「視覚的に学ぶ」とはどのような意味か？

①動くものに多くの注意を払うこと

②動画や絵や見て学習すること

③目の構造について勉強すること

④寝る前に本を読むこと

質問10：話者によると，勉強について正しいものはどれか？

①脳と学習には何の関係もない。

②広い視野もつことにより，脳は多くの情報で困惑させられる。

③十分な睡眠をとることは，脳の学習機能を向上させる。

④朝起きたらすぐに，新しい単語を学ぶべきある。

[解説] 問9 [答] ② 問10 [答] ③

when we study, we can understand things easily by seeing pictures or videos.「勉強する際には，絵や動画を見ることによって，ものごとが理解しやすくなる」この部分から問9は②が正解となる。Lack of sleep causes the studying function of the brain to drop.「睡眠不足は脳の学習機能を低下させる原因となる」このことは睡眠を十分とることが大切なので，問10の正解は③となる。adopt「取り入れる，採用する」

lead to an efficient way of studying「効率的な勉強方法に通じる」what we see with our eyes「私たちが目で見るもの（こと）」what は関係代名詞 tend to pay more attention to ～ 「～により注意を払う傾向にある」

have a wide point of view「広い視野を持つ」

try to do that「そうしようとする」→広い視野を持とうとする　be confused「戸惑う，混乱する」

2

A　文法問題

問11　[答] ③

[訳] 車を運転するときは，どんなに注意してもし過ぎることはない。

[解説] can't be too careful「注意深すぎることはあり得ない」→どんなに注意してもし過ぎるこ

とはない。助動詞 can の慣用表現で③too が正解。

[類例] I cannot thank you too much.「僕は君にどんなに感謝してもしきれない」

問12　[答] ②

[訳] 今すぐに家を出なければ，間に合わないであろう。

[解説]「間に合わない」「今すぐ家を出る」という文と文をつなぐ接続詞の問題。意味を通じるためには②unless「もし～でなければ」が正解である。

問13　[答] ③

[訳] ジャスティンと彼の兄（弟）はとてもよく似ているので，彼らの見分けがつかない。

[解説] ジャスティンと彼の兄（弟）の2人という限定があるので，1人が one でもう1人は the other となる。従って正解は③である。

[類例] I have two children. One is a girl and the other is a boy.「私には2人の子供がいる。1人は女の子で，もう1人は男の子だ」

tell A from B「A と B を区別する」

問14　[答] ④

[訳] 彼が到着した時，私たちは30分近く待ち続けていた。

[解説] 過去完了は過去のある時点までの動作の「完了・結果」「継続」「経験」を表す。彼が到着したという過去の時点を基準とすると，それよりも前に待っていたので過去完了を選ぶ。正解は④の過去完了進行形で継続用法である。

B　会話問題

問15　[答] ①

[訳]

A：来月のスピーチコンテストに参加するの？

B：まだ分からないけど，なぜ？

A：先生がスピーチすれば追加点をくれるって言っていたわよ。

B：本当？　①それを聞いてやる気が出てきた。

①それを聞いてやる気が出てきた。

— 181 —

②あなたはきっと高い点数をとると思っていた。

③会場は聴衆で満員だ。

④彼らは参加すると思う。

[解説] Bはスピーチコンテストに参加するのを決めていなかったが，参加すれば追加点がもらえると聞いたので①が自然の流れである。

[語句] additional point(s)「追加点」give a speech「スピーチをする」feel motivated「やる気を感じる」→やる気が出る

問16　[答]　②

[訳]

A：先週，叔母が何匹かの生まれたての子ネコをもらってきたのよ。それらの世話をする人を探しているんだけど。

B：ごめん。それには何もしてあげられないよ。

A：あら，なぜだめなの？　あなたのアパートはペットを飼うことは許されていないの？

B：②いや，でも僕はネコアレルギーなんだ。

①いや，でもここからはとても遠いよ。

②いや，でも僕はネコアレルギーなんだ。

③うん，だから僕は本当にイヌが好きなんだ。

④うん，だから僕はもう新しいネコを一匹世話し始めたんだ。

[解説] 子ネコの引き取りについて，Bは「ごめん。それには何もしてあげられない」と断っている。その理由は②が適切である。

[語句] Aren't you allowed to have any pets?「ペットを飼うことが許されていないの？」否定疑問文は答える際には自然な日本語にする必要がある。

→ Yes, I am.「いいえ，許されている」

→ No, I'm not.「はい，許されていない」

問17　[答]　①

[訳]

A：「ビヨンド・ザ・スペース」の記事を読んだ？

B：いや，まだだよ。①その雑誌片付けてくれない？

A：あら，なぜ？　それの多くの情報が得られるのに。この映画好きじゃないの？

B：もちろん好きさ。でも，見る前に何も詳細を知りたくないんだ！

①その雑誌片付けてくれない？

②それは今まで見たなかで一番面白い映画だ。

③その映画は私に深い感動を与えた。

④原作の小説がまもなく出版されるであろう。

[解説] Aの「『ビヨンド・ザ・スペース』の記事を読んだのか？」に対してBは「まだ読んでいない」と答えている。その理由は「見る前に何も詳細を知りたくない」とBは答えている。Aの「この映画が好きではないのか？」とあるように「ビヨンド・ザ・スペース」は映画でありその記事を読みたくないということである。もっとも適切なのは，その雑誌を片付けるようにお願いしている①である。

[語句] article「記事」detail「詳細，細部」put ～ away「～を片付ける」

問18　[答]　③

[訳]

A：来週から夏休みね。休暇はどのように過ごすの？

B：③実を言うと，私はまだ特に計画がないんだ。君はどうなの？

A：私は3か月前にすでにハワイのホテルを予約したの。

B：ハワイに行くの？　よさそうだね。僕もそうしよう

①君がどこへ行くかは全然わからない。

②君が行ったことのない国に行ったことがある。

③実を言うと，私はまだ特に計画がない。

④私は飛行機よりもむしろ車で行きたい。

[解説] 夏休みの予定の会話でBは最後に「僕もそうしよう」と述べているので，Bはまだ計画がないとわかる。従って③が正解となる。

[語句] make a reservation「予約する」have been to ～「～へ行ったことがある」to tell the truth「実を言うと」 would rather A than B「BよりもむしろAしたい」

C　整序問題

問19・20　[答]　①・②

Mark is [no longer what he used] to be.

[訳] マークはもはや昔の彼ではない。

[解説] no longer「もはや〜ではない」 what he is「今の彼」→「昔の彼」what he was もしくは what he used to be　what は関係代名詞

問21・22　[答]　②・①

Jeff talks to me [as if he were our] teacher.

[訳] ジェフはまるで私たちの先生であるかのように話す。

[解説] 語群の中に as, if があるので，仮定法だと気づくことがポイント。 as if + 仮定法過去「まるで〜であるかのように」as if + 仮定法過去完了「まるで〜であったかのように」本問では語群に were があるので仮定法過去になる。なお as if 節の be 動詞は，主語の人称に関係なく were を使うことが原則。

問23・24　[答]　③・①

Please visit us [at a time that's convenient] for you.

[訳] あなたにとって都合のよい時に訪ねて来てください。

[解説] Please visit us at a time 〜 「〜という時に訪ねて来てください」この骨格がつかめば，どのような時かを説明するので，「あなたとって都合のよい時」となる。これには a time を先行詞にして関係詞代名詞を使うと Please visit us at a time that（=which）is convenient for you. となるが本問では関係代名詞 that を用いて，that is が that's と短縮形になっている。

問25・26　[答]　⑤・④

It [was not until yesterday that] I noticed my laptop was broken.

[訳] 昨日になってはじめてノートパソコンが壊れているのに気がついた。

[解説] It was not until 〜 that …「〜になってはじめて…した」強調構文の頻出表現である。

問27・28　[答]　①・②

I'd like [you to get rid of] things you don't use.

[訳] あなたに使わないものを処分してほしい。

[解説] would like 人　to do「人に〜してもらいたい」get rid of 〜「〜 を取り除く，〜を処分する」

3

[訳]

　世界には，ジャポニカ米，インディカ米，ジャバニカ米という3種類の米がある。日本人はどれにもましてジャポニカ米を好んで食べている。だから，多くの人は最も人気のある米は，ジャポニカ米だと思っているかもしれない。しかし，インディカ米が世界で最も多く消費されているのだ。

　アメリカ農務省の報告によれば，米の総生産量は約4億8000万トンである。その大半はアジアで生産されている。世界で最も米の生産量が多いのは中国の1億4450万トンで，インドとインドネシアがそれに続いている。米の総生産量の約60%が，トップ10の中でこれら3か国によって占められている。特に，中国とインドは著しく生産量が多い。米は日本人の主食だが，米の生産量に関しては10位である。さらに悪いことに，その消費量は年々減り続けている。

　このような状況にはいくつか理由がある。まず，日本の食文化が多様化してきていることだ。さまざまな国の食べ物が日本中に広がっている。日本人は食事に多くの選択ができるので，必ずしも米を食べる必要はないのだ。さらに，女性の働く機会が増えて，以前よりもずっと忙しくなった。だから，人は外食やでき合いのものを買う傾向にある。結果として，米は料理する時間のない人にとって，それほど重要ではないかもしれない。

　これは，和食は米がすべてだと考えている人々に衝撃を与えるかもしれない。だから，私たちが日本の伝統的な食文化を守ることは肝心なことである。

問29　［答］③
［選択肢の訳］
①世界の米の総生産量の詳細
②世界の米の輸出量と輸入量
③世界の米の供給量と需要量
④世界の米の一人当たりの消費量
［ヒント］グラフのタイトルが The amount of world consumption and production of rice「世界の米の消費量と生産量」で，consumption は demand（需要）に，production は supply（供給）と言い換えた③が正解となる。

問30　［答］①
［選択肢の訳］
①中国とインドのそれぞれの米の生産量は他の国々の2倍以上である。
②グラフは，中国とインドの米の消費量は生産量を上回っていることを示している。
③世界の米の貿易量は他の農産物の貿易量より低い。
④日本人は年間に55.2kgの米を消費している。
［ヒント］グラフから明らかに正解は①である。仮に生産量3位のインドネシアを約3800万トンとして，それを2倍して約7600万トンとしても，第2のインドの生産量（グラフから約1億500万トンとする）には及ばない。中国の消費量は生産量を上回っているが，インドは当てはまらないので②は不正解である。③④はグラフからはわからない。

問31　［答］②
［選択肢の訳］
①さまざまな国からの食文化が広まっているので，食事の選択肢がより多くなっている。
②米を炊く技術は日本文化の西洋化によって急速に衰退している。
③多くの日本人女性が社会の労働力になってきている。
④日本人は忙しいので，家での料理時間をできるだけ短くしようとしている。
［ヒント］本文には米を炊く技術は述べられていないので②が答えとなる。①は11行目以下で，日本の食文化は多様化し，さまざまな国からの食べ物が日本中に広がり，食事には多くの選択をすることができる，とある通りである。③も14行目に女性は働く機会が増えている，と述べている通りである。また，15行目以下で「日本人は外食やでき合いのものを買う傾向があり，忙しく料理する時間のない人にとって，米はそれほど重要ではない」とあり，この内容は④と一致する。

問32　［答］③
［選択肢の訳］
①グラフによると，一人当たりの米の消費量は減り続けている。
②グラフは，アジアの国だけが米の生産に関わっていることを示している。
③筆者は日本の米の消費量の減少にはいくつかの理由があると考えている。
④筆者は日本の主食はすでに他の食べ物へ，取って代わられたと述べている。
［ヒント］一人当たりの米の消費量は本文に言及されていないので①は不正解。②は5行目に，「米の総生産量は約4億8000万トンで，その大半はアジアである」とあるが，アジアだけはないので不正解である（9位はブラジルである）。③は11行目に「このような状況（日本の米の消費量減少）にはいくつか理由がある」と述べている通りで正解となる。日本人の主食である米は，すでに他の食べ物へ代わられたとは言い過ぎなので④は誤りである。

［語句と構文］
2行目 prefer to do「～するほうを好む」
above all the others「そのどれにもまして」
3行目 be consumed「消費される」名詞形は consumption「消費」
4行目 the total amount of rice production「米の総生産量」
6行目 India and Indonesia follow it（=China）.「インドとインドネシアがそれ（中国）に続く」
7行目 be occupied by ～「～によって占められる」these three は中国，インド，インドネシア

8行目 remarkably「著しく，目立って」

9行目 in terms of「〜に関して，〜の観点から」
to make matters worse「さらに悪いことに」

10行目 continue to decrease「減り続ける」
year by year「年々，年を追うごとに」

11行目 for this situation「このような状況には」
米が日本人の主食であるのに，消費量は年々減り続けていること

12行目 spread「広がる」

13行目 make a lot of choices「多くの選択をする」not necessarily need to do「必ずしも〜する必要はない」not necessarily は部分否定

14行目 work opportunity(s)「働く機会」
be much busier than before「以前よりもずっと忙しい」much は比較級 busier を強めている。

15行目 tend to eat out or buy ready-to-eat food「外食やでき合いのものを買う傾向がある」
as a result「結果として」rice may not be that important「米はそれほど重要ではないかもしれない」that は副詞で「そんなに，それほど」

[類例] I can't walk that far.「そんなに遠くへは歩けない」

16行目 people who have no time to cook「料理する時間のない人」who は people を先行詞とする主格の関係代名詞

17行目 those who think that Japanese food is all about rice「日本食は米がすべてだと考えている人々」those who 〜「〜する人々」who は先行詞が those の主格の関係代名詞

18行目 it is essential for us to do「私たちが〜することは肝心なことである」it は形式主語で to 不定詞以下が真主語，また for us は to 不定詞に意味上の主語となっている。
essential「肝心な, 欠かせない」save the traditional food culture「伝統的な食文化を守る」

4

【A】
[訳]
(33) 予期しない事が起こると，人はパニック

を起こし始める。「パニック」という語はギリシャ語に由来すると言われている。ギリシャ神話に，パンと呼ばれるギリシャの神がいる。彼は羊飼いと家畜を守る。半人半獣で，高い (34) 身体能力とヤギのひづめのような足を持っている。ギリシャの神々は，彼にギリシャ語で「すべて」を意味する名前を与えた。

ギリシャ神話によると，パンは森の中に住み，狩りと音楽を奏でることが好きであった。彼はよく特別な笛を吹きながら，森の中を歩き回った。さらに，寝ることも好きであった。彼はいつも穏やかだが，誰かが彼の昼寝を (35) 邪魔したときには怒って吠えた。パンが叫ぶと人や動物は驚いて逃げた。人はこの (36) 状況を「パニック」と呼んだ。

また，パンは他の多くの言葉の起源であるとも信じられている。さらに，彼は絵画のテーマとしても好まれている。多くの絵画の中で，彼は松の枝で作られた王冠をかぶり，笛を吹いているのである。

[解説] 文中に語句を補う問題で大切なことは，前後の文脈をよく把握し，さらに品詞や時制など文法や語法に注意を向けることである。

問33 [答] ③
[選択肢の訳]
①落ち込んだ
②疲れ切った
③予期しない
④おもしろがった
[ヒント] When something ┃ 33 ┃ happens, people begin to panic.「何か ┃ 33 ┃ のことが起こると，人はパニックを起こし始める」とは，予期せぬことが起こるとパニックになるので正解は③である。なお，形容詞が名詞を修飾する場合，通常「形容詞＋名詞」の語順になるが，something を修飾する場合は例外で「something ＋形容詞」の語順になることも注意したい。

問34 [答] ③
[選択肢の訳]

①欠くことのできない
②財政上の
③身体の
④感情的な
[ヒント] 3行目以下に「パンは半人半獣で，ヤギのひづめのような足を持っている」と彼の身体的な姿の説明があるので，③が正解となる。

問35 ［答］①
［選択肢の訳］
①妨げた
②解放した
③話した
④選んだ
[ヒント]「彼はいつも穏やかだが，誰か ［ 35 ］ したときには怒って吠えた」その怒って吠えた原因に一番適しているのは①「妨げた」である。prevent A from doing「A が～するのを妨げる」take a nap「昼寝する」

問36 ［答］②
［選択肢の訳］
①結論　②状況　③所有　④仮説
[ヒント] People called this ［ 36 ］ "panic"「人はこの ［ 36 ］ を『パニック』と呼んだ」というS + V + O + C「O を C と呼ぶ」の第5文型に気づくこと。O = this ［ 36 ］ C = "panic" の関係で一番文脈に合うのは②「状況」である。
［語句と構文］
［1行目］ It is said that ～「～だと言われている」it は形式主語で，that 以下が真主語である。
［2行目］ come from the Greek language「ギリシャ語に由来する」
a Greek god called Pan「パンと呼ばれるギリシャの神」called は a Greek god を修飾する後置形容詞用法の過去分詞
［3行目］ half-man, half-animal「半人半獣」
［4行目］ a name which means "all" in the Greek language「ギリシャ語で『すべて』を意味する名前」which は a name を先行詞とする主格の関係代名詞

［7行目］ while (he was) playing a special flute「特別な笛を吹きながら」he was の省略
［8行目］ calm「穏やかな，落ち着いた」
［11行目］ It is also believed that ～「また～だと信じられている」it は形式主語で，that 以下が真主語である。 origin「起源」 furthermore「さらに，その上」
［12行目］ as a theme of a painting「絵画のテーマとして」 with a crown ～ on his head「頭に～の王冠をかぶって」付帯状況の with である。
a crown made of pine branches「松の枝で作られた王冠」 made は a crown を修飾する後置形容詞用法の過去分詞

【B】
［訳］
　スイカは夏を連想させるようになった果物である。そのさわやかな香りと甘味は，人が夏の暑さを (37) 我慢するのに役に立っている。そのうえ，栄養価も高い。
　メロン (38) と一緒に，スイカはウリ科植物の一種である。スイカには普通5つのタイプがある。種あり，種なし，小玉，黄色，オレンジ色のものである。
　スイカは数千年もの間，栽培されてきた。古代エジプト人は， (39) 熟練の栽培者で，初めは広大な砂漠でそれらを栽培したのである。スイカの90%以上は水分なので，人や動物は砂漠での水分補給のためにそれらを食べるのだ。
　国連食糧農業機関によると，中国が世界最大の生産国で，2014年には7500万トンが生産された。スイカは，ぜんそく，がん，炎症などを (40) 含んだ症状に効果があると考えられている。
　果物や野菜を食べることは，多くの生活習慣病の危険性を減らす。多くの研究では，スイカのような食べ物の消費を増やすと，肥満と心臓病の危険性を減らすと示唆している。さらに，スイカは健康的な髪になるように促進し，肌つやを改善し，精力を増進すると (41) 期待されている。

問37 ［答］③

[選択肢の訳]
①消えてなくなる
②強くする
③我慢する
④増加する
[ヒント] help A to do「Aが〜するのに役に立つ」の構文で，スイカのさわやかな香りと甘味は，夏の暑さを 37 するのに役に立つという文脈である。従って③「我慢する」が最適となる。① disappear は自動詞で直後に名詞（the heat）を置くことはできない。help A to do は to の省略は可能である。

問38 ［答］②
[選択肢の訳]
①そのうえ
②一緒に
③〜を除く
④上方に
[ヒント] with と共に使われるのは②along である。along with 〜「〜と一緒に」 よく使われるので自然と口から出るようにしたい。
[類例] I get along with him.「彼と仲がいい」
Come along with me.「私と一緒に来てください」

問39 ［答］①
[選択肢]
①who ②which ③what ④where
[ヒント] 39 were expert cultivators「 39 は熟練の栽培者だった」当然主語が入るところに主語がないので，選択詞の中から主格の関係代名詞が入ることになる。先行詞は直前の ancient Egyptians は人だから who を選ぶ。また，who の前にコンマがあるので，非制限用法の関係代名詞で ancient Egyptians を補足的に説明している。

問40 ［答］①
[選択肢の訳]
①〜を含む
②〜を除いて
③〜を交換して
④〜を考慮する
[ヒント] 40 の直前には aid conditions「状態（症状）に効果がある」とあり，直後にはぜんそく，がん，炎症と具体的な病状がある。これらをつなげるには①「〜を含む」が自然である。

問41 ［答］④
[選択肢の訳]
①満足して
②取り乱して
③孤立した
④期待される
[ヒント] 前文で肥満と心臓病の危険性を減らすとスイカの効用を述べ，also とつないでいるのでその効用がさらに述べられると予想がつく。この文脈で最適なのは④「期待されている」である。

[語句と構文]
1行目 Watermelons are fruits which have become associated with summer 「スイカは夏を連想させるようになった果物」which は fruits を先行詞とする主格の関係代名詞。現在完了形は昔から連想されてきたが，今やそれが定着したという完了用法である。be associated with 〜 「〜と関係がある，〜を連想させる」
2行目 refreshing flavor「さわやかな香り」
sweet taste「甘味」moreover「そのうえ」
5行目 common「共通の，普通の」
6行目 be cultivated「栽培される」文中では現在完了形の受け身になっている。
7行目 originally「初めは，もとは」
grew them (=watermelons) in a large dessert「広大な砂漠でスイカを栽培した」
9行目 the Food and Agriculture Organization of the United Nations「国連食糧農業機関」
10行目 with 75 million tons produced in 2014「2014年には7500万トンが生産された」
付帯状況の with で中国が世界最高の生産国である。その情報に付随して追加説明している。付帯状況の with は with ＋ 名詞 ＋［分詞，形容詞，副詞，前置詞句］の形があるが，ここでは with ＋名詞（75 million tons）＋過去分詞（produced）

— 187 —

の形である。

12行目 Eating fruits and vegetables「果物や野菜を食べること」eating は動名詞で主語になっている。

reduce the risk of ～「～の危険性を減らす」
lifestyle-related health conditions「生活習慣に関わる健康状態」→生活習慣病
14行目の obesity「肥満」heart disease「心臓病」はその具体例である。

13行目 Many studies have suggested that ～「多くの研究では that 以下のことを示唆している」以前からスイカの効用に関してさまざまな報告があって，現在に至っているという意味で現在完了形が用いられている。

increasing the consumption of food like watermelons「スイカのような食べ物の消費を増やすこと」→スイカをたくさん食べること
increasing は動名詞で that 以下の主語になっている。

14行目 decrease the risk of obesity and heart disease「肥満と心臓病の危険性を減らす」12行目の reduce は意識的に「減らす」，decrease は自然に減少していくニュアンスがある。

14行目 the watermelon is expected to promote ～, to improve ～, to increase ～「スイカは～と期待されている」3つの不定詞が続いている構造に注意する。

5

[訳]

(1)日本人もイギリス人もお茶好きで知られている。イギリスのアフタヌーンティーは日本の茶道に似ている。両者とも文化的，社会的な意味をもっている。主人も客人も，室内装飾，茶器のよい配置，話題などに広範囲な知識，センス，教養が必要とされる。

(2)第7代ベッドフォード公爵夫人のアンナ＝マリア＝ラッセルが，19世紀イギリスでアフタヌーンティーを始めたと言われている。当時人々は，朝食と夜遅くの夕食という，主な食事は一日に2回しか取らないことが普通だった。貴族は朝食，いわゆる「イングリッシュ・ブレックファースト」にたくさん食べた。正午頃には，昼食として軽い食事しか取らなかった。しかし，夕食は午後9時頃に取らざるを得なかった。彼らは互いに親しく交際するために，いつもオペラや音楽会に出かけていたからである。だから，ベッドフォード公爵夫人は，午後3時頃に空腹を抑えるためにスコーンやサンドイッチと一緒にポット1杯分の紅茶を飲んだ。最初は，このお茶の時間を自分一人のために設けていたが，ある日彼女は応接間でお客に1杯の紅茶をごちそうした。彼女のお茶の時間は，上流階級の女性らに評判が良かった。結果として，午後のお茶の時間は，貴族の社交の機会として広く行きわたるようになった。

(3)一方，日本ではお茶は最初，仏教の僧侶によって薬として紹介された。その後，ぜいたくなものとしてお茶を飲むことは，禅宗寺院から人々に広まり，お茶を飲むことは貴族階級や富裕層の余暇の気晴らしとなった。時がたつにつれ，わび茶と呼ばれる茶道に発展した。わび茶は簡素，静寂という禅の哲学によって大きな影響を受けた。その後，わび茶の様式は千利休によって完成された。彼は16世紀の有名な茶道家だった。現代の茶道は，わび茶の影響を大いに受けている。

(4)わび茶の基本的な考えは「やつしの美」である。日本の茶道は，まさにイギリスのアフタヌーンティーと同様に上流階級のおもてなしの一種だった。しかし，その儀式では人々は狭い茶室で質素な茶器を使って，お茶を飲むことを楽しんだ。高貴な身分の人は，質素な身なりをすることによって，俗世を離れようとしたのだ。このような考え方が「やつしの美」と呼ばれたのである。

(5)千利休は，茶道の心得「四規七則」を取り入れた。「四規」とは「和敬清寂」の4つの精神を意味している。「和」とはお互いに心を開くこと。「敬」とはお互いに敬うこと。「清」とは心と身の回りを清らかに保つこと。「寂」とは平穏な精神を保つことである。「七則」とは客人をもてなすときに，茶道の主人が守るべき7つの心得である。日本の茶道はこのような振る舞いと心がけを求めている

のだ。

⑹イギリスのアフタヌーンティーも日本の茶道も、ただ楽しんでお茶を飲む時間をもつということではない。それらには共通の精神があり、それは「客人をもてなすこと」である。だが、これらは完全に同じというわけではない。イギリスのアフタヌーンティーは華麗で優雅なものだが、日本の茶道は質素な優雅さで内なる美を表現しているのだ。日本人もイギリス人も、お茶を愛することについては共通の感覚があるが、お茶の文化に対する態度は基本的に違っている。イギリスのアフタヌーンティーは、社交の「場」へと発展してきた。それとは対照的に、日本の茶道は「哲学」へと進化した。お茶についてのこのような考えは、それぞれの国の歴史と価値観を含んでいると言えるだろう。

[解説]

問42 [答] ②

第1段落で筆者は、□□□□と示唆している。
①日本人もイギリス人も知識を吸収するためにお茶の時間をもつ。
②イギリスのアフタヌーンティーと日本の茶道は広範囲な知識を必要とする。
③主人は客人に高価な茶器を提供する義務がある。
④日本とイギリスの伝統的なお茶の時間は厳しい行儀作法を必要とする。
[ヒント] 3～4行目に「主人も客人も、室内装飾、茶器のよい配置、話題などに広範囲な知識、センス、教養が必要とされる」とあり②が正解。

問43 [答] ①

第2段落によると、イギリスの状況について正しいのは次のうちどれか?
①イギリス人は一般に主な食事は一日に2回しか取らなかった。
②初めは、アンナ＝マリア＝ラッセルは上流階級の友人のためにお茶の時間を設けた。
③貴族は朝食にたくさん食べたので、夜遅くに夕食を取らねばならなかった。
④イギリスの上流階級の女性は応接間で夕食を取

らねばならなかった。
[ヒント] 7～8行目に、当時食事は朝の朝食と夜遅くの夕食の一日に2回しか取らないという記述があるので①が正解。②は13行目に「最初は、このお茶の時間を自分一人のために設けていた」とあり、最初から友人らとお茶の時間を設けてはいなかったので不正解である。③は10～11行目に、夕食は午後9時頃に取らざるを得なかったのは、いつもオペラや音楽会に出かけていたからとある。従って朝食をたくさん食べたからではないので不正解となる。④の記述はない。

問44 [答] ④

第3段落によると、日本ではわび茶は□□□□。
①千利休によってぜいたくの一つとして紹介された。
②禅とは無関係である。
③仏教の僧侶の間に気晴らしとして広まった。
④現代の茶道に大きな影響を与えた。
[ヒント] ①は18行目に、お茶はぜいたくなものとして禅宗寺院から広まったとあり千利休ではない。②は20～21行目に、わび茶は禅の哲学によって大きな影響を受けたとあるので無関係ではない。③は19行目に、お茶を飲むことは貴族階級や富裕層の余暇の気晴らしとなったとあり、仏教の僧侶ではない。第3段落の最後に「現代の茶道は、わび茶の影響を大いに受けている」とあるので正解は④となる。

問45 [答] ②

第4段落によると、わび茶の考えに正しくないものは次のうちどれか?
①上流階級の人々は質素な茶道で日常生活を離れることを楽しんだ。
②茶会に出席した人々は、ぜいたくな茶器を使った。
③それはイギリスのアフタヌーンティーと同様、上流階級の人のためのおもてなしの一種だった。
④「やつしの美」は日本の茶道の基本的な考え方である。

[ヒント] 27行目に，「高貴な身分の人は，質素な身なりをすることによって，俗世を離れようとした」とあるので①は本文通りである。②は26行目の「その儀式では人々は狭い茶室で質素な茶器を使って，お茶を飲むことを楽しんだ」との記述に反しているので正解となる。③は24〜26行目の「日本の茶道は，まさにイギリスのアフタヌーンティーと同様，上流階級の人のためのおもてなしの一種だった」との記述通りである。④は第4段落の冒頭の英文と一致している。

問46 ［答］③

第5段落によると，茶道にはどんな振る舞いと心がけが求められているのか？
①何も言わずにお茶を飲むこと
②茶会を開く前に独自の心得を作ること
③清らかな身の回りの中で，互いに敬い心を開くこと
④茶室を豪華に装飾して客人をもてなすこと
[ヒント] 千利休が取り入れた「四規」の「和敬清寂」4つの精神に当てはまるのは③しかない。

問47 ［答］④

第6段落によると，次のうち正しいのはどれか？
①イギリスのアフタヌーンティーは日本の茶道とは全く異なっている。
②イギリス人は人の心の内側にある美を深く調べようとする。
③日本の茶道は富裕層の公的な場として発展した。
④日本のお茶に対する文化はイギリスとは異なっている。
[ヒント] 37行目に，イギリスのアフタヌーンティーも日本の茶道も「客人をもてなすこと」には共通の精神があると述べているので全く異なっているわけではない。従って①は不正解。②③は本文に言及していない。④は41行目に「お茶の文化に対する態度は基本的に違っている」とあり正解となる。

問48 ［答］①

次の文のうち，間違っているものはどれか？
①華麗で優雅であることは，日本の茶道ではとても重要である。
②19世紀のイギリスでは，昼食の時間は軽い食事をとる時間だと考えられていた。
③わび茶の様式は禅の哲学に由来する。
④日本とイギリスのお茶の時間は似た部分と異なる部分がある。
[ヒント] 38行目に「イギリスのアフタヌーンティーは，華麗で優雅なものである」とあり日本の茶道ではないので①は正しくない。②は9行目に「正午頃には，昼食として軽い食事しか取らなかった」とあり正しい。③は20〜21行目の「わび茶は簡素，静寂という禅の哲学によって大きな影響を受けた」とあり正しい。④も第6段落で，日本もイギリスも「客人をもてなすという」共通の精神があるという類似点と，イギリスは社交の「場」へと発展し，日本は「哲学」へと進化したという相違点の説明があるので正しい。

問49 ［答］②

「やつしの美」と言われる考えは ☐ のである。
①質素な身なりをした人々に一杯のお茶で日常生活を離れさせる。
②高貴な身分の人々に質素な身なりにさせ，狭い茶室で喜んでお茶を飲ませる。
③地位も富もない人々に日常生活から離脱していると感じさせる。
④富のある人々に地位も富もない人々と一緒に喜んでお茶を飲ませる。
[ヒント] 26〜28行目に「その儀式では人々は狭い茶室で質素な茶器を使って，お茶を飲むことを楽しんだ。高貴な身分の人は，貧しい身なりをすることによって，俗世を離れようとした。このような考え方が『やつしの美』である」とあり，これに合うのは②である。

[語句と構文]

2行目 be similar to 〜「〜 に似ている」
3行目 a broad range of knowledge, sense, and

culture「広範囲な知識，センス，教養」

[6行目] ～ is said to have started afternoon tea in the 19th century Britain「～が19世紀イギリスでアフタヌーンティーを始めたと言われている」to 不定詞が述語動詞の時制（is said の現在形）よりも前のことを表しているので to have started と完了不定詞になっている。

[7行目] in those days「当時」

it was usual for people to take only two main meals a day「人々は，主な食事は一日に2回しか取らないことが普通だった」it は形式主語，真主語は to take ～以下である。また for people は to 不定詞の意味上の主語となっている。

[9行目] so-called「いわゆる」

[11行目] to socialize with each other「互いに親しく交際するために」目的を表す副詞的用法の不定詞

[12行目] therefore「だから，従って」 scones「スコーン」小麦粉やオートミールなどで作った生地を丸く焼いた小型のパンケーキのこと。

[13行目] to curb her hunger「彼女の空腹を抑えるために」to curb は目的を表す副詞的用法の不定詞 hold this tea time for herself「このお茶の時間を自分一人のために設ける」

[14行目] treat her guests to a cup of tea「彼女のお客に1杯の紅茶をごちそうする」
treat 人 to ～「人に～をごちそうする，おごる」

[15行目] have a good reputation among ～「～に評判が良い」as a result「結果として」

[16行目] be widespread「広く行きわたる」文中では become widespread で「広く行きわたるようになる」as a social occasion for nobles「貴族の社交の機会として」

[17行目] on the other hand「一方で」Buddhist priest「仏教の僧侶」

[18行目] having tea as a luxury「ぜいたくなものとしてお茶を飲むことは」having は動名詞で主語になっている。

[19行目] drinking tea「お茶を飲むことは」
drinking は動名詞で主語になっている。前出の having tea よりも飲む動作・行為そのものを強調

している。the nobility and the wealthy「貴族階級や富裕層」wealthy「富裕な」は形容詞であるが，the ＋形容詞で「人」を表している。the young は「若い人」 the rich は「金持ちの人」などである。as time passed「時がたつにつれ」

[20行目] the tea ceremony called *wabicha*「わび茶と呼ばれる茶道」called は the tea ceremony を修飾する過去分詞の後置形容詞の用法。

[21行目] be influenced by the philosophy of Zen「禅の哲学によって影響を受ける」simplicity「簡素，質素」quietness「静寂」

[22行目] be perfected by Sen no Rikyu「千利休によって完成された」Sen no Rikyu, who was a famous tea master from the 16th century「千利休，彼は16世紀の有名な茶道家だった」who は Sen no Rikyu が先行詞の主格の関係代名詞であるが，直前にカンマがあるので千利休を補足的に説明する非制限用法である。

[25行目] a form of entertainment「おもてなしの一種」

[27行目] people who held a high rank「高貴な身分の人」 hold「役職，地位に就いている」
who は people 先行詞とする主格の関係代名詞であるが，この関係代名詞節をカッコでくくり，people（who held a high rank）tried to leave ～主語に対する述語動詞（tried）の見つけることが大切である。「高貴な身分の人は～を離れようとした」

[28行目] by being poorly dressed「質素な身なりをすることによって」 this type of ideology「このような考え方」→狭い茶室で質素な茶器で，高貴な身分の人も，俗世を離れようと華美でない質素な身なりをすることによってお茶を楽しむこと。これが「やつしの美」と呼ばれたのである。24行目の the beauty of being disguised の意味がわからなくとも，必ずその直後に説明があるので心配はいらない。また disguise「～を変装させる」は受け身で「変装している」意味であるが，その意味がわからなくても，「質素な身なりをする」から「変装する」と類推できる。

[31行目] ～is to open the hearts of each other「～

はお互いに心を開くこと」to open は補語になっている名詞的用法の不定詞で主語を説明している（以下 to respect, to keep, to remain も同じ用法の不定詞）。

32行目 keep minds and surroundings pure「心と身の回りを清らかに保つ」
keep＋目的語＋補語「目的語（minds and surroundings）を補語（pure）の状態に保つ」

33行目 maintain the spirit of quietness「平穏な精神を保つ」seven rules which the hosts of the tea ceremony must follow「茶道の主人が守るべき7つの心得」which は seven rules を先行詞とする目的格の関係代名詞

36行目 ～ not just about having time to enjoy drinking tea「～はただ楽しんでお茶を飲む時間をもつということではない」to enjoy は time を修飾する形容詞的用法の to 不定詞

37行目 a common spirit, which is "to entertain the guest"「共通の精神，それは『客人をもてなすこと』である」which は a common spirit が先行詞の主格の関係代名詞であるが，直前にカンマがあるので a common spirit を補足的に説明する非制限用法である。

38行目 these とはイギリスのアフタヌーンティーと日本の茶道をさす。not completely the same「完全に同じというわけではない」部分否定である。従って，第6段落ではイギリスのアフタヌーンティーと日本の茶道の違いの説明あると予想できる。

39行目 express inner beauty with simple elegance「質素な優雅さで内なる美を表現する」

40行目 a common taste in their love of tea「お茶を愛することについては共通の感覚」

42行目 by contrast「（それとは）対照的に」.

43行目 evolve into ～「～へと進化する」
It can be said that ～「that 以下のことが言える」
it は形式主語で真主語は that 以下である。
include the history and sense of values「歴史と価値観を含む」

英語　　正解と配点

問題番号		正　解	配　点
1	1	④	2
	2	①	2
	3	③	2
	4	④	2
	5	④	2
	6	②	2
	7	①	2
	8	③	2
	9	②	2
	10	③	2
2	11	③	2
	12	②	2
	13	③	2
	14	④	2
	15	①	2
	16	②	2
	17	①	2
	18	③	2
	19	①	2
	20	②	
	21	②	2
	22	①	
	23	③	2
	24	①	
	25	⑤	2
	26	④	
	27	①	2
	28	②	

問題番号		正　解	配　点
3	29	③	3
	30	①	3
	31	②	3
	32	③	3
4	33	③	2
	34	③	2
	35	①	2
	36	②	2
	37	③	2
	38	②	2
	39	①	2
	40	①	2
	41	④	2
5	42	②	3
	43	①	3
	44	④	3
	45	②	3
	46	③	3
	47	④	3
	48	①	3
	49	②	3

＊問19〜28は2つ完答で2点。

令和2年度

基礎学力到達度テスト 問題と詳解

令和2年度　9月実施

I リスニング・テスト

ただ今から放送によるリスニング・テストを行います。

● テストは Part (A), Part (B), Part (C) に分かれています。それぞれの Part の初めに放送される日本語の説明に従って，解答してください。

● 答えは，放送による英語の質問をそれぞれ聞いたあと，①〜④の中から最も適切なものを1つ選び，番号で答えてください。

Part (A)

問題用紙に印刷されているそれぞれの写真を見ながら，放送される英文を聞いて答えてください。解答は4つの選択肢の中から，最も適切なものの番号を1つ選んでください。放送を聞きながら，メモをとってもかまいません。英文は2回読まれます。では，第1問から始めます。

問1

問2

問3

Part ⒝

これから，5組の短い対話を放送します。それぞれの対話のあとに，その対話について英語の質問を1つずつします。質問の答えとして最も適切なものを，下に印刷されている答えの中から1つ選び，番号で答えなさい。対話と質問は2回読まれます。

問4

① He wants to introduce the woman to his friend.

② He wants to borrow some money to buy a new phone.

③ He wants to have the screen of his phone replaced.

④ He wants to fix the woman's phone for free.

問5

① He wants to study more to be better at math.

② He is not interested in math.

③ Math used to be his favorite subject.

④ He uses math in business situations.

問6

① The dinner will be at an earlier time with more people coming.

② The dinner will be at an earlier time with fewer people coming.

③ The dinner will be at a later time with more people coming.

④ The dinner will be at a later time with fewer people coming.

問7

問8

①
Third Floor	Room C	Room D
Second Floor	Room A	Room B
First Floor	Music Room	

②
Third Floor	Music Room		
Second Floor	Room D		
First Floor	Room A	Room B	Room C

③
Third Floor	Music Room		
Second Floor	Room A	Room B	Room C
First Floor	Room D		

④
Third Floor	Room A	Room B
Second Floor	Room C	Room D
First Floor	Music Room	

Part (C)

　これから，やや長い英文を1つ放送します。英文のあとに，その英文について英語の質問を2つします。質問の答えとして最も適切なものを，下に印刷されている答えの中から1つ選び，番号で答えなさい。英文と質問は2回読まれます。

問9

① They are going to meet some artists from Europe.
② They are going to go on a 90-day trip to Europe.
③ They are going to do some shopping at the gift shop.
④ They are going to see paintings from the 19th century.

問10

① They can purchase paintings in the gift shop.
② They can leave their belongings at the entrance.
③ They need to put food and drinks in their bags.
④ They must turn off their digital cameras.

次の(A), (B), (C)の問いに答えなさい。

(A) 次の英文の ☐ に入れるのに最も適切な語を①〜④から１つ選び，番号で答えなさい。

問11 In my diary, I can write ☐ I have in mind.
　　① wherever　　② whenever　　③ whatever　　④ however

問12 I arrived at the station ☐ to find that the train had already left.
　　① so　　② just　　③ yet　　④ only

問13 The performance at the show was ☐ from being perfect.
　　① across　　② near　　③ beneath　　④ far

問14 Sam is the one standing by the door ☐ his arms crossed.
　　① with　　② for　　③ under　　④ from

(B) 次の対話の ☐ に入れるのに最も適切なものを①〜④から1つ選び，番号で答えなさい。

問15　*A* : Where do you want to eat lunch today ?

　　　B : How about the new Italian restaurant at the corner ? I heard their pizza is good.

　　　A : We should probably go early then. ☐

　　　B : OK, I'll check what time it opens.

　　① 　I've seen you a few times at the restaurant.
　　② 　I always see a long line during lunchtime.
　　③ 　I'm sure there are many good places to eat.
　　④ 　It's nice of you to show me around the town.

問16　*A* : Are you interested in classical music ?

　　　B : I took some piano lessons when I was little. Why ?

　　　A : I have some tickets to a concert. It's a family concert, and they'll play some famous pieces of classical music.

　　　B : That sounds interesting. ☐

　　① 　You were at the concert, weren't you ?
　　② 　Can you tell me more details ?
　　③ 　I enjoyed the performance very much.
　　④ 　I've never been interested in classical music.

問17　*A* : Excuse me, where can I find children's books ?

　　　B : We have them at the very back. Are you looking for anything in particular ?

　　　A : ☐ Can you help me find it ?

　　　B : Sure, I'll look it up in our database.

　　① Yes, I've written down the title.

　　② Yes, I've already found the book.

　　③ No, I like picture books better.

　　④ No, I'm here to return it.

問18　*A* : Why are you sweating so much, Bob ?

　　　B : I overslept and missed the bus this morning, so I had to run. I would have been late to the class if I had waited for the next one.

　　　A : Oh, that's tough. But you should always look at the bright side. ☐

　　　B : You're right. As a matter of fact, I've been gaining weight lately.

　　① I can't believe you forgot your backpack.

　　② I'm glad you were able to catch the bus.

　　③ You should have talked to the teacher first.

　　④ You can think of it as good exercise.

(C) 次の各英文中の空所には，それぞれ下の①〜⑤の語(句)が入ります。下の①〜⑤の語(句)を最も適切に並べかえて空所を補い，文を完成させなさい。解答は $\boxed{19}$ 〜 $\boxed{28}$ に入れるものの番号のみを答えなさい。

問19・20　Brian ＿＿＿ $\boxed{19}$ ＿＿＿ $\boxed{20}$ ＿＿＿ to us.

① without　② the room　③ anything　④ left　⑤ saying

問21・22　How long ＿＿＿ $\boxed{21}$ ＿＿＿ $\boxed{22}$ ＿＿＿ last ?

① will　② you　③ the ceremony　④ do　⑤ think

問23・24　He ＿＿＿ $\boxed{23}$ ＿＿＿ $\boxed{24}$ ＿＿＿ the building.

① inside　② us　③ told　④ stay　⑤ to

問25・26　No ＿＿＿ $\boxed{25}$ ＿＿＿ $\boxed{26}$ ＿＿＿ than Dr. James.

① person　② better　③ the subject　④ other　⑤ knows

問27・28　I was hardly ＿＿＿ $\boxed{27}$ ＿＿＿ $\boxed{28}$ ＿＿＿ in English at the time.

① to　② make　③ understood　④ able　⑤ myself

3 次のグラフと英文を読んで，あとの各問いに対する答えとして最も適切なものを①〜④から1つ選び，番号で答えなさい。

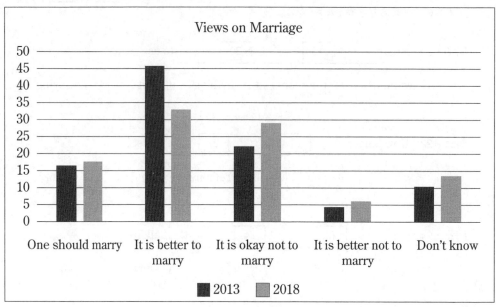

Views on Marriage

[*International Survey of Youth Attitude 2018]

Today, more and more people are staying single in Japan. People are marrying late, and the percentage of those who remain single for life has been increasing for some decades now. One way to look at this trend is through people's views on marriage.

International Survey of Youth Attitude 2018 reveals what young people in Japan today
5 think about marriage. In the survey, about 1,000 sample answers were collected from people between the ages of 13 and 29.

First, they were asked to choose one answer to the question, "How do you feel about marriage?" The same question was asked in the survey conducted in 2013. As shown in the graph above, in 2013, 62.5% of people answered, "One should marry" or "It is better to
10 marry," and this percentage dropped to 50.9% in 2018. On the other hand, a higher percentage of people answered "It is okay not to marry" or "It is better not to marry" in 2018.

Next, the survey asked participants to choose reasons behind their thoughts on marriage. About 60% of the people who answered "One should marry" or "It is better to
15 marry" chose the reason that marriage enables people to have their own children and family. This was the top response. As for those who answered, "It is okay not to marry" or "It is better not to marry," their top response was that being single enables people to enjoy their hobbies and recreation. This reason was chosen by 53.2% of them.

Though marriage is a personal choice, there is certainly a trend in each period of time.
20 The trend may affect the various aspects of the society.

〔注〕 International Survey of Youth Attitude （我が国と諸外国の若者の意識に関する調査）

問29 次の中で，グラフが表している内容を正しく説明しているものを1つ選び，番号で答え
なさい。
  ① How people's thoughts on marriage changed from 2013 to 2018.
  ② Gender differences in the views on marriage in 2013 and 2018.
  ③ The percentage of people who got married between 2013 and 2018.
  ④ The number of people who participated in the survey from 2013 to 2018.

問30 次の各文で，グラフからわかることを1つ選び，番号で答えなさい。
  ① About 20% of the people answered that it is better not to marry in both
    2013 and 2018.
  ② In 2013, more female participants answered that it is better to marry.
  ③ In 2018, nearly 30% of the people answered that it is okay not to marry.
  ④ More people thought that it is better to marry in 2018 than in 2013.

問31 グラフで示された結果に関連して，調査で質問されたこととして本文で述べられている
ものを1つ選び，番号で答えなさい。
  ① The survey asked participants if they wanted to get married.
  ② The survey asked participants to choose reasons for their views on
    marriage.
  ③ The survey asked participants how many children they wanted.
  ④ The survey asked participants about their views on international marriage.

問32 次の各文で，グラフまたは本文の内容に合致するものを1つ選び，番号で答えなさい。
  ① More people were negative about marriage in 2013 than in 2018.
  ② Young people in Japan want to enjoy their hobbies with their family.
  ③ About half of the participants thought one should marry in both 2013 and
    2018.
  ④ Having a family was the top reason for the positive views on marriage.

次の【A】，【B】の各英文を読んで，文意が通じるように，| 33 | ～ | 41 | に入れるのに最も
適切な語を①～④から１つ選び，番号で答えなさい。

【A】

　　In social relationships, we can't avoid having conflicts with others, but there are ways to
handle them | 33 | keeping our mind at peace.

　　First, being in control of our emotions is important to | 34 | a peaceful relationship with
others. Negative emotions such as anger or hatred do nothing but produce even more
5 negative feelings in others as well as in ourselves. We should always try not to act
emotionally when confronting problems.

　　Another important thing is to find a point which everyone can agree on. To do this, we
need to understand that people have | 35 | opinions and oftentimes it's difficult to judge
them or to say which one is better than others. You might want to ask the question: how do
10 we find such a point then? The answer to this question is simple. We should give each
other a chance to speak and listen carefully to | 36 | others have to say. You don't need to
agree with everything they say, and this goes the other way around, too. Once all opinions
are | 37 | and heard, we can see an area where people disagree, and start working from
there.

問33
　　① since　　　　② while　　　　③ unless　　　　④ instead

問34
　　① challenge　　② exclude　　　③ maintain　　　④ disturb

問35
　　① different　　② violent　　　③ whole　　　　④ exact

問36
　　① what　　　　② how　　　　③ that　　　　④ who

問37
　　① caused　　　② blamed　　　③ expected　　　④ expressed

【B】

There has been a debate over whether America should be called a melting pot or a salad bowl, when it comes to defining its core ⬚38⬚. While both terms indicate that America is a country of immigrants, there is a clear difference in their meanings. A melting pot can be defined as a place where things are mixed, and a salad bowl is a *metaphor for a place
5 where different things *coexist, separate and independent from one another.

These days people seem to be leaning more toward the idea of America being a salad bowl. The *Census Bureau data for 2017 further ⬚39⬚ this trend. Though it might not be surprising that America's largest state, California, has the highest number of people who speak a language other than English at home, the ⬚40⬚ has doubled over the past few
10 decades. In 1980 in California, one in four people spoke a language other than English at home, and in 2017, one in two didn't speak English at home.

People bring their cultures to America. They *cherish their languages and traditions and pass them onto the next generations. Places such as Little Tokyo, Koreatown and Little Saigon are rather obvious "marks" of people coming from outside of America, ⬚41⬚ what
15 they grew up with and their cultural identities.

〔注〕 metaphor（暗喩，例え）　　coexist（共存する）　　Census Bureau（国勢調査局）
　　　cherish（大切にする）

問38
　　① restriction　　② substitute　　③ conclusion　　④ characteristic

問39
　　① hides　　② weakens　　③ supports　　④ separates

問40
　　① currency　　② percentage　　③ discount　　④ income

問41
　　① preserving　　② abolishing　　③ prohibiting　　④ detecting

次の英文を読んで，あとの各問いに対する答えや，空欄に入るものとして最も適切なものを ① ～④ から１つ選び，番号で答えなさい。

(1)　We need food and water in order to live. And there is another thing we absolutely need in life; that is sleep. Why do we need sleep? For a long time, people have been trying to figure this out with various studies and researches. Still, much of the precise mechanism of sleep has remained unknown.

(2)　Sleep is necessary for our brain to recover from *fatigue. Recent studies show that sleep is our brain's active attempt to rest. In other words, it is a function of our brain to repair damage and restore energy that is enough for our body to run for another day. Sleep is also said to be essential for our brain to organize memories and retain information. Perhaps almost everyone has experienced symptoms of sleep loss. For example, we would find it difficult to concentrate or remember things when we are not getting the sleep that we need.

(3)　How many hours do we need to sleep then? The recommended sleep range varies depending on age. According to the *National Sleep Foundation, *newborns (0-3 months) should sleep 14 to 17 hours a day, and these numbers gradually decrease as the age goes up. *Preschoolers (3-5 years) are encouraged to sleep at least 10 hours a day, and school age children (6-13 years) should sleep 9 to 11 hours. Teenagers (14-17 years) should sleep 8 to 10 hours. As for adults, 7 to 9 hours of sleep are recommended for those between the ages of 18 and 64. Generally, children need to sleep longer than adults for body growth.

(4)　Once we are grown up, though, how much sleep do we *really* need? The answer to this question is not simple. In fact, there are people who can live a perfectly healthy life with just a few hours of sleep each day. They are called short sleepers. *Napoléon Bonaparte and *Thomas Edison are well-known short sleepers. Some say, however, the two often took a nap, so we don't know exactly how much they slept. On the other hand, German-born *physicist *Albert Einstein is said to have been a long sleeper, who regularly slept for 10 hours a day. As such, the amount of sleep needed for adults differs from one person to another. We as individuals should find our own best sleep range that enables us to perform best during the day.

(5)　Interestingly enough, if we look at animals in the wild, the amount of sleep they get can be explained by the nature of their eating habits. Plant-eating animals such as goats and cows generally sleep much shorter than flesh-eating animals such as tigers and lions. This is because plant-eating animals spend more time a day eating, as plants tend to have fewer calories and less nutrition than meat. Compared to flesh-eating animals that can consume more calories and nutrition in one meal, they need to eat more often. In addition, plant-eating animals are always in danger of getting attacked by their *predators, making it difficult for them to sleep long hours.

(6)　Our body and brain need sleep to function properly, and in the long term, *sleep deprivation can cause serious problems in our body. This is true for both humans and other animals. In fact, experiments on rats have reported that severe sleep deprivation led to death within a few weeks. A good night's sleep will help us live a healthy, 40 productive life; that is to say, to sleep well means to live well.

〔注〕fatigue（疲労）　　National Sleep Foundation（全米睡眠財団）　　newborn（新生児）
preschooler（未就学児）　　Napoléon Bonaparte（ナポレオン・ボナパルト）
Thomas Edison（トーマス・エジソン）　　physicist（物理学者）
Albert Einstein（アルバート・アインシュタイン）　　predator（捕食動物，天敵）
sleep deprivation（睡眠不足〔遮断〕）

問42　In the first paragraph, the author mentions "food and water" to explain ☐.
　①　the difference between what we need in life and what we want in life
　②　the importance of sleep as part of necessities in life
　③　why humans need to sleep for long hours every day
　④　how people have studied the mechanism of sleep

問43　According to the second paragraph, sleep can be described as ☐.
　①　a function of our brain to keep in good condition
　②　a reward for our brain when it has been used for a long time
　③　an experience of sharing memories and information with others
　④　our brain's attempt to collect new information during the night

問44　In the third paragraph, the author gives information about sleep ranges to ☐.
　①　explain how the recommended sleep ranges have changed over time
　②　introduce new studies on body growth in relation to sleep
　③　show how our ages determine how much we should sleep
　④　compare the recommended sleep range to our actual sleep hours

問45　According to the fourth paragraph, which of the following is true ?
　①　Many of the great inventors from the past were short sleepers.
　②　Taking a nap helps us stay healthy regardless of how much we sleep.
　③　Males tend to be short sleepers while females tend to be long sleepers.
　④　One person's ideal sleep range might not be the best for others.

問46 According to the fifth paragraph, what is one reason that plant-eating animals sleep shorter than flesh-eating animals ?
① They have to move constantly from one place to another.
② They can restore energy faster when sleeping.
③ They need less energy to run their brains and bodies.
④ They spend a greater amount of time eating a day.

問47 In the sixth paragraph, what does the author say about sleep deprivation ?
① It will cause more serious problems to humans than to other animals.
② Its effects on human health are not clear at this moment.
③ It can have harmful effects on human health in the long term.
④ It has proven to be the cause of death for both humans and other animals.

問48 Which of the following is true ?
① Sleep is less important than water but more important than food for humans.
② Short sleepers tend to be better at remembering new things than long sleepers.
③ Flesh-eating animals can consume more calories in one meal than plant-eating ones.
④ Plant-eating animals eat more at night when their predators are asleep.

問49 It can be said that 　　　　.
① the mechanism of sleep can be learned from how much we eat
② short sleepers tend to live longer than long sleepers
③ our brain can perform best when we sleep at least 10 hours
④ each of us should know our own sleep range that works best

1 リスニング・テスト

Part （A）

問1 放送文

Number1.　Look at the picture marked Number 1 in your test booklet.

①Some men are holding musical instruments.

②Some men are looking at the paintings on the wall.

③Musical instruments are being carried to the stage.

④Some violins are placed on the stage floor.

放送文の訳

問題用紙の問1と書いてある写真を見なさい。

①数人の男性が楽器を手に持っています。

②数人の男性が壁の絵を見ています。

③楽器がステージに運ばれています。

④数挺のバイオリンがステージの床に置かれています。

[解説]　[答]　①

写真を正しく描写しているのは holding musical instruments「楽器を持っている」で①。

③Musical instruments are being carried to the stage. は Some men are carrying musical instruments to the stage. という進行形の受け身で，楽器が運ばれている最中という意味であり写真の描写ではない。musical instrument「楽器」

問2 放送文

Number 2.　Look at the picture marked Number 2 in your test booklet.

①A woman is taking off her scarf.

②A woman has her hands on her lap.

③A woman is pointing at a man.

④A woman is lying on her back.

放送文の訳

問題用紙の問2と書いてある写真を見なさい。

①女性がスカーフを外しています。

②女性が膝に両手を置いています。

③女性が男性に指をさしています。

④女性が仰向けになっています。

[解説]　[答]　②

女性の動作に注目すれば，消去法で②が正解となる。take off one's scarf「スカーフを外す」

lie on one's back「仰向けになる」

現在分詞形が同じ次の動詞には注意

lie（横になる）–lay–lay–lying

lie（嘘をつく）–lied–lied–lying

問3 放送文

Number 3.　Look at the picture marked Number 3 in your test booklet.

①Some people are painting the fence.

②Some people are drawing pictures on the ground.

③The fence is being built around a tree.

④Pictures are being displayed on the fence.

放送文の訳

問題用紙の問3と書いてある写真を見なさい。

①何人かがフェンスにペンキを塗っています。

②何人かが地面に絵を描いています。

③フェンスが木の周りに建てられています。

④絵がフェンスに展示されています。

[解説]　[答]　④

③④は進行形の受け身で，絵がフェンスに展示されている最中の④が正解。

Part （B）

問4 放送文

W：What happened to your phone, Mike? The screen is all broken.

M：I dropped it on my way home last Friday. I called a shop and asked how much it would cost to replace it, and they suggested I buy

— 211 —

a new one. They said it's better that way because my phone is pretty old.

W：You know what my friend did? He broke his phone, too, but he replaced the screen on his own. It only cost him about 30 dollars for a new screen.

M：Do you think you can ask him to fix mine?

W：OK, I'll ask him.

Question：What is the man hoping to do?

放送文の訳

女性：マイク，携帯電話どうしたの？　画面が完全に壊れているわね？

男性：先週の金曜日，家に帰る途中落としちゃった。お店に電話して，画面の取り換えはいくらかかるか聞いたら，新しいのを買えと言われた。僕の携帯はかなり古いので，そのほうがいいんだって。

女性：私の友達がどうしたか知ってる？　彼も携帯を壊してね，自分で画面を取り換えたのよ。新しい画面代に30ドルくらいで済んだって。

男性：僕のも直してもらうように彼に頼んでくれない？

女性：いいわよ。頼んでみるわね。

質問：男性は何を望んでいるのか？

選択肢の訳

①彼は自分の友達に女性を紹介したい。

②彼は新しい携帯を買うためにお金を借りたい。

③彼は自分の携帯の画面を取り換えてもらいたい。

④彼は女性の携帯を無料で直したい。

[解説]　[答]③

　男性が落として携帯の画面を壊したことに対して，女性は自分で画面を取り換えた友人の例を話した。男性は自分のも取り換えてほしいと思っているので③が正解となる。最後の男性の発言 "Do you think you can ask him to fix mine?" に対して女性の "OK, I'll ask him." の聴き取りがポイント。 on one's way home「家に帰る途中」 on one's own「自力で，独力で」

問5　放送文

M：Hi, Emily. I heard you got a perfect score on the math test. I didn't know you were good at math.

W：Well, I wasn't. It's just that I've been thinking about what I want to do after high school, and I found some interest in economics. It turns out I need to be really good with numbers.

M：That's probably true. My cousin is majoring in economics in college, and he's taking a series of math classes. I can't imagine myself doing that. Math has been my least favorite subject since elementary school.

W：Oh, really? It's actually a lot of fun once you understand how things can be solved with numbers. It helps make good predictions as well.

Question: What can be said about the man?

放送文の訳

男性：やあ，エミリー，数学のテスト満点だったんだね。数学が得意だとは知らなかった。

女性：あのね，得意じゃなかったのよ。ただ，高校を出てからやりたいことを考えて，経済学に興味を持ったの。それには，かなり数字に強くなる必要があるとわかったの。

男性：たぶんその通りだね。僕のいとこは大学で経済学の専攻で，いろんな数学の授業を受けているんだ。僕にはそんなこと想像できないな。数学は小学校の時から一番嫌いな教科なんだ。

女性：まあ，本当なの？　いったん物事がどうやって数字で解決できるかわかると，実はとても楽しいのよ。正確な予測を立てることにも役にたつの。

質問：男性について何が言えるのか？

選択肢の訳

①彼は数学がもっとできるように，頑張って勉強したいと思っている。

②彼は数学に興味がない。

③数学は以前好きな教科だった。

④彼は仕事で数学を使う。

[解説]　[答] ②

　男性の最後の発言 "Math has been my least favorite subject since elementary school." から数学に興味がないことがわかるので②が正解。

my least favorite subject「私の一番嫌いな教科」

it turns out that ～「～ということがわかる」

major in economics「経済学を専攻する」

I can't imagine myself doing that「僕がそんなことをするなんて想像できない」doing that はいろいろな数学の授業受けること

once you understand how things can be solved with numbers「いったん物事がどうやって数字で解決できるかわかると」once「いったん～すれば」

make good predictions「正確な予測を立てる」

問6　放送文

W：Excuse me. I made a dinner reservation for 7:00 p.m. on May 18th, but I need to make some changes. My name is Jane Smith.

M：Sure, Ms. Smith. What would you like to change?

W：Well, I initially booked a table for four, but three more are coming, so there will be a total of seven. Also, would it be possible to change the time from 7 to 8?

M：Changing the time would be no problem. However, we're going to have to have you sit at two separate tables. They are side by side but separated by an aisle. Would that be okay?

W：I guess I don't have any choice. OK, that's fine.

Question：What changes were made in the woman's reservation?

放送文の訳

女性：すみません。5月18日, 午後7時にディナーの予約をしたのですが, 変更したいのです。私の名前はジェーン・スミスです。

男性：いいですよ, スミス様。どのような変更で

すか？

女性：あの, 初めは4人分のテーブルを予約したのですが, あと3人来ますので全部で7人になります。それに, 時間を7時から8時に変更できますか？

男性：時間の変更は大丈夫です, ただ, お客様には2つ別々のテーブルに座ってもらうことになります。テーブルは並んでいますが, 通路で分かれます。それでよろしいですか？

女性：仕方がないですね。はい, それでいいです。

質問：女性の予約にどんな変更があったのか？

選択肢の訳

①ディナーの時間が早まり, 人数が増える。

②ディナーの時間が早まり, 人数が減る。

③ディナーの時間が遅くなり, 人数が増える。

④ディナーの時間が遅くなり, 人数が減る。

[解説]　[答] ③

　女性の2番目の発言の, 4人で予約したが3人増えて7人となり, 時間は7時から8時にしたいという変更の内容を聴き取ることがポイント。正解は③。数字の聴き取りには特に注意したい。

make a dinner reservation「ディナーの予約をする」

book a table for 4 (people)「4人分のテーブルを予約する」initially「初めは」

have to have you sit at two separate tables「あなた方は2つ別々のテーブルに座ってもらわなくてはならない」have ＋人＋ sit (動詞の原形)「人に座ってもらう」

side by side「並んで」aisle [áil]「通路」

I don't have any choice.「仕方がない」

問7　放送文

M：How was your trip to Los Angeles, Julia?

W：It was great! Here, I have something for you. Look at this mug. It has the letters "LA" and is big enough to hold coffee for your whole day. I also bought some key chains for my friends. Here they are.

M：What are they? An elephant and … is this a lion?

W：Right. I went to a zoo on the last day. I bought this T-shirt at the gift shop there, too. because it has penguins on it. Look how cute they are!

M：I'm glad you enjoyed your trip.

Question：What did the woman buy in Los Angels?

放送文の訳

男性：ジュリア，ロサンゼルス旅行はどうだった？

女性：最高だったわ！これ，あなたにあげる。このマグカップ見て。LAの文字が入っていて，まる一日分のコーヒーが入るほどの大きさよ。友達にいくつかキーホルダーも買ったの。これよ。

男性：それは何？　ゾウと…これはライオン？

女性：そうよ。最終日に動物園に行ったの。そこのお土産屋でこのTシャツも買ったのよ。ペンギンのプリントだったからね。見て，すごくかわいいでしょ。

男性：楽しい旅行でよかったね。

質問：女性はロサンゼルスで何を買ったのか？

[解説]　[答]①

　会話から下の4つの条件に当てはまる絵を選ぶ。

・LAの文字が入っているマグカップ

・象のキーホルダー

・ライオンのキーホルダー

・ペンギンのプリントのTシャツ

　以上の条件に当てはまる絵は①。

key chain「キーホルダー」　全部の条件を聴き取れなくとも消去法で正解可能である。1つでも多くの条件を聴き取りたい。

問8　放送文

M：There are so many things to see at this school festival. How should we go around?

W：Well, why don't we go up to the second floor first?　We can see paintings and sculptures made by art club members in Room A and B. I also want to taste Japanese tea and sweets. They are served in Room C.

M：OK. It says they are selling sandwiches in Room D, so let's get back here on the first floor for lunch.

W：Sounds good. And there will be a singing performance at 2 p.m. in the Music Room, so we'll go up again to the third floor after lunch.

M：Perfect!

Question：Which floor plans are they looking at?

放送文の訳

男性：この学園祭では見るものがたくさんあるね。どうやってまわる？

女性：最初2階に行ったらどうかしら？　ルームAとBで美術部の絵や彫刻を見ることができるわ。日本茶とお菓子も味わいたいわね，ルームCで提供されているわ。

男性：ルームDでサンドイッチを売っていると書いてあるね，お昼にはこの1階に戻ってこようよ。

女性：いいわね。それに，午後2時に音楽室で歌の公演があるので，お昼の後はまた上がって3階に行きましょう。

男性：いいね！

質問：彼らはどのフロア案内図を見ているのか？

[解説]　[答]③

　彼らの見学順番は次の通り。2階ルームA，Bで美術部の絵，彫刻を見る→ルームCで日本茶とお菓子を味わう→1階ルームDでサンドイッチの昼食→3階の音楽室で歌の公演を見る。これに当てはまるフロア案内図は③。first, second, third の聴き取りに注意したい。

sculpture「彫刻」

It（＝the floor plan）says they are selling sandwiches in Room D.「ルームDでサンドイッチを売っていると書いてあるね」

say「（掲示などが）～と書いてある」

Part（C）

問9，10　放送文

　Thank you for joining our tour.　I'm Emily Jones, and I'll be your guide today. We will spend the next hour exploring this museum together, and at the end of the tour I'll be taking

― 214 ―

you all to our special gift shop. First, we are going to see the main exhibition of this month, which is a collection of painting from 19th-century Europe. As you might know, it was an interesting period of time in art history when many artists started to express their personal thoughts in their works. There is a lot we can relate to in their works, and I hope that this tour will be a memorable experience for all of you. Before we start, I'd like to make a few announcements. You cannot eat or drink inside this museum. If you have any food or drinks, please make sure that they are inside your bag. Also, flash photography is not allowed. We appreciate your understanding and cooperation.

Question No.9 : What are the listeners going to do first on the tour?

Question No.10 : What is one thing that the speaker tells the listeners?

放送文の訳

ツアーに参加していただきありがとうございます 。私はエミリー・ジョーンズです。本日のガイドを務めます。この1時間は，一緒に当美術館を見て回ります。ツアーの最後には，当館の特別ギフトショップにご案内いたします。最初に，今月の主要展示である，19世紀ヨーロッパ絵画コレクションをご覧いただきます。ご存知かもしれませんが，それは美術史において興味深い時代で，多くの画家が作品に自分の考えを表現し始めました。彼らの作品に私たちが共感できる点が多くあります。このツアーが皆様に心に残る経験になることを願っています。出発する前に，いくつかお知らせします。館内での飲食はお控えください。食べ物や飲み物をお持ちの場合には，忘れずにカバンの中に入れてください。また，フラッシュ撮影は禁止されております。皆様のご理解とご協力をお願いします。

問9　質問文と選択肢の訳

聞き手がツアーで最初にすることは何か？
①ヨーロッパからの芸術家に会うこと

②ヨーロッパへ90日間の旅行に行くこと
③ギフトショップで買い物をすること
④19世紀の絵画を見ること

問10　質問文と選択肢の訳

話し手が聞き手に伝えている1つは何か？
①ギフトショップで絵画を購入できる。
②入り口に持ち物を置くことができる。
③飲食物はカバンに入れておく必要がある。
④デジタルカメラの電源を切らなければならない。

[解説]　問9 [答] ④　　問10 [答] ③

問9はガイドの "First, we are going to see the main exhibition of this month, which is a collection of painting from 19th-century Europe." を聴き取ることがポイント。④が正解。
first, next, then, finally などの順序を表す副詞は注意したい。

問10は最後の，"You cannot eat or drink inside this museum. If you have any food or drinks, please make sure that they are inside your bag." の部分がポイント。館内では飲食禁止で，持っている場合には，カバンの中に入れるということで③が正解。

spend the next hour exploring this museum
「この1時間は，当美術館を見て回る」
spend ＋時間＋〜 ing「〜 ing で時間を費やす」
as you might know「ご存知かもしれませんが」
might は as you may know よりも丁寧な表現
There is a lot（which）we can relate to in their works.「彼らの作品に私たちが共感できる点が多くある」目的格の関係代名詞が省略されている
relate to「〜に共感する」
a memorable experience「心に残る経験」
make sure「忘れずに〜する」

2

(A)　文法問題

問11 [答] ③

[訳] 日記には私が考えていることを何でも書くことができる。

― 215 ―

[解説] I have A in mind「Aを考えている」の
have の目的語が欠けているので，先行詞 anything
を含んだ複合関係代名詞 whatever「〜ことは何
でも」が入る。I can write anything that I have
in mind. と書き換えができる。anything that →
whatever
[類例] She believes whatever he says. = She
believes anything that he says.「彼女は彼の言う
ことを何でも信じる」

問12　[答] ④
[訳] 駅についたが，電車はすでに出発していた
ことがわかった。
[解説]「駅についた」「電車はすでに発車してし
まった」この2つの英文をつなげるためには，to
不定詞の副詞的用法で結果を表す only を使う。
only + to 不定詞「〜して，その結果〜」
[類例] I tried it again, only to fail.「私はもう一
度試したが，失敗しただけだった」　only の前に
カンマがくることが多い。

問13　[答] ④
[訳] そのショーでの演技は決して完全なもので
はなかった。
[解説] 否定語を使わない否定表現 far from 〜「決
して〜ではない」

問14　[答] ①
[訳] サムは腕を組んでドアのそばに立っている
人である。
[解説]「with + 名詞 + 分詞」付帯状況の with「〜
しながら，〜して」が入る。
the one standing by the door「ドアのそばに立っ
ている人」standing は名詞 the one を後ろから修
飾する現在分詞の形容詞的用法である。

(B)　会話問題
問15　[答] ②
[訳]
A：今日の昼食はどこで食べたい？
B：角の新しいイタリアンレストランはどうかし

ら？　ピザがおいしいと聞いたわ。
A：それなら，早く行った方がいいね。②お昼時
　　はいつも長い行列ができているから。
B：そうね。何時に店が開くか調べてみるわ。
①そのレストランで何回か君を見かけたよ。
②お昼時はいつも長い行列ができているから。
③食事がおいしい店はたくさんあると思うよ。
④町を案内してくれるなんて，あなたは親切だね。
[解説] 新しいイタリアンレストランで，昼食を
とることになったが，Aは「〜だから早く行った
方がいい」と述べた。その理由に適切なのは②で
ある。それに対してBは開店時間を調べるという
ので②にふさわしい応答である。
[語句] how about 〜?「〜はどう？〜しません
か?」提案や勧誘を表す。

問16　[答] ②
[訳]
A：クラシック音楽に興味ある？
B：小さい頃，ピアノのレッスンを受けていたけ
　　ど，なぜ？
A：コンサートのチケットがあるんだ。ファミリー
　　コンサートで，クラシックの有名な曲を演奏
　　するよ。
B：面白そうね。②もっと詳しく教えてくれない？
①君はコンサートにいたよね？
②もっと詳しく教えてくれない？
③演奏を大いに楽しんだよ。
④クラシック音楽に興味を持ったことはないよ。
[解説] Aのクラシックファミリーコンサートの
話にBは「面白そうね」と興味を示している。
それに続くのは②が最適である。
[語句] take piano lessons「ピアノのレッスンを
受ける」

問17　[答] ①
[訳]
A：すみません，児童書はどこですか？
B：一番奥にあります。特に何かお探しのものが
　　ございますか？
A：①はい，タイトルを書き留めてきました。探

すのを手伝っていただけますか？

Ｂ：承知しました。データーベースで調べてみます。

①はい，タイトルを書き留めてきました。

②はい，もうその本は見つけました。

③いいえ，絵本のほうが好きです。

④いいえ，返却しに来ました。

[解説] 本屋の店員の，特に何かお探しのものがございますか？に対して，Ｂは探すのを手伝ってほしいと頼んでいる。店員はデーターベースで調べてみると答えているので，その本のタイトルはわかっているものと思われる。従って正解は①。

[語句] at the very back「一番奥に」very は名詞 back「奥」の強調「まさしくその」

look for ～「～を探す」in particular「特に」look up「(辞書，コンピューターなどで) 調べる」

問18 [答] ④

[訳]

Ａ：どうしてそんなに汗をかいているの，ボブ？

Ｂ：今朝寝坊して，バスに乗り遅れて，走らなければならなかったんだ。次のバスを待っていたなら，授業に遅刻したよ。

Ａ：まあ，それは大変ね。でもいい方に考えるべきね。④良い運動だと考えればいいのよ。

Ｂ：そうだね。実を言うと，最近体重が増えてきているからね。

①あなたがリュックを忘れるなんて信じられない。

②あなたがバスに乗れてうれしい。

③あなたは最初に先生に話すべきだったのよ。

④あなたは良い運動だと考えればいいのよ。

[解説] 寝坊してバスに乗り遅れ，走ってきたので汗びっしょりのＢに対して，Ａは大変だったけどいい方に考えるべきだという。それに続くのは④で，ボブも体重が増えてきたので良い運動だったと答えている。④You can think of it as a good exercise.「あなたはそれを（＝走ったこと）良い運動だと考えればいい」think of A as B「A を B と考える」

[語句] sweat「汗をかく」oversleep「寝坊する」

I would have been late to the class if I had waited for the next one（=bus）.「もし次のバスを待っていたなら，授業に遅刻しただろうに」

If + 主語 + had + 過去分詞～，主語 + would/could + have + 過去分詞….「もし～だったら，…だったのに」仮定法過去完了の典型的な形である。（問題文では if 節が後ろにきている）事実はバスに乗らずに走ったから授業に間に合ったのである。

That's tough.「それは大変だ」

look at（on）the bright side.「明るい面を見る」→「いい方に考える」

as a matter of fact「実を言うと」

gain weight「体重が増える」

(C) 整序問題

問19・20 [答] ②・⑤

Brian [left the room without saying anything] to us.

[訳] ブライアンは私たちに何も言わずに部屋を出て行った。

[解説] 主語 Brian に続く動詞は left で，without saying anything「何も言わずに」に気づけば完成する。

問21・22 [答] ②・③

How long [do you think the ceremony will] last?

[訳] 式典はどれくらい続くと思いますか？

[解説] 疑問詞 + do you think ～?「～は…だと思いますか？」のパターンを使う。疑問文 How long will the ceremony last? が do you think に組み込まれると，How long do you think the ceremony will last? という語順になる。Yes, No で答える次の疑問文と区別する。Do you know how long the ceremony last?「式典はどれくらい続くか知っていますか？」last「続く」

問23・24 [答] ②・④

He [told us to stay inside] the building.

[訳] 彼は私たちに建物の中にいるように言った。

[解説]tell + 人 + to do「人に〜するように言う」の構文を使う。

問25・26 [答] ①・③

No [other person knows the subject better] than Dr. James.

[訳] ジェームズ博士よりそのテーマをよく知っている人はいない。

[解説] 比較の書き換えは基本であり，次の4パターンの書き換えは覚えておきたい。

「ジムはクラスで一番速く走る」

A 最上級 Jim runs the fastest in his class.

B 比較級 Jim runs faster than any other boy in his class.

C 比較級 No other boy in his class runs faster than Jim.

D 原級 No other boy in his class runs as fast as Jim.

問題文では比較級Cのパターン使う。

問27・28 [答] ①・⑤

I was hardly [able to make myself understood] in English at the time.

[訳] 私は当時，英語で理解させることはほとんどできなかった（当時私の英語はほとんど通じなかった）。

[解説] hardly「ほとんど〜ない」make oneself understood「自分の言葉（考え）を人に理解させる」

3

[訳]

今日日本では，独身でいる人が増えている。晩婚化か進み，生涯独身でいる人の割合がこの数十年間高くなっている。この傾向の1つの見方は，人々の結婚観に表れている

2018年「我が国と諸外国の若者の意識に関する調査」には，今日の日本の若者が結婚についてどのように考えているかを明らかにしている。この調査では，13歳から29歳の人が対象とされ，約

1,000件のサンプルが回収された。

最初，「結婚についてどう思いますか？」との質問に1つ選択するように求められた。同じ質問が2013年に行われた調査でもなされた。上のグラフに示されているように，2013年には62.5％の人が「結婚すべきだ」または「結婚したほうがよい」と回答したが，2018年ではこの割合が50.9％に下がった。ところが，2018年には「結婚しなくてもよい」または「結婚しないほうがよい」により多くの割合の人が回答したのである。

次に，その調査で回答者に結婚観の理由を選択するように求めた。「結婚すべきだ」または「結婚したほうがよい」と回答した人の60％は，結婚は自分の子供や家族をもてるという理由を選択した。これが回答のトップだった。「結婚しなくてもよい」または「結婚しないほうがよい」と回答した人に関しては，トップの回答は，独身でいることは自分の趣味や娯楽を楽しむことができることだった。この理由は53.2％の人に選択された。

結婚は個人の選択であるが，各時代の傾向は確かにある。その傾向は社会のさまざまな側面に影響を及ぼしているかもしれない。

問29 [答] ①

選択肢の訳

①2013年から2018年における人の結婚観の変化

②2013年と2018年の結婚観における男女差

③2013年から2018年の間に結婚した人の割合

④2013年から2018年に調査に参加した人数

[ヒント]

グラフのタイトルが View on Marriage「結婚観」で2013年と2018年のその結婚観を比較している。従って①が正解である。

問30 [答] ③

選択肢の訳

①2013年，2018年の両年で，約20％の人が「結婚しないほうがよい」と回答した。

②2013年では，より多くの女性が「結婚したほうがよい」と回答した。

③2018年では，約30％の人が「結婚しなくてもよ

い」と回答した。

④2013年より2018年ほうが，「結婚したほうがよい」と思っている人が多い。

[ヒント]

　グラフから明らかに正解は③である。①は，「結婚しないほうがよい」と回答した人は2013年，2018年ともに5％程度で不正解。男女別々の回答データーはなく②も不正解。「結婚したほうがよい」と思っている人は2013年約45％，2018年約30％で，2013年のほうが多いので④も不正解。

問31　[答]　②

選択肢の訳

①調査では回答者に結婚したいかどうかを質問した。

②調査では回答者に結婚観についての理由を選択するように求めた。

③調査では回答者に子供は何人ほしいか質問した。

④調査では回答者に国際結婚についての考えを求めた。

[ヒント]

　13行目に，その調査は回答者に結婚観の理由を選択するように求めたとあり，正解は②。本文では回答者に「結婚したいかどうか？　子供は何人ほしいのか？　国際結婚についての考えは？」などは言及されていないので①③④はどれも不正解。

問32　[答]　④

選択肢の訳

①2018年よりも2013年のほうが，結婚について消極的な人が多かった。

②日本の若者は家族と一緒に自分の趣味を楽しみたいと思っている。

③回答者のおよそ半数は，2013年と2018年の両年で「結婚すべきだ」と思っていた。

④家族をもつことが，結婚に肯定的な一番の理由だった。

[ヒント]

　①は，9～11行目に「2013年には62.5％の人が『結婚すべきだ』または『結婚したほうがよい』

と回答し，2018年には50.9％に下がった」とある。ところが「2018年には『結婚しなくてもよい』または『結婚しないほうがよい』により多くの割合の人が回答した」という記述がある。つまり，2018年のほうが結婚には消極的であり①は不正解である。②は第4パラグラフでは結婚に肯定的，積極的な若者と消極的，否定的な若者に分けて質問していて，日本の若者全員にあてはまるものではない。②にあてはるのは結婚に肯定的，積極的グループのみで②も不正解。③はグラフから明らかで2013年，2018年ともに「結婚すべきである」は20％以下で不正解。④は14～16行目に，『結婚すべきだ』または『結婚したほうがよい』と回答した人の60％は，結婚は自分の子供や家族をもてるという理由を選択し，これが回答のトップだったとあり，従って④が正解。

[語句と構文]

1行目 stay single「独身でいる」

marry late「晩婚である」

2行目 those who remain single for life「生涯独身でいる人 those who ～「～する人々」

remain single は stay single の言い換え

decade「10年間」

3行目 one way to look at this trend「この傾向の一つの見方」this trend 生涯独身でいる割合が上がっている傾向

～ through people's views on marriage「人々の結婚観に通じている」→人々の結婚観に表れている

4行目 survey「調査」

What do young people in Japan today think about marriage?「今日の日本の若者が結婚についてどのように考えているか？」この疑問文が間接疑問文の語順になって reveal「明らかにする」に接続されている。

7行目 How do you feel about marriage?「結婚についてどう思いますか？」=What do you think about marriage?

8行目 the survey conducted in 2013「2013年に行われた調査」conducted は survey を後ろから修飾する過去分詞の形容詞的用法

as shown in the graph above「上のグラフで示

されているように」

10行目 on the other hand「他方では，これに反して」→ところが

13行目 ask 人 to do「人に～するように頼む」
The survey asked participants to choose ～
「その調査は回答者に～を選択するように頼んだ（求めた）」participants 調査の参加者→回答者
reasons behind their thoughts on marriage
「彼らの結婚に関しての考えの背後にある理由」
→彼らの結婚観の理由

14行目 About 60% of the people（who answered
"One should marry" or "It is better to marry"）
chose the reason that ～「『結婚すべきだ』『結婚したほうがよい』と回答した人の60％は that
以下という理由を選択した」 主語が長いので関係代名詞節を（　　）でくくると主動詞は chose
だとわかる。

15行目 the reason that ～「that 以下という理由」
that は reason を説明する同格の that
enable 人 to do「人が～するのを可能にする」
marriage enables people to have their children
and family「結婚は人が子供や家族をもてることを
可能にする」→結婚は自分の子供や家族をもてる。

16行目 as for those who answered ～「～と回答した人に関しては」as for ～「～に関しては」

17行目 being single enables people to enjoy
their hobbies and recreation「独身でいることは
自分の趣味や娯楽を楽しむことができる」being
single「独身でいることは」that 以下の主語で動名詞である。

20行目 affect「～に影響を及ぼす」

4

【A】
［訳］
　社会的関係において，人と衝突を避けることはできない。だが，心を穏やかに保ち (33) ながら，それらを処理する方法がある。
　まず，自分の感情をコントロールすることが，人と円満な関係を (34) 維持するのに重要である。

怒りや憎しみのような否定的な感情は，自分自身にだけではなく人にも，さらにより否定的な感情を生み出すだけだ。私たちは問題に直面している時は，いつも感情的に行動しないように努めるべきである。
　もう一つ重要なことは，誰もが同意できる点を見つけることである。このためには，人は (35) 異なる意見を持ち，しばしばそれらを評価し，どの意見が他の意見よりも良いのか言うことは難しいことを理解する必要がある。それであなたはどうやって，そのような点を見いだすのか？と聞きたいかもしれない。この質問の答えは簡単である。私たちはお互いに話す機会を与え，人が言う (36) ことを注意して聞くのである。彼らが言うすべてに同意する必要はないし，このことは逆も当てはまる。いったん，全部の意見が (37) 述べられ，聞いたとなると，人が反対している部分がわかるので，そこから取り組み始めるのである。

［解説］
問33 ［答］②
選択肢の訳
①～以来
②～しながら
③～でない限り
④その代わりに
［ヒント］
　「それら（＝衝突）を処理する方法がある」と「心を穏やかに保つ」をつないで意味が通じるのは②。
while（we are）keeping ～ we are の省略

問34 ［答］③
選択肢の訳
①挑戦する
②除外する
③維持する
④邪魔をする
［ヒント］
　自分の感情をコントロールするには，人と円満な関係を 34 するのに重要だという文脈だから③が適している。

問35 [答] ①

選択肢の訳

①異なる

②乱暴な

③全体の

④正確な

[ヒント]

　誰もが同意できる点を見つけるには，人は 35 の意見を持っていることを理解し，それら意見を評価し，どの意見が他の意見よりも良いのか言うことは難しいという。この文脈では①「異なる」が最適である。

問36 [答] ①

[選択肢]

①what　　②how　　③that　　④who

[ヒント]

　「人が言う 36 を注意して聞く」というので先行詞を含んだ関係代名詞 what が入る。others have something to say「人が言うべきことがある」(to say は something を修飾する形容詞的用法の to 不定詞)　something を先行詞として前に出すと something which others have to say となり，something which が what になる。what others have to say「人が言うこと」have to say「言わねばならない」と解釈をしないこと。

問37 [答] ④

選択肢の訳

①引き起こされる

②非難される

③期待される

④述べられる

[ヒント]

　「いったん，全部の意見が 37 られ，聞いたとなると〜」全部の意見が出て，その意見を聞くのだから④が正解である。

[語句と構文]

1行目 social relationship (s)「社会的関係」can't avoid having conflicts with others「人と衝突を避けることができない」

avoid doing「〜することを避ける」conflict「衝突」there are ways to handle them「それら (=衝突) を処理する方法がある」to handle は ways を説明する to 不定詞の形容詞的方法

2行目 keep our mind at peace「心を穏やかに保つ」at peace「安らかに，穏やかに」

3行目 being in control of our emotions「自分の感情をコントロールすること」being は動名詞で，主語になっている。

4行目 negative emotions such as anger or hatred「怒りや憎しみのような否定的な感情」such as 〜「〜のような」

do nothing but produce even more negative feelings「さらによりネガティブな感情を生み出すだけである」do nothing but do「〜する以外は何もしない，ただ〜するだけである」

[類例] He did nothing but laugh.「彼はただ笑ってばかりいた」

even more negative feelings「さらにより否定的な感情」even は比較級 (more negative) を強調して「さらに，いっそう」

emotion, feeling はともに「感情」という意味だが，emotion のほうが特に強い感情を表す。

5行目 in others as well as in ourselves「自分自身にだけではなく他人にも」A as well as B「Bだけではなく A も」

try not to act emotionally「感情的に行動しないように」

6行目 when (we are) confronting problems「私たちは問題に直面している時」we are の省略 confront「直面する」

7行目 Another important thing is to find 〜「もう一つ重要なことは〜を見つけることである」to find は主語を説明する補語になっている to 不定詞の名詞的用法

a point which everyone can agree on「誰もが同意できる点」which は a point を修飾する目的格の関係代名詞

8行目 we need to understand that 〜「〜を理解する必要がある」that 節は次の構造で，① ② を理解する必要があるという意味になる。

①people have different opinions

②oftentimes it is difficult

　　to judge 〜

　　to say 〜

①人は異なる意見を持っている

②しばしば〜を評価したり（to judge），〜と言ったりすることは（to say）は難しい

9行目 You might want to ask 〜「あなたは（もしかすると）聞きたいかもしれない」

推量の might「（もしかすると）〜かもしれない」

might のほうが may よりも可能性が低い

10行目 such a point = a point which everyone can agree on「誰もが同意できる点」

We should give each other a chance to speak「私たちはお互いに話す機会を与えるべきだ」

give(V)＋each other(O)＋a chance(O)第4文型

a chance to speak　to speak は a chance を修飾する to 不定詞の形容詞的用法

12行目 this goes the other way around, too.「このことは逆にも当てはまる」→「あなたの言うこともすべて同意されることはない」

the other way around「逆に，反対で」

go「〜に当てはまる」[類例] What I told him goes for you, too.「私が彼に言ったことは君にも当てはまる」

13行目 an area where people disagree「人が反対している部分」where は an area を先行詞とする関係副詞

【B】

[訳]

　アメリカの核となる (38) 特徴を定義することになると，「人種のるつぼ」または「サラダボウル」と呼ぶべきかの議論がある。どちらの言葉もアメリカは移民の国であることを示唆しているのに対し，その意味するところは明確な違いがある。「るつぼ」が，物が混ざっている場所として定義されるが，「サラダボウル」は異なるものが共存し，互いに別々に独立している場所の例えなのだ。

　最近では，アメリカはサラダボウルという考えにより傾いてきているようだ。2017年の国勢調査

局のデーターは，さらにこの傾向を (39) 支持している。アメリカ最大の州カリフォルニアでは，家で英語以外の言語を話す人の数が最も多いことは，驚くべきことではないかもしれないが，その (40) 割合は過去数十年で倍になった。1980年のカリフォルニアでは，4人に1人が家で英語以外の言語を話していたが，2017年では2人に1人しか家で英語を話していなかった。

　人々はアメリカに自分たちの文化を持って来る。彼らは自分たちの言語，伝統を大切にして，次の世代に伝えるのだ。リトルトーキョー，コリアタウン，リトルサイゴンのような場所は，アメリカ以外の国からやってきて，自分たちと一緒に育ってきたものや，文化的アイデンティティを (41) 守ってきた人々のかなりはっきりとした『足跡』なのだ。

問38 ［答］④

選択肢の訳

①制限　②代用品　③結論　④特徴

[ヒント]

　「その（アメリカの）核となる 38 を定義することになると」という文脈だから④の特徴が入る。

問39 ［答］③

選択肢の訳

①〜を隠す

②〜を弱くする

③〜を支持する

④〜を分ける

[ヒント]

　最近，アメリカは「人種のるつぼ」より「サラダボウル」であるという考えに傾いてきていて，2017年の国勢調査局のデーターもこの傾向をさらに 39 しているという。副詞の further「なおそのうえに，さらに」に注目するとこの傾向を裏付けているので③が適切である。

問40 ［答］②

選択肢の訳

①通貨　②割合　③割引　④収入
[ヒント]
　カリフォルニアでは，家で英語以外の言語を話す人の数が最も多く，その　40　は過去数十年で倍になった。1980年では，4人に1人が家で英語以外の言語を話し，2017年では2人に1人しか家で英語を話していなかったという流れなので　40　には②の割合が最適である。

問41　[答]　①
選択肢の訳
①守って
②廃止して
③禁止して
④見つけて
[ヒント]
　自分たちの文化，言語，伝統を大切にし，次の世代に伝えるということだから，　41　には①が最適である。

[語句と構文]
1行目　There has been a debate over 〜「〜についての議論がある」過去から現在もその議論があるという現在完了の継続用法
whether America should be called a melting pot or a salad bowl「アメリカは『人種のるつぼ』または『サラダボウル』と呼ぶべきか」
2行目　when it comes to defining its core characteristic「その（アメリカの）核となる特徴を定義することになると」when it comes to 〜「〜のことになると，〜に関して言えば」
define「定義する」
While both terms indicate that 〜「どちらの言葉も that 以下のことを示唆しているのに対し」while「（対比を表して）〜なのに対して」indicate「示唆する」both terms は「人種のるつぼ」と「サラダボウル」の2つの言葉
4行目　as a place where things are mixed「物が混ざっている場所として」where は a place を先行詞とする関係副詞
a metaphor for a place where different things coexist「異なるものが共存している場所の例え」

where は a place を先行詞とする関係副詞
5行目　where は a place を先行詞とする関係副詞 different things 以下は分詞構文になっている。接続詞 and を補って書き換えると，different things が主語で different things coexist and different things are separate and independent from one another「異なるものが共存して，そして（異なるものが）互いに別々に独立しているのである」という意味になる。接続詞 and と主語の different things を省略して分詞構文にすると being separate and independent 〜となり being が省略されていると考える。
6行目　lean more toward 〜「〜により傾く」
the idea of America being a salad bowl
「アメリカはサラダボウルという考え」of は同格の of「〜という」[類例] the island of Guam「グアムという島（グアム島）」
of は前置詞で直後には，名詞，動名詞がくるがここでは動名詞 being の意味上の主語 America がきている。[類例] My mother is always complaining about the kitchen being too small.「私の母は台所が狭すぎることについていつも不平を言う」動名詞 being の意味上の主語が the kitchen である。
7行目　thought it might not be surprising that 〜「that 以下のことは驚くべきことではないかもしれないが」it は形式主語で that 以下が真主語
9行目　people who speak a language other than English「英語以外の言語を話す人」who は people を先行詞とする主格の関係代名詞
10行目　one in four people「4人に1人」
13行目　pass them (=their languages and traditions) onto the next generation「それら（言語，伝統）を次の世代に伝える」
places such as Little Tokyo, Koreatown and Little Saigon「リトルトーキョー，コリアタウン，リトルサイゴンのような場所」
14行目　rather obvious "marks" of people 〜「〜の人々のかなりはっきりした足跡」of 以下は次のような構造で people 説明している。

```
         ┌ coming from outside of America
people ─┤              ┌ what they grew up with
         └ preserving ─┤
                        └ their cultural identities
```

people coming from outside of America「アメリカ以外の国からやって来た人々」coming は people を後ろから修飾する現在分詞の形容詞的用法

people preserving what they grew up with and their cultural identities
「自分たちと一緒に育ってきたものと自分たちの文化的アイデンティティを守ってきた人々」
preserving も people を後ろから修飾する現在分詞の形容詞的用法
what は先行詞を含んだ関係代名詞

5

[訳]

(1)私たちは生きるために食糧と水が必要である。そして，生きていくのに絶対に必要なものがもう1つある。それは睡眠である。なぜ睡眠が必要なのか？　長い間，人々はいろいろな研究や調査でこれを解決しようとしている。それでもなお，睡眠の正確なメカニズムの大部分は解明されていない。

(2)睡眠は脳が疲労から回復するのに必要である。最近の研究では，睡眠は休息しようとする脳の積極的な試みであると明らかにしている。言い換えれば，それはダメージを修復し，私たちの体が新たな1日をうまく送るのに十分なエネルギーを取り戻す脳の機能なのだ。睡眠はまた，脳が記憶を整理し，情報を保持するのにもきわめて重要であると言われている。たぶん大部分の人は睡眠不足の症状を経験している。例えば，必要な睡眠を取れていない時には，集中したり物事を記憶したりすることが難しいとわかるものである。

(3)それでは，私たちは何時間寝る必要があるのか？　推奨される睡眠時間は，年齢によって異なっている。全米睡眠財団によると，新生児（0〜3か月）は1日に14〜17時間眠るべきだとしている。そしてこの数字は年齢が上がるにつれて徐々に減ってくる。未就学児（3〜5歳）は1日に少なくとも10時間寝るように奨励され，学齢児童（6〜13歳）は9〜11時間寝るべきだとしている。10代の若者（14〜17歳）は8〜10時間で，大人について言えば，18〜64歳の人は7〜9時間の睡眠時間が勧められている。一般的に，体の成長のためには子供は大人よりも長く睡眠を取る必要がある。

(4)では大人になって，実際どれくらい睡眠が必要なのか？　この問いの答えは簡単ではない。事実，毎日ほんの数時間の睡眠でも，完全に健康的な生活を送っている人がいる。彼らはショートスリーパーと言われている。ナポレオン・ボナパルトやトーマス・エジソンは有名なショートスリーパーである。しかし，2人はよく昼寝をしていたという人もいて，彼らはどれくらい寝たのかは正確にはわからない。一方，ドイツ生まれの物理学者アルバート・アインシュタインは，ロングスリーパーだったと言われ，規則正しく1日10時間寝ていたという。そのようなわけで，大人にとって必要な睡眠時間は人によって異なるのである。私たちは個々に，昼間に最高の状態で働くことができる最適な睡眠時間を見つけるべきである。

(5)大変興味深いことに，野生動物を見てみると彼らの睡眠時間は，食習慣の特徴によって説明できる。一般に，ヤギやウシのような草食動物は，トラやライオンのような肉食動物よりも睡眠時間がはるかに少ない。これは，植物は肉よりもカロリー，栄養が少ない傾向があるので，草食動物は1日により多くの時間を食事に費やすからである。1回の食事でより多くのカロリーと栄養を摂取できる肉食動物に比べて，草食動物はより頻繁に食べる必要があるのだ。さらに，草食動物は常に天敵に襲われる危険にさらされていて，その結果自分たちが長時間寝ることを難しくしているのである。

(6)私たちの体と脳は正常に機能するために，睡眠が必要である。長い目で見れば，睡眠不足は私たちの体に深刻な問題を引き起こす可能性がある。これは人間にも動物でも言えることだ。実際，ネズミを使った実験では，過酷な睡眠不足で数週間

で死に至ったことが報告されている。十分な睡眠によって，私たちは健康的な，豊かな生活を送れるのである。すなわち，「よく寝る」ことは「よく生きる」という意味になる。

[解説]

問42　[答]②

第1段落で筆者は，☐☐☐☐☐☐☐を説明するために「食糧と水」に言及している。

①生きるのに必要なものと欲しいものの違い

②生きるのに必要な一部としての睡眠の重要性

③なぜ人間は毎日長時間睡眠を必要とするのか

④どのように人間は睡眠のメカニズムを研究したのか

[ヒント]

冒頭に「私たちは生きるために食糧と水が必要である。そして，生きていくのに絶対に必要なものがもう1つある。それは睡眠である」と述べているので正解は②である。

問43　[答]①

第2段落によると，睡眠は☐☐☐☐☐として説明される。

①良い状態に保つための脳の機能

②長時間使われてきた際の脳への報酬

③記憶や情報を人と共有する経験

④夜に新しい情報を集めようとする脳の試み

[ヒント]

5～9行目に，睡眠は脳が疲労から回復するのに必要であり，最近の研究では，睡眠は休息しようとする脳の積極的な試みであるという。また，睡眠はダメージを修復し，新たな1日をうまく送るのに十分なエネルギーを取り戻す脳の機能という説明がある。つまり，睡眠とは脳が正常な状態になるために必要なことなので①が正解となる。

問44　[答]③

第3段落で，筆者は☐☐☐☐☐ために，睡眠時間についての情報を提示している。

①推奨される睡眠時間は，時がたつにつれてどのように変化していくのかを説明する

②睡眠に関連した体の成長についての新しい研究を紹介する

③年齢によって，どれくらい寝るべきか決まっていることを明らかにする

④推奨される睡眠時間と実際の睡眠時間を比較する

[ヒント]

12行目に，私たちは何時間寝る必要があるのか？　推奨される睡眠時間は，年齢によって異なっていると述べ，新生児，未就学児などの睡眠の推奨時間を提示している。従って③が正解。

①は推奨される睡眠時間は，年齢とともに変化しているが，第3段落ではその説明ではなく，あくまで推奨される睡眠時間の提示だけなので①は不正解。

問45　[答]④

第4段落によると，正しいものは次のうちどれか？

①過去の偉大な発明家の多くはショートスリーパーだった。

②どれくらい寝るのかに関わらず，昼寝は健康維持に役に立つ。

③男性はショートスリーパーの傾向であり，一方女性はロングスリーパーの傾向である。

④ある人の理想の睡眠時間は，他の人にとってはベストではないかもしれない。

[ヒント]

26～28行目に，大人にとって必要な睡眠時間は人によって異なり，自分自身で昼間に最高な状態で働ける最適な睡眠時間を見つけるべきだとある。従って正解は④である。

問46　[答]④

第5段落によると，草食動物が肉食動物よりも睡眠時間が少ない1つの理由は何か？

①草食動物はある場所から他の場所へと常に移動しなければならないからである。

②草食動物は寝ている時のほうが速くエネルギーを取り戻すことができるからである。

③草食動物は脳や体を動かすのに必要なエネルギーが少ないからである。

④草食動物は１日に多くの時間を食事に費やすからである。

[ヒント]

　32行目に植物は肉よりもカロリー，栄養が少ない傾向なので，草食動物は１日により多くの時間を食事に費やすとある。従って正解は④。植物を食べて必要なカロリー，栄養を摂取するにはそれだけ時間がかかるのである。

問47　[答]　③

　第６段落によると，筆者は睡眠不足について何と述べているか？

①動物よりも人間に対してより深刻な問題を引き起こすであろう。

②今のところ，人間の健康への影響は明らかではない。

③長い目で見れば，人間の健康に悪影響をおよぼす可能性がある。

④人間にも動物にも死ぬ原因になると判明している。

[ヒント]

　37〜38行目に，長い目で見れば，睡眠不足は私たちの体に深刻な問題を引き起こす可能性があると述べているので③が正解である。過酷な睡眠不足の実験で，死に至ったのは動物（ネズミ）であるという記述はあるが，人間も死に至るという記述はないので④は不正解となる。

問48　[答]　③

　次の文のうち，正しいものはどれか？

①人間にとって，睡眠は水ほど重要ではないが，食糧よりは重要である。

②ショートスリーパーのほうがロングスリーパーよりも，新しいことを覚えるのが得意な傾向がある。

③肉食動物は草食動物よりも，一度の食事で多くのカロリーを摂取できる。

④草食動物は，天敵が寝ている夜により多く食べる。

[ヒント]

　①は第１段落で，人間が生きるために食糧と水，

さらに睡眠が必要だと述べているだけで，どれが一番重要かの説明はない。従って①は不正解。

　②は第２段落で，睡眠不足が集中したり，物事を記憶したりすることを難しくするとあるが，ショートスリーパー，ロングスリーパーのどちらが物事を記憶するのが得意なのかという記述はないので②も不正解。

　③は33〜34行目に「１回の食事でより多くのカロリーと栄養を摂取できる肉食動物」という記述通りで正しい文である。また④は，草食動物は夜に食事するという記述は本文にはない。

問49　[答]　④

　　　　　　と言える。

①睡眠のメカニズムは，私たちの食事の量から学べる

②ショートスリーパーはロングスリーパーより長生きする傾向がある

③私たちの脳は，少なくとも10時間寝た時に最高の働きをすることができる

④私たち一人一人が最高に効果のある睡眠時間を知るべきである

[ヒント]

　26〜28行目に，大人にとって必要な睡眠時間は人によって異なり，一人一人が昼間に最高な状態で働ける最適な睡眠時間を見つけるべきだとあり，これに合うのは④で，この英文の筆者の主張でもある。

[語句と構文]

1行目　in order to live「生きるために」in order to do「〜するために」目的を表すto不定詞の副詞的用法

there is another thing（which）we absolutely need in life「生きていくのに絶対に必要なものがもう１つある」目的格の関係代名詞whichの省略　absolutely「完全に，絶対に」

3行目　still「それでもなお」have been trying〜現在完了進行形の継続用法で，今でも研究調査している意味である。to figure this out「これ（＝睡眠の必要性）を解決すること」

4行目　remain unknown「知られていないまま

でいる」→解明されていない

5行目 for our brain to recover from fatigue「脳が疲労から回復する」for our brain は to 不定詞（to recover）の意味上の主語　recover from ～「～から回復する」

recent studies show that ～「最近の研究では that 以下のことを明らかにしている」

6行目 our brain's active attempt to rest「休息しようとする私たちの脳の積極的な試み」to rest は attempt を説明する形容詞的用法の to 不定詞

in other words「言い換えれば」

it is a function of our brain to repair damage and restore energy「それ（＝睡眠）はダメージを修復し，活力を取り戻す脳の機能である」

to repair, to restore は our brain を説明する形容詞的用法の to 不定詞。

7行目 energy that is enough for our body to run for another day「私たちの体が新たな1日をうまく送るのに十分なエネルギー」

for our body は to run の意味上の主語

run「活動・生活などが進む」［類例］His life runs smoothly.「彼の人生は順風満帆だ」

that は energy を先行詞とする主格の関係代名詞

8行目 sleep is also said to be essential「睡眠はきわめて重要であるとも言われている」

essential「きわめて重要な」

for our brain to organize memories and retain information「脳が記憶を整理し，情報を保持する」

for our brain は to 不定詞（to organize, to retain）の意味上の主語

9行目 symptoms of sleep loss「睡眠不足の症状」

10行目 find it difficult to concentrate or remember things「集中したり物事を記憶したりすることが難しいとわかる」it が形式目的語で to 不定詞（to concentrate or remember）をさしている。

12行目 the recommended sleep range「推奨される睡眠の範囲」→推奨される睡眠時間

vary depending on age「年齢によって異なる」

13行目 according to ～「～によると」

14行目 these numbers gradually decrease

「この数字は徐々に減る」these numbers →新生児の14～17時間の睡眠時間

15行目 as age goes up「年齢が上がるにつれて」

be encouraged to sleep at least 10 hours a day「1日に少なくとも10時間寝るように奨励される」

16行目 school age children「学齢児童」

17行目 as for adults「大人について言えば」

18行目 for those between the ages of 18 and 64「18～64歳の人」

19行目 for body growth「体の成長のためには」

21行目 people who can live a perfectly healthy life「完全に健康的な生活を送ることができる人」who は people を先行詞とする主格の関係代名詞　live ～ life 動詞の名詞形や動詞と似た意味の目的語が後ろに来る同族目的語の構文

［類例］He died a miserable death.「彼は無残な死を遂げた」die の名詞形→ death

24行目 take a nap「昼寝する」

How much did they sleep?「彼らはどれくらい寝たのか？」これが we don't know exactly ～に接続されて間接疑問文の語順になっている。

25行目 ～ is said to have been a long sleeper.「～はロングスリーパーだったと言われている」

to have been と完了不定詞になっているので，「現在言われている（is said）」という主節に対して，「昔は～だった（to have been）」と時制がずれている。

a long sleeper, who regularly slept for 10 hours a day「ロングスリーパーで規則正しく1日10時間寝ていた」who は a long sleeper が先行詞の主格の関係代名詞であるが，直前にカンマがあるので a long sleeper を補足的に説明する非制限用法である。

26行目 as such「そのようなわけで」大人の睡眠時間はどれくらいなのか，ショートスリーパーの人もいればロングスリーパーの人もいる，そのようなわけで

the amount of sleep needed for adults「大人にとって必要な睡眠の総量」→睡眠時間　needed は sleep を後ろから修飾する過去分詞の形容詞的用法

27行目 differ from one person to another「人によって異なる」

we as individuals「私たちは個人個人として」→私たちは個々に

our own best sleep range that enables us to perform best during the day「私たちが昼間に最高な状態で働くことができる最適な睡眠時間」that は our own best sleep range を説明する主格の関係代名詞である。

29行目 interestingly enough「大変興味深いことに」the amount of sleep（which）they get「彼ら（＝野生の動物）が取る睡眠時間」→彼らの睡眠時間　目的格の関係代名詞 which の省略

30行目 the nature of their eating habits「彼ら（＝野生動物）の食習慣の特徴」

nature「特質，特徴」

plant-eating animals such as goats and cows「ヤギやウシのような草食動物」

31行目 sleep much shorter than ～「～よりもはるかに短く寝る」→睡眠時間がはるかに少ない

much は比較級（shorter）を強めている

flesh-eating animals such as tigers and lions「トラやライオンのような肉食動物」

32行目 this is because ～「これは～だからだ」

this →草食動物は肉食動物よりも睡眠時間が短いこと

plant-eating animals spend more time a day eating「草食動物は1日により多くの時間を食事に費やす」

as plants tend to have fewer calories and less nutrition than meat「植物は肉よりもカロリー栄養が少ない傾向があるので」 as「～なので」理由を表す接続詞

tend to do「～する傾向がある」

fewer calories and less nutrition「より少ないカロリー，より少ない栄養」

few/fewer は数えられる名詞（calories）を修飾
little/less は数えられない名詞（nutrition）を修飾

33行目 compared to ～「～に比べて」

flesh-eating animals that can consume more calories and nutrition in one meal「1回の食事でより多くのカロリーと栄養を摂取できる肉食動物」that は flesh-eating animals が先行詞の主格の関係代名詞　consume「～を消費する」→～を摂取する

34行目 they（＝plant-eating animals）need to eat more often「草食動物はより頻繁に食べる必要がある」

35行目 in addition「さらに，そのうえ」in danger of ～「～の危険にさらされている」

36行目 , making it difficult …文脈から分詞構文で前の文につながっている。「その結果～である」という意味で，接続詞 and を補って書き換えると主節の主語が plant-eating animals だから～ and plant-eating animals make it difficult for them to sleep long hours「そして，その結果草食動物は自分たちが長時間寝ることを難しくしているのである」となる。it は形式目的語で to sleep long hours を指しているが，to 不定詞に意味上の主語が for them（＝草食動物）がある。

37行目 to function properly「正常に機能するために」目的を表す副詞的用法の to 不定詞

in the long term「長い目で見れば」

38行目 can cause serious problems「深刻な問題を引き起こす可能性がある」can「（可能性・推量を表わして）～がありうる」

be true for=be true of「～に当てはまる，～にも言えることだ」

39行目 in fact「実際に」experiments on rats ネズミを使った実験　severe「厳しい，過酷な」

40行目 lead to death「死に至る」

lead-led –led「～に導く」

a good night sleep will help us to live ～「十分な睡眠は私たちが～の生活が送るのに役に立つ」→十分な睡眠によって，私たちは～の生活が送れる help 人（to）do「人が～するのに役にたつ」

a healthy, productive life「健康的な，（実りが多く）豊かな生活」live a ～life の同族目的語の構文

41行目 that is to say「すなわち，つまり」

英語　　　正解と配点

問題番号		正　解	配　点
1	1	①	2
	2	②	2
	3	④	2
	4	③	2
	5	②	2
	6	③	2
	7	①	2
	8	③	2
	9	④	2
	10	③	2
2	11	③	2
	12	④	2
	13	④	2
	14	①	2
	15	②	2
	16	②	2
	17	①	2
	18	④	2
	19	②	2
	20	⑤	
	21	②	2
	22	③	
	23	②	2
	24	④	
	25	①	2
	26	③	
	27	①	2
	28	⑤	

問題番号		正　解	配　点
3	29	①	3
	30	③	3
	31	②	3
	32	④	3
4	33	②	2
	34	③	2
	35	①	2
	36	①	2
	37	④	2
	38	④	2
	39	③	2
	40	②	2
	41	①	2
5	42	②	3
	43	①	3
	44	③	3
	45	④	3
	46	④	3
	47	③	3
	48	③	3
	49	④	3

＊問19～28は2つ完答で2点。